新质生产力

NEW
QUALITY
PRODUCTIVE
FORCES

中国制造业与服务业的下一步
THE NEXT STEPS OF CHINA'S MANUFACTURING
AND SERVICE INDUSTRIES

张礼立　著

中国出版集团　东方出版中心

图书在版编目（CIP）数据

新质生产力：中国制造业与服务业的下一步 / 张礼立著. —上海：东方出版中心，2024.5
ISBN 978-7-5473-2440-0

Ⅰ.①新… Ⅱ.①张… Ⅲ.①制造工业-产业发展-研究-中国②服务业-经济发展-研究-中国 Ⅳ.①F426.4②F726.9

中国国家版本馆CIP数据核字（2024）第110187号

新质生产力：中国制造业与服务业的下一步

著　　者　张礼立
责任编辑　万　骏
封面设计　余佳佳

出 版 人　陈义望
出版发行　东方出版中心
地　　址　上海市仙霞路345号
邮政编码　200336
电　　话　021-62417400
印 刷 者　上海万卷印刷股份有限公司

开　　本　710mm×1000mm　1/16
印　　张　21.75
字　　数　226千字
版　　次　2024年7月第1版
印　　次　2024年7月第1次印刷
定　　价　99.00元

版权所有　侵权必究
如图书有印装质量问题，请寄回本社出版部调换或拨打021-62597596联系。

推荐序一

双轮驱动，助推中国经济高质量发展

张　明

　　1978年至2007年这30年间，中国GDP年均增速高达10.0%。2007年至2019年期间，受人口年龄结构变动、传统增长模式效率下降、经济全球化速度放缓等结构性因素影响，中国GDP增速由14.2%下降至6.0%。2020年至2022年，因受疫情影响，中国GDP平均增速仅为4.5%。2023年，中国GDP增速反弹至5.2%。目前大多数研究表明，当前中国经济潜在增速约在5.0%至5.5%之间。不难看出，中国经济的高速增长阶段已经大致结束，转而进入中速增长阶段。

　　在改革开放以来的相当长时间内，中国经济增长具有典型的投资驱动特征。很高的固定资产投资增速驱动着当期经济增长，至于持续高固定资产投资形成的庞大产能，则通过国内市场增长与出口增长来进行消化。在全球化高歌猛进时期，上述增长模式取得了巨大成功。例如，1982年至2010年期间，中国年均GDP增速为10.3%，中国名义固定资产投资（不含农户）年均增速则高达22.0%。然而，随着2008年全球金融危机爆发后经济全球化速度放缓、中国国内劳动力与要素成本上升、资源与环境约束日益突出，无论中国经济增速还是固定资产投资增速均显著下降。2011年至2023年，中国年均GDP增速下降至6.5%，中国名义固定资产投资（不含农户）年均增速下降至8.0%。值得注意的是，在2017年至2023年这7年间，中国名义固定资产投资（不含农户）年均增速居然有5年低于GDP年均增速。

固定资产投资增速下降的原因，是随着需求端（包括内需与外需）约束的日益凸显，过去持续高投资所形成的庞大产能，开始面临利用率不足与产能过剩的挑战。这一挑战将会直接降低制造业企业盈利能力，并导致中国经济增长的效率下降。无论用全要素生产率，还是用劳动生产力增速来衡量，中国经济增长的效率在2010年之后均出现显著下降。用资本产出比率或者增量资本产出比率来衡量，则中国经济的投资效率在2010年之后也显著下降。

在此背景下，党中央、国务院提出，要从高速增长阶段转向高质量发展阶段。2023年9月，习近平总书记在黑龙江考察调研期间首次提到要尽快发展新质生产力。新质生产力属于马克思主义经济理论的范畴，是"创新起主导作用，摆脱传统经济增长方式、生产力发展路径，具有高科技、高效能、高质量特征，符合新发展理念的先进生产力质态。它由技术革命性突破、生产要素创新性配置、产业深度转型升级而催生。以劳动者、劳动资料、劳动对象及其优化组合的跃升为基本内涵，以全要素生产率大幅提升为核心标志，特点是创新，关键在质优，本质是先进生产力"。

当前，针对如何界定、衡量与发展新质生产力，已经在国内掀起了研究热潮。关于新质生产力的著作已经大量问世。最近，我的朋友张礼立先生，邀请我为他的新著《新质生产力：中国制造业与服务业的下一步》作推荐序。我认识礼立兄已有十年左右时间。他长期从事产业数字化、数字经济生态等领域的研究与实践，对信息社会有深刻而精到的认识。这本书也贯穿着他的长期思考与真知灼见。

礼立兄这本书的主旨，是在数字化时代如何促进制造业与服务业各自的发展以及融合发展。制造业与服务业无疑是中国经济高质量发展的两大支柱，二者均不可偏废。首先，本书将数字时代的科技变革总结为人工智能与机器学习、云计算、物联网与移动通信四个领域。其次，本书用工业4.0旗帜下的智能制造、自动化与智能化的应用、数字净零供应链和精益制造来概括未来制造业的发展方向。再次，本书用通过数字化重构客户体验、定制化与工业云服务的结合、数字营销、共享与平台经济来刻画未来服务业的发展方向。第四，本书将生产性服务业作为未来制造业与服务业融合发展的最重要接口，并提出要用生产性服务业驱动新质生产力的制造业。最后，本书提出要通过政策导航、人才战略、关键要素供给与构建标准化体系等四方面努力来促进生产性服务业发展，推动制造业与服务业深度融合。

笔者非常认同本书的主要观点。

第一，中国不是所有的制造业领域都出现了产能过剩，中国还有非常广阔的发展高端制造业的空间。全球高端制造业发展有两大方向：一是以工业4.0为代表的增量发展路径，即用大数据、物联网与云计算来改造传统制造业，将以规模制胜的传统制造业改变为量身定制的柔性制造业；二是以智能制造为代表的全新发展路径，其代表性的技术包括人工智能、3D打印与虚拟现实技术等。

第二，中国服务业未来发展空间巨大。一方面是对制造业微笑曲线全流程提供服务的生产性服务业；另一方面则是城市居民服务业消费的痛点，即优质的教育、医疗、养老等行业。

第三，未来金融业将为中国制造业、服务业的转型发展与融合发展做出重要贡献。一方面，要更好地促进科技金融的发展，必须大力发展直接融资市场，包括广义股权融资市场（从天使投资、风险投资、私募股权投资到企业上市）和高收益债券市场；另一方面，在中国金融市场占主导的商业银行体系，也必须加速转型，为科技金融、绿色金融、普惠金融、养老金融、数字金融这"五篇大文章"更好地提供服务。

在未来相当长时间内，颠覆式科技将推动制造业、服务业不断进化、相互促进与融合发展，制造业、服务业也将成为中国经济"双循环"新发展格局的两大引擎，助推中国经济高质量发展。阅读礼立兄此书，有助于企业家、投资者们更好地把握发展大势、定位高增长行业，也有助于年轻人们增强对未来的信心、富有针对性地培育竞争优势。综上所述，我诚恳地向各位读者推荐本书。

（笔者为中国社会科学院金融研究所副所长、
国家金融与发展实验室副主任）

推荐序二

一位德企高管眼中的"新质生产力"

张艺林

在今年钓鱼台国宾馆举行的中国发展论坛上，我看见有一家大型跨国公司的中国团队，费了很大劲给他们总部来参会并要发言的CEO讲解当前中国经济社会生活中非常热门的一个新词：新质生产力。这位老总非常认真地聆听了很久，看似依然是一脸的困惑，眼看时间不多了，老板还是不明白，最后团队负责人有点急了，大声地说道：老板，您只要记住新质生产力就是High Tech（高技术），High Efficiency（高效率），High Quality（高质量）就可以了。老板听后莞尔一笑，一下子就轻松了下来。这个简单，我们历来追求的不就是这个嘛。听完这个故事，我想您一定和我一样，感叹中西方文化和社会经济历史背景的巨大差异。当然，只有中国人才明白，我们说的新质生产力的内涵不只是这三个单词那么简单。我们的领导人之所以要适时地提出新质生产力这样一个深刻的概念，因为它是对我们发展模式的透彻、完整的思考，是我们新发展理念和中国式现代化的重要组成部分。而另一方面，您是否也和我一样，有那么一丝感悟，其实中西方语境下表达方式虽有不同，但是内容上差别并不大。

同样的感觉，我们在学习创新，协调，绿色，开放，共享五位一体的新发展理念时也曾有过。作为一家在华深耕近30年的老牌德国企业，我们多年来一直在践行"环境、社会和公司治理"（ESG）发展理念，强调企业在追求商业成功的同时，要承担起它不可推卸的社会责任。我们是联合国提名的"50家可持续发展和气候领袖企业"之一。为实现联合国17项可持续发展目标（SDGs）不懈努力。这些目标的核心思想是通过创新发展经济，通过绿色产品、绿色生产和绿色供应链保护和节约资源以及创造和维护员工福祉，维护法制人权和公平，消除各种形式的歧视，保护好生态环境，等等。仔细想来，这些发展理念与我国的五位一体的新发展理念高度重合，也为外资企业在中国的发展增添了新的战略意义。它从另一个层面证明了无论是中国还是西方，各国人民追求美好生活的愿望和对"众望所归的理想状态"的追求也是大同小异的。

在华30年的发展，我们是中国改革开放经济腾飞的见证者和参与者，也是受益者。在与德国总部的合作互动中，给他们留下的最深刻的印象就是中国体制和人民无与伦比的超强的系统一致性和执行力。在普惠的国有经济主体的基础上，引入敏捷灵活的社会资本和科技领先的国际资本，再配以强大有为的政府，构成了中国改革开放40多年的发展奇迹。随着时代的变迁，全球地缘政治、经济运行环境的改变，党和国家提出新发展理念和中国式现代化理论以及时调整和把握前进的战略。新质生产力的提出，正是对这一战略的进一步完善，为下一步发展指明了方向。

众所周知，以战略新兴产业和未来产业为代表的新制造、以高附加值生产性服务业为代表的新服务和以全球化和数字化为代表的新业态是新质生产力的典型代表。这里特别要强调的是数字技术的产业化和传统产业的数字化在发展新质生产力过程中的重大作用。本文作者张礼立老师是我非常尊敬的一位信息化和数字化方面的大咖。他是我国很早一批进入计算机信息化和数字化行业的专家之一。在世界一流的几家外资企业工作了近20年之后，张老师还有过一段创业经历。他自2018年加入上海市海外经济技术促进会并在2023年成为它的掌门人。海促会是上海市侨联领导的全国知名的公益性经济发展促进组织，多年来，张老师以极大的热情和不遗余力的努力，引导和宣传企业和城市乃至整个社会的数字化转型。通过各种经贸交流，著书立说，开启网上直播等手段，张老师成了上海市无冕的数字化转型大使，为上海市、为国家的数字化转型做出了突出贡献，也因此获得了诸多荣誉。借本书的出版，张老师首先着重诠释了制造业和现代服务业的深度融合以及数字化对两业融合的高度赋能。按照张老师的理解，以数字化为代表的新质生产力不仅仅是技术创新，它涵盖了更广泛的社会经济领域的变革。在全球化的大背景下，每一个国家都在寻找适合自己的发展路径。中国提出的新质生产力，强调的是一种全方位的发展模式，这不仅仅包括技术升级，更重要的是生产方式、管理模式以及社会治理的全面革新。其次，张老师还指出，我们必须认识到，新质生产力的核心是人的全面发展。教育的普及和质量的提高，科技人才的培养，以及创新思维的激发，都是新质生产力发展的基石。这些因素将共同推动社会生产力的提升，进而实现经济结构的优化和升级。在这一过程中，社会的每一个成员都是参与者，也是受益者。最后，张老师呼吁，新质生产力要求我们对传统产业进行深刻的改革。这不仅仅是技术上的升级，更是对生产流程、企业文化乃至市场布局的全面革新。例如，绿色生产和可持续发展理念的实施，将帮助企业在增强竞争力的同时，承担起对社会和环境的责任。在实施新质生产力战略的过程中，政府的作用不可或缺。政府需要通过制定合理的政策，提供必要的支持和服务，创造一个有利于创新和创业的良好环境。这包括但不限于财政税收优惠政策、高质量的公共服务，以及高效透明的行政管理。未来，随着新质生产力理念的深入人心，我们相信中国将在全球经济中占据更加重要的位置。以数字化为代表的新质生产力的实施不仅将推动中国经济的高质量发展，也将为全球经济的增长和稳定做出重要贡献。在这一过程中，中外企业的合作将会更加紧密，共同探索适应新时代要求的发展新模式。

（笔者为舍弗勒集团全球董事会成员、舍弗勒中国区首席执行官）

推荐序三

新质生产力与中国制造业和服务业的转型升级

张汉霆

当前,全球价值链与产业链的重构,使中国面临着新一轮产业结构调整,尤其是制造业与服务业的转型升级,已成为社会各界人士热议的焦点话题。

习近平总书记在其系列重要论述中强调,发展新质生产力是推动高质量发展的内在要求和重要着力点。他深刻指出:"新质生产力是创新起主导作用,摆脱传统经济增长方式、生产力发展路径,具有高科技、高效能、高质量特征,符合新发展理念的先进生产力质态。"而数字技术在推进新质生产力方面发挥着重要作用,不仅可以改进生产流程,提高生产效率,进行精准监管和维护以提高运行可靠性,还可以构建AGV(自动引导车)等数字孪生体,以实现场景模拟、路径优化、实时监管等功能,推动工业制造的智能化升级和数字化"增效"发展。

中国制造业正从以廉价劳动力、国内外资本和自然资源等要素驱动,转向以知识型劳动、创新技术、数据资源等要素驱动;服务业正从传统服务业向科技数字赋能、服务模式创新、服务质量提升等现代服务业转型升级。实现制造业与服务业转型升级的交叉核心技术，是网络数字化。网络数字化可以加快制造业与服务业融合发展的进程，使得生产和服务更加智能化、个性化，从而培育新质生产力、催生新产业形态、促进高质量发展。《新质生产力：中国制造业与服务业的下一步》一书，就网络数字化科技在制造业与服务业转型升级、相互融合中的重要作用，进行了系统、深入的分析和探讨。该书由著名的数字技术研究专家、上海海外经济技术促进会会长张礼立博士所著，全书内容翔实、观点新颖、分析透彻、案例丰富，具有很强的实践与理论的指导意义。

我本人是从事药学研究的，曾在美国高校做过二十多年的医药科教工作。深深体会到新药创制是新质生产力在新药研发中的集中体现。创新药物的发现、临床前和临床评价以及产业化过程，涉及从立项到临床申报以及临床研究的全流程，涵盖了核心技术要点、决策流程与法规等多个环节，每一步都需要投入大量的创新资源和高水平的技术支持，都体现了新质生产力在药物研发领域的核心要素。随着人工智能、大数据等新技术的应用，新药创制正向着更加高效、精准和个性化的方向发展。这不仅提高了药物研发的效率和质量，也促进了产业内部结构的优化升级。此外，新质生产力的发展还强调了对环境友好型生产方式的追求。在药物研发过程中，环保理念贯穿于药物生产的全过程，包括减少污染排放、采用可再生能源等措施，体现了绿色发展理念。新质生产力在药物研发领域的实践，展示了科技创新在推动高质量发展中的重要作用。通过不断深化对新质生产力的认识，加强科技创新和产业融合，我们可以期待在未来实现更多具有重大影响和深远意义的创新成果。

总之，本书以新质生产力为切入点，探讨了数字技术在制造业与服务业的转型升级及相互融合中的作用，分析和展望了中国制造业和服务业未来发展方向。对于从事相关领域研究、工作以及对中国经济发展感兴趣的读者，本书具有很高的参考价值。《新质生产力：中国制造业与服务业的下一步》这本书的出版必将为推动中国经济的高质量发展贡献一份力量。

（笔者为青岛大学首席教授、中国旅美科技协会总会原会长）

推荐序四

传统企业的再出发

戈　峻

在这个变化莫测、日新月异的时代，我们必须重新认识"创新"的意义与价值，而生产力的革新与升级无疑是推动时代进步的重要引擎。作为一名职业经理人，30多年来，我历经了PC时代、移动互联网时代和人工智能时代的蓬勃发展，见证了"时代的车轮"所带来的滚滚向前、无可阻挡的驱动力。因此，当习近平主席首次提出"新质生产力"这一概念之时，我敏感地认识到新质生产力对于中国产业升级和传统企业转型势必带来巨大的推动。在很多场合，我乐此不疲地与商界朋友和专家学者们谈及我对新质生产力的认识和推崇，这其中就有本书的作者，我的老友——张礼立博士。

我深感荣幸能够为张礼立博士《新质生产力：中国制造业与服务业的下一步》一书作序。这本书以作者独到的见解、深邃的思考和丰富的案例，为我们揭示了新质生产力的内涵、特征和发展趋势，为我们理解和把握时代发展的新动向提供了宝贵的参考。

新质生产力，作为一种全新的生产力形态，是由技术革命性突破、生产要素创新性配置、产业深度转型升级而催生。可以说，新质生产力是对传统生产力的继承和超越,当然,更有可能是颠覆和替代,这就要求传统企业选择正确的姿势"再出发",尤其是靠传统资源、靠订单"起家""发家""立家"的制造业企业,应把握好"破旧之刀"和"立新之笔"。正如礼立博士所说,"当代中国的制造业和服务业的边界日益模糊,在数字化推动下,两个原本独立的行业将进一步融合升级"。传统制造业如何搭乘上新质生产力的快车完成升级?这正是最近以来我一直在考虑的命题,在这本书中,我得到了共鸣并找到了一些答案。

值得一提的是,本书中,礼立博士还结合国内外典型案例,对新质生产力在不同领域的应用和实践进行了详细介绍和分析。这些案例具有很高的借鉴意义,值得读者认真领会其中的精髓。

最后,感谢礼立博士以其扎实的学术功底和敏锐的洞察力,为我们呈现了一部关于新质生产力的精彩之作。我建议广大读者尤其是企业家朋友们收藏本书,汲取智慧并提升能量。

(笔者为天九共享集团共同主席、天九企服董事长兼CEO,
曾任英特尔公司、苹果公司和英伟达公司全球副总裁)

目 录

引 言 1

引领篇：跨越时代的融合浪潮 7

1. 新时代的序幕：制造业与服务业的演化 9
时光的车轮：全球制造业的漫长旅程 9
服务业的兴起和演进 10
制造业与服务业的融合 11

2. 数字化革命：引领未来的力量 15
制造业与服务业的深度融合 16
融合的关键：数字化 17
展望新纪元 20

3. 新发展格局的新现象 22
"双循环"相互促进的新发展格局 23
中国大市场带来的机遇 25
制造业产业外移与全球价值链 26
制造业的数字化悖论 27

颠覆性科技：数字化的魔法　29

1. 智慧火花：人工智能与机器学习　31

人工智能的70年　32

机器学习的基础原理　34

人工智能的核心技术：神经网络、深度学习和自然语言处理　35

人工智能的实践应用：医疗、金融、自动驾驶和教育　37

人工智能是推动制造业和服务业转型的核心技术力量　38

面临的挑战和伦理：数据隐私、安全性和算法偏见　40

全球竞争与合作：中国 vs 美国　42

人工智能的下一步　43

2. 云端世界：数据的力量　46

云计算的发展历程　46

云计算的特性与应用　47

云计算在全球的竞争与合作　49

数据安全与隐私保护在云计算中的挑战　50

大数据与云计算　53

作为社会与经济变革的云计算　58

云计算的下一步　62

3. 连接万物：工业物联网新纪元　63

物联网：延展世界的科技　64

物联网的关键技术和架构　66

物联网在各行业中的应用　68

物联网在制造业中的应用　69

物联网的未来趋势和挑战　72

中国经济与制造业的下一步：工业互联网　77

4. **触手可及：移动与数字媒体的无界扩展　79**
   移动通信世界的高速发展　79
   移动科技正在颠覆我们的生活与文化习惯　81
   数字媒体的新生产力　83
   未来趋势和挑战　86

智造风潮：新科技在制造业的新应用　89

1. **工业4.0：智能制造的典范　91**
   主流工业大国的工业4.0　92
   工业4.0和第四次科学范式　93

2. **自动化与智能化：制造业的未来　95**
   自动化与智能化在制造业中的重要性　95
   演变中的科技革新　96
   技术革新持续推动制造业的变革　97
   自动化和智能化在制造业中的应用　99
   挑战与未来　100

3. **透明高效：数字净零供应链的魅力　106**
   全球供应链在数字化的驱动下变革加速　106
   供应链现状分析　108
   供应链管理的数字化转型：物联网、大数据分析和区块链　109
   净零排放的实现路径　111
   数字净零供应链的案例研究　113
   挑战与应对策略　116

4. 精益制造：质量控制和过程优化 122
  精益制造的历史和发展 123
  精益制造的核心原则 125
  质量控制在精益制造中的角色 127
  过程优化策略 129
  精益制造的实施挑战 131
  精益制造的下一步 133

服务新纪：服务业的数字化革新 137

1. 数字化重构：客户体验 139
  制造业的数字化持续加速 141
  数字驱动客户体验新定义 142
  数字化对客户体验的影响 144
  数字化转型中的挑战与策略 146
  灵活与高速的制造业转型未来模式 150

2. 定制化与云服务：服务业的新纪元 152
  定制化在制造业中的兴起 154
  云服务在制造业的作用和影响 156
  定制化和工业云服务的结合 157
  技术驱动的服务业模式 160
  未来趋势与挑战：定制化、云服务引领的制造业与服务业革新 164

3. 数字营销：触达客户的新途径 169
  制造业的市场环境变化 171
  数字营销在制造业的应用 173

定制化和客户关系管理　175

制造业数字营销案例研究　177

面临的挑战和策略　179

未来展望与趋势　182

4. 新型服务业模式：共享与平台经济　186

平台经济：从传统市场到数字化交易的历史与背景　186

数字化转型：构建数据生态以优化生产性服务业　188

平台经济：走向技术革新与全球融合　190

共享经济的历程解析　191

塑造先进制造业的新未来　193

数字化时代的新经济模式　194

高质量发展：发力制造业与服务业融合　197

1. 生产性服务业是先进制造的价值源泉　199

制造业与服务业的数字化发展的差异　199

数字化推动制造业与服务业融合发展　201

推动制造业和服务业深度融合的链主多元模式　205

制造业生产性服务业的着眼点　207

2. 生产性服务业发展的国际态势　210

生产性服务业参与全球价值链　211

生产性服务业的认知　213

3. 中国生产性服务业发展空间　215

制造业与生产性服务业耦合度不高　215

稳步提升下的挑战与四个问题　218

制造业生产性服务业驱动产业升级　224

4. 新质生产力的显现：生产性服务业驱动制造业与服务业的融合　226

　　生产性服务业：数字技术与制造业的服务化转型　226

　　数据赋能协同体系建设价值共创　228

　　数字化推动制造企业更加服务化　231

　　数字化推动制造企业运营模式更加服务化　232

　　数字化推动工业互联网价值化　234

　　数字化推动制造业供应链净零化　236

新质业态与发展策略　239

1. 新质业态的路径分析：融合的成功故事　241

　　智能化服务　241

　　服务型制造　242

　　制造业产品服务化　247

　　技术咨询和知识服务　249

　　全球服务网络　253

2. 新质业态的模式分析：多元融合的商业智慧　255

　　定制化和个性化服务　256

　　数字平台和生态系统　257

　　聚合集成解决方案提供　259

　　绿色和可持续服务　260

3. 新质业态发展策略一：以融合发展破解数字化的挑战　266

　　加速构建数据生态，促进制造业与服务业的数字化融合发展　266

紧抓数字经济的发展机遇，发展生产性服务贸易　267

服务业升级：加速数字化基础设施建设的战略　268

促进制造业高效发展：全面推进数据流通和共享　270

强化核心城市辐射和协调能力，促进生产性服务业向区域扩展与融合　271

工业互联网与两产业深度耦合的动力路径　272

4. 新质业态发展策略二：以政策导航营造支持环境　275

统一行业认识和加强立法保护与监管　275

加大对中小微企业的融资支持和税收支持　277

进一步扩大生产性服务业开放，打造一流的国际营商环境　278

激活服务业数字化改造：市场引导与企业主体作用的发挥　279

打造生产性服务业著名品牌，提升国际竞争力　280

5. 新质业态发展策略三：以人才战略构建未来的核心竞争力　282

加快生产性服务业人力资源建设，推动融合发展　283

推进跨学科融合与实证研究，强化理论创新与实践共同进步　284

提升人力资本质量和优化产业结构，有效利用外商直接投资　285

6. 新质业态发展策略的关键要素：可持续发展与社会责任　287

强化统计工作以促进制造业服务业高效发展　287

创新驱动生产性服务业向价值链高端攀升　288

市场导向与消费者中心：服务业数字化改造的创新路径　290

更好地发挥平台合作与政策支持的战略作用　291

7. 质量融合：加速构建先进的生产性服务业标准化体系　293

数字智慧下的加速融合　294

全球视野下的生产性服务业标准化体系发展　296

强化生产性服务业标准化体系：挑战与发展路径　298

加强生产性服务业标准化体系：国内外协同与国际化战略　300

收官篇：新增长极的思考与展望　303

1. 全球影响：创新颠覆科技浪潮下的全球制造服务业　305
制造企业服务化：数字化转型的角色与影响　305

制造业的深度融合　307

服务业的深度融合　308

融合发展下的发展影响与趋势　309

未来十年制造业与服务业融合的长远展望　311

2. 为未来而行：展望与号召　314
创新和技术的未来方向　314

对中国和全球经济的影响　315

展望未来：中国制造业与服务业的下一步　319

后　记　323

引 言

在这个由数字科技主导的新时代，我们正在见证制造业和服务业之间边界的日益模糊。理解和适应这场变革对中国乃至全球的企业和政策制定者来说都是至关重要的。习近平总书记2023年9月在黑龙江考察时提出的重要论断，"整合科技创新资源，引领发展战略性新兴产业和未来产业，加快形成新质生产力"，正是对这一伟大变革的卓越洞察。这本书旨在探讨新质生产力发展的进程中，新产业、新动能和新模式如何在颠覆式科技推动下融合与升级，共同塑造我们的未来。

在《新质生产力》中，我深入探讨作为发展新质生产力最核心的、具有颠覆性的数字化科技革命在产业深度转型与升级过程中的深远影响。这场革命远超过技术的简单进步，"新"意味着创新的、颠覆性的、有持续影响的融合配置生产力，正在根本上改变我们对产业的理解，创造全新的商业模式，提升客户体验，提高生产效率，并最终推动全球经济的增长。对于产业人士而言，这些变化不仅是挑战，更是无限的机遇。当前中国经济已经从要素驱动的粗放型增长模式发展到了现在创新驱动的一种经济增长模式。从投资要素驱动转向科技创新驱动，通过科技创新来提升全要素生产力的中国式现代化的新阶段。

书中以第四次科技革命的呼唤和要求为基础，着重强调了数字科技如何成为连接制造业与服务业并促其转型的催化剂。传统上，这两个行业相互独立，但在数字化的推动下，它们之间的界限变得越来越模糊，相互渗透。对于制造业来说，数字化意味着从简单的生产线自动化到智能制造的全面转变，其中包括利用大数据、人工智能和物联网技术优化生产流程，提高效率并减少成本。而对服务业而言，数字化则开启了个性化服务、客户体验创新以及新的营销渠道。

发展新质生产力的过程，不仅仅是政策法规与市场调整的新阶段，同时也是跨产业之间创新性的融合和再生的新阶段。对于行业内的决策者和从业者来说，理解这些变化并有效应对，是他们在全球竞争中保持领先的关键。我在书中提供的洞见和案例分析，旨在帮助大家理解由于颠覆式的创新所带来的不确定性，洞察探索新的生产关系变革，把握颠覆性的数字科技带来的机遇，构建更加灵活、适应性强的新业务模式。无论是面对日益复杂的供应链管理问题，还是顾客需求的快速变化，数字化都提供了解决方案和新的视角。

通过深入了解数字科技创新在制造业和服务业中的应用，产业人士不仅可以优化现有流程，还能预见和形塑行业未来的趋势，最终实现创新链、产业链、资金链、人才链和价值链的深度融合，不断提高科技成果转化和产业化水平。《新质生产力》是一本关于如何在颠覆性科技创新的浪潮中找到和把握机遇的战略指南。我的目标是，通过这本书，启发更多的产业人士认识到数字化革命的重要性，拥抱变化，并在这个不断发展的新时代中取得成功。

书中每一章节确保读者能够从对数字化的基础概念的把握逐渐过渡到对其在各个行业的具体应用的了解。这种从宏观到微观的结构设计，旨在帮助读者清晰洞察数字化如何深刻改变当代的制造业和服务业。例如，在"智慧火花：人工智能与机器学习"一节中，我深入探讨了这些前沿技术如何从根本上改变产品设计的思路和客户服务的模式。人工智能和机器学习不仅能够帮助企业更有效地分析大量数据，还能在此基础上预测市场趋势、优化产品设计，并提供更加个性化的客户服务。我通过具体案例，如智能聊天机器人在客户服务中的应用，或是通过机器学习优化的产品设计流程，向读者展示了这些技术如何在实际中发挥作用。

在"智造风潮：数字化在制造业的创新应用"这个板块中，我着重介绍了数字化如何推动制造业的现代化。从基础的自动化到高级的智能制造，数字化技术正在重塑制造业的每一个环节。我探讨了物联网在生产线上的应用，它如何通过实时数据监控提高效率，减少浪费，并改善安全标准。通过具体案例，例如先进的数字化工厂，我向读者展示了这些技术如何帮助企业实现更高的生产效率和更低的运营成本。

在书中，还有其他关键的章节，如"云端世界：数据的力量"和"连接万物：工业物联网新纪元"，这些章节不仅深入探讨了这些技术的基本原理，还强调了它们在实际商业环境中的应用价值。通过这种全面而深入的分析，我希望能帮助读者理解：数字化不仅是技术上的进步，更是一场商业和文化的革命，旨在为读者提供一个全面的视角，帮助他们在这个不断变化的新时代中找到自己的定位和方向。

我坚信，数字化是当前时代最具颠覆性和变革性的力量。它不仅仅改变了我们的工作方式，更重塑了整个行业的竞争格局。在本书中，我特别强调数字化在制造业中的应用，如何使制造过程更加智能化、高效，并且能更好地满足客户需求。同时，我也探讨了服务业如何通过数字化实现个性化服务和运营效率的提升。

通过一系列来自中国和全球的案例，我展示了数字化如何在实际业务中产生影响。从小型创业公司到大型跨国企业，这些案例展示了如何通过采用新技术和业务模式来实现增长和创新。这些故事不仅提供了实用的洞察，也是对理论知识的实际验证。

在讨论制造业和服务业的数字化融合时，我特别关注中国自己的角色。作为全球最大的制造中心，中国在数字化转型方面的实践为全球的产业领袖和政策制定者提供了宝贵的案例和教训。在书中，我不仅深入探讨了中国在这一领域的先进实践和挑战，还通过与其他国家的比较分析，展现了一个多元化和互联的全球经济版图。这部分内容对于产业人士尤为重要，因为它提供了关于如何在快速变化的全球市场中保持竞争力的实际指导。我深入分析了中国如何利用数字化技术在制造业中实现高质量发展，以及如何通过服务业的创新来增强其全球竞争力。通过理解中国的经验，全球产业领袖可以获得对自身业务转型的深刻洞察，从而在本国和国际市场上更有效地竞争和发展。

同时，我也强调了全球视角的重要性。在一个越来越相互依存的世界经济中，理解不同国家和地区如何应对数字化挑战和抓住机遇是至关重要的。这不仅有助于产业人士识别和利用国际市场的机遇，也有助于他们在本土市场应对全球竞争。

通过在书中展示这些复杂的动态和趋势，我希望能够帮助产业人士更好地理解当前的全球制造业和服务业环境，以及如何在数字化的浪潮中找到适合自己企业的路径。这不仅是关于技术的应用，更是关于战略思考和全球视野的培养。

展望未来，我认为制造业和服务业的融合将继续深化，数字科技创新将在这个过程中扮演关键角色。我分享了我对这一趋势的看法，以及企业和政策制定者如何能够更好地适应这一变化，以抓住新的增长机遇。加快形成新质生产力，应充分利用整体全要素资源，以数据要素平台为创新链、产业链、资金链与人才链的深度融合创造必要条件，构建发展新质生产力的集成和闭环优势。推进制造业与服务业创新链和产业链深度融合，以数字化、智能化与绿色化创新力构建产业的颠覆式与持续性升级能力，最终培育新产业、新模式、新动能，实现生产力的跃升。

最后，我希望这本书能成为您理解这一复杂但令人兴奋领域的一个起点。我真诚希望它能激发您的思考，并在您的职业生涯或学术研究中发挥作用。

引领篇
跨越时代的融合浪潮

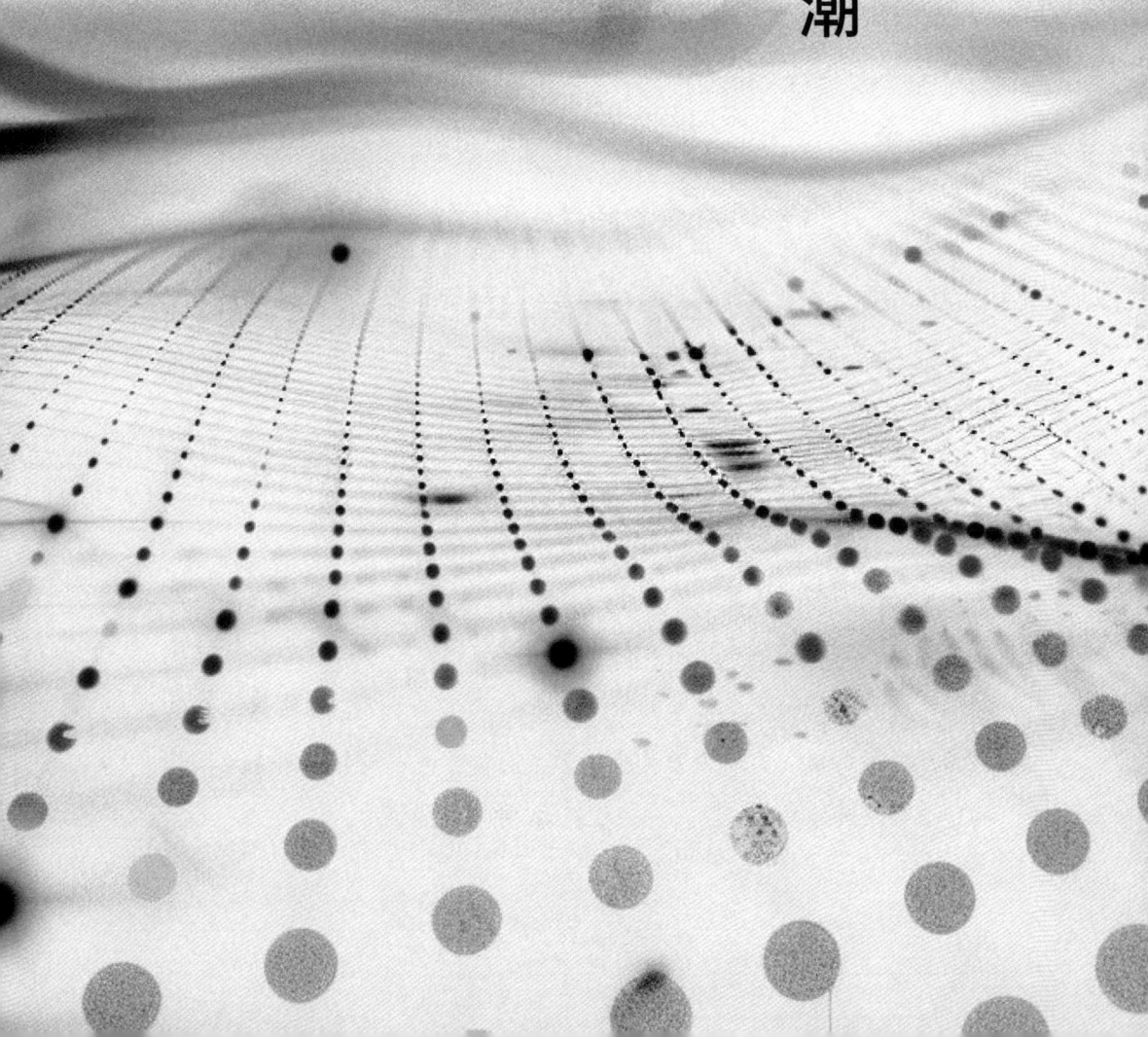

在数字经济的时代背景下，加速构建数据生态促进融合发展成为制造业向价值链高端攀升的关键途径。自改革开放以来，中国制造业依赖低廉的劳动力成本，在国际价值链中主要扮演加工制造的角色，这一策略推动了近40年的经济高速增长。然而，随着"逆全球化"趋势的日益凸显和区域竞争的加剧，中国制造业正面临向价值链高端攀升的迫切需求，以推动经济由高速增长转向高质量发展。在这一转型中，技术创新与服务化并行成为制造业摆脱"低端锁定困境"的关键路径。党的十九届五中全会提出了制造与服务的协同发展，促进生产性制造向服务型制造转变的重要指导思想。服务型制造不仅能有效提升产品附加值、打造企业竞争优势，同时与技术创新共同成为推动制造业升级的重要力量。

1.新时代的序幕：制造业与服务业的演化

时光的车轮：全球制造业的漫长旅程

在历史的浩瀚长河中，全球制造业的旅程犹如一艘勇敢的探险船，自18世纪的工业革命时代扬帆起航，乘风破浪，驶向未来的未知。这一段历程见证了创新的灵光、变革的力量和进步的足迹，不仅重塑了世界的面貌，也塑造了我们今日的生活。正如托马斯·爱迪生所说："创造就是找到问题，然后解决它。"

工业革命的五个历史阶段

浪潮起处：工业革命的曙光（18世纪中叶至19世纪末）。这一时期，就像一场技术的大爆炸，蒸汽机的轰鸣宣告着一个新时代的诞生。英国的纺织机械开始旋转，机械化制造打开了生产力的新纪元。这是一场使工业化步伐超越历史的革命。如乔治·斯蒂芬森所言："蒸汽将永远改变世界。"

星辰大海：美国制造业的兴起（20世纪初至二战结束）。随着20世纪的到来，美国成为新的制造业中心。亨利·福特的流水线生产开启了大规模生产的时代。这是梦想与现实的融合，大众化与标准化的完美结合，如同福特所说："集中精力于持续改进，是成功的秘诀。"

智能时代的曙光：自动化与电子技术（第二次世界大战后至20世纪80年代）。在自动化的新纪元中，电子技术和计算机的发展推动了生产过程的自动化和智能化。日本的精益生产模式提升了制造业的效率和质量，如同索尼创始人盛田昭夫所言："质量不仅是企业的责任，更是企业的荣誉。"

纵横交织：全球化与供应链的国际化（20世纪80年代至21世纪初）。随着全球化的汹涌潮流，制造业跨越国界，国际供应链和外包生产成为常态。中国逐渐成为"世界工厂"，正如邓小平所说："发展才是硬道理。"全球制造业的格局在这一时期被重塑。

智慧的光芒：智能制造与工业4.0（21世纪初至今）。步入21世纪，制造业迎来智能制造的黎明。物联网、大数据、云计算和人工智能成为制造业的新动力。这是关于智慧与连接的时代，工业4.0的概念预示着未来工厂的方向，就如比尔·盖茨所说："我们总是高估技术短期内的影响，却低估了它长期的影响。"

全球制造业的每一场技术革新、每一次产业变革，都是推动经济结构和社会形态转型的重要力量。从手工到机械，从自动化到智能化，制造业的发展旅程是人类智慧与勇气的见证。未来，随着新一代信息技术的不断演进，我们将继续见证制造业向数字化、网络化、智能化迈进的宏伟篇章，如同乔布斯所说："创新区分领导者和追随者。"

服务业的兴起和演进

在时间的长河中，全球服务业的发展犹如一幅缓慢展开的精致画卷，记录着技术进步、经济变迁和社会演化的痕迹。这一过程既复杂又多元，密切联系着全球化的浪潮。

在19世纪末至20世纪中叶的初期，服务业的种子开始在工业化的肥沃土壤中生根发芽。随着城市的脉动加速，银行、保险、零售、教育和医疗等服务行业伴随着社会的脚步，逐渐兴起。第二次世界大战后，服务业如同旭日初升，逐渐在发达国家的经济天空中灼灼闪耀。

20世纪60年代至80年代，服务业的故事迎来了转折。全球经济的重心悄然发生变化，服务业逐步占据了主导位置。信息技术的春风吹拂过金融、咨询和科技领域，带来了快速增长和兴盛繁荣。服务业成为了经济增长的主要引擎，推动着社会前进。

随着全球化的浪潮汹涌而来，服务业的舞台得到了更大的拓展。跨国公司的崛起、国际贸易的增加让服务业的边界超迈国界。互联网技术的普及为服务业带来了新的交付方式，比如电子商务、在线教育和远程医疗，为人们的生活注入了极大的便捷与丰富的多样性。

进入21世纪初，服务业经历了一场深刻的数字革命。云计算、大数据、人工智能和移动互联网的融合，为服务业注入了新的活力，使其变得更加高效和个性化。共享经济和平台经济等新型商业模式重塑了服务业的面貌，改变了消费者的消费模式。

从传统服务到现代服务业的转变，从地方市场到全球化扩张，这一发展历程彰显了服务业在全球经济中不断增长的重要性。未来，随着技术的持续进步和全球经济的深入融合，服务业将继续在经济舞台上扮演重要角色，为世界经济绘制出更加多彩的篇章。

制造业与服务业的融合

在历史的宽广舞台上，全球制造业与服务业的融合描绘了一幅关于创新、适应和进步的迷人图景。这一过程，宛若河流汇入大海，深刻地影响着经济结构的演变、商业模式的转型和社会的前行步伐。它不仅映射了技术的突飞猛进和市场需求的多样化，更彰显了全球经济面貌的根本转变。

融合的四个阶段：从工业革命到星辰大海

融合的曙光：工业革命至20世纪中叶。工业革命的兴起，使制造业和服务业的故事开始了新的篇章。制造业以生产商品为核心，而服务业则如同在幕后默默支持的角色。然而，随着工业化的深入和城市化的快速发展，服务业的花朵逐渐在金融、保险、零售、教育和医疗等领域绽放。这一时期，尽管制造业与服务业还未紧密编织在一起，但服务业的成长为后续的深度融合奠定了坚实的基础。

深化融合：20世纪中叶至80年代。随着第二次世界大战后的世界重构，全球经济的画卷迎来了新的色彩。服务业开始占据更加显著的位置，制造业亦开始认识到优质服务在提升产品价值和市场竞争力中的重要性。信息技术的兴起，如同晨曦中的一缕阳光，照亮了制造业和服务业融合的道路，特别是在供应链管理和物流等领域。

全球化与加速融合：20世纪90年代至21世纪初。随着全球化的浪潮席卷而来，制造业与服务业的融合开始加速。制造企业开始将服务视为战略资产，将其融入产品之中，开创了如金融和软件服务等增值服务的新纪元。信息和通信技术的飞速发展，像是给服务业赋予了翅膀，让其在支持制造业的过程中飞得更高、更远。

数字化时代的交响曲：21世纪初至今。步入21世纪，数字化的旋律开始引领制造业与服务业的交响曲。智能制造、工业4.0的理念，如同指挥家挥动的指挥棒，强调了数据和信息技术在制造过程中的核心角色。云计算、大数据、人工智能和物联网的和谐合作，使服务业与制造业的合奏更加和谐、紧密。

融合的意义：经济的交响诗

尽管服务化提供了一个促进制造业价值链攀升的重要途径和模式，但在传统经济时代，由于服务业不可贸易性的特征以及组织冲突、资源约束等因素，中国传统制造企业服务化转型并不顺利。然而，移动互联网、大数据、云计算、人工智能等数字技术的迅速发展和广泛应用为制造企业服务化提供了新的契机。这些技术不仅改变了传统服务的形态，也重塑了现代产业组织生态，为制造企业服务化转型打开了新的路径。

然而，服务化在制造业中呈现出嵌入式和混入式两种不同性质的形式。嵌入式服务如产品维修、系统解决方案、远程监控等能够提升产品差异化程度，促进企业向价值链上下游延伸；而混入式服务则可能导致企业资源分散，不利于企业发展。在这种背景下，理解数字化转型如何影响这两类服务化及其内在机理至关重要。这不仅有助于深化对数字化转型经济效应的理论研究，也能为制造企业进行价值链升级提供实践指导。

在数字经济时代，数据作为基础资源，其采集、汇总、交易和价值挖掘等全生命周期的数字治理成为首要解决的任务。对于制造业企业而言，如何依托数字技术充分挖掘数据要素的价值，成为未来发展的重中之重。因此，社会各方应共同参与，携手政府、产业打造开放、共享的数字经济生态，以加速构建数据生态，促进制造业与服务业的融合发展。

全球制造业与服务业的融合，是一曲关于经济转型的交响诗。它推动了从传统工业向服务导向的经济模式转变,帮助企业提供全面的解决方案,增强产品和服务的市场吸引力。特别是在创新驱动方面,融合催生了新的商业模式和服务创新,丰富了经济的多样性,更好地满足了消费者的需求。同时,也促进了资源的有效利用和环境的保护,支持了可持续发展的目标。制造业与服务业的融合不仅是全球经济发展的重要趋势,更是未来经济持续增长和创新的强大动力。这一融合,是人类智慧的结晶,是对未来的热切期待和梦想的追求。

2. 数字化革命：引领未来的力量

在我们所处的这个瞬息万变的经济时代，全球制造业正经历着一场前所未有的深刻变革，这场变革的核心在于制造业与服务业的界限逐渐模糊。这一过程中，数字化技术的浪潮不仅成为推动这场革命的关键力量，更在塑造未来竞争力的战场上发挥着决定性作用。观察国际先进国家，我们发现生产性服务业在其国民经济中的比重已经显著提升，例如，在一些发达国家中，生产性服务业对GDP（国内生产总值）的贡献超过了50%，这一比例清晰地揭示了服务业在现代经济结构中的核心地位。

中国，作为世界上重要的制造业大国，目前正处于一个关键的转型时期。制造强国和数字中国的战略不仅是面向未来的选择，更展现了适应当今世界技术进步和经济发展趋势的必然选择。在制造强国的战略下，强调技术与创新驱动，意味着通过推动制造业的技术创新和产业升级来增强国家的全球竞争力。制造业的强大不仅能创造大量就业机会，促进经济增长，还能在国际贸易中提升国家的地位。

面对全球制造业向服务化转型的趋势，中国迫切需要借助数字化的力量来加速这一过程。数字中国的战略强调了信息化与数字化转型的重要性，推动着传统行业和经济模式的变革。这包括新型基础设施建设，如5G网络、大数据中心，为现代经济的发展提供支撑，并构建一个智慧社会,实现更高效和更智能的城市管理和社会运行。数字技术,如云计算、大数据、物联网和人工智能,不仅能够提升制造过程的效率,还为企业带来更深层次的业务洞察和创新能力。

在全球竞争和合作的背景下,加强制造业并推动数字化是提高中国在全球产业链中地位和话语权的关键。国际合作和交流在制造和数字领域的发展中同样不可或缺,它们促进了技术创新和全球经济一体化。总的来说,将"制造强国"和"数字中国"作为未来的发展趋势和战略选择,不仅体现了中国对经济发展和社会进步的深入思考,也显示了我们适应全球经济发展新趋势的战略眼光和决心。在这一转型过程中,中国制造业可以借鉴国际先进国家在生产性服务业方面的经验,同时结合自身特点,探索适合自己的发展道路。

制造业与服务业的深度融合

随着市场的不断发展和变化,制造业与服务业愈发深度融合。这一趋势主要受到几个关键因素的驱动。

首先是消费者需求的变化。现代消费者对产品的需求已经超越了物理商品本身,扩展到了与商品相关的增值服务,如售后支持和定制化解决方案等。这些服务不仅增加了产品的价值,还提升了消费者的使用体验。

其次,竞争优势的构建在当前市场环境中至关重要。通过将服务元素整合到产品中,企业可以创造出差异化的竞争优势。这种策略不仅增强了产品的市场吸引力,也有助于提高客户的忠诚度。随着经济模式的转变,服务业在全球许多国家的经济中占据越来越大的比重。制造业企业通过融合服务业元素,不仅可以更好地适应经济结构的转变，还可以开拓新的增长点。

再次，服务业的融合为制造业带来了新的创新机会。这种跨界合作促进了产品和服务的持续改进和迭代，推动了业务模式和市场策略的创新。

综合来看，制造业与服务业的深度融合不仅是市场发展的必然趋势，也是企业在竞争激烈的市场中保持领先地位的关键。这种融合促使企业不断探索新的商业模式和市场机会，为经济的多元化发展贡献力量。

融合的关键：数字化

数字化在融合制造业和服务业中起着至关重要的作用，它通过多种方式极大地改善和优化了这两个行业的运作。

首先，数据驱动的决策正在成为新常态。数字化使企业能够收集和分析海量数据，从而更好地理解市场需求，并在此基础上优化产品设计和服务提供。这不仅提升了决策的准确性，也使产品和服务更加贴近市场和消费者需求。同时，数字技术如物联网、人工智能和机器学习正在提高制造过程的效率，也实现了服务业的自动化和个性化。这一转变不仅提高了生产效率，还使服务更加灵活和定制化。此外，数字化工具，如移动应用和虚拟现实，极大地丰富了客户体验。通过这些工具，客户互动变得更加直接和个性化，从而提升了客户满意度和忠诚度。

其次，数字化还推动了新业务模式的开发，例如基于订阅的服务和共享经济模式。这些创新模式通常需要制造业与服务业的紧密合作，以创造新的价值和市场机会。同时，数字技术在优化供应链管理方面发挥着重要作用，使之变得更加透明和高效。这不仅降低了成本，也提高了制造业和服务业的响应速度和协同效率。

最后，数字平台正在促进不同行业和领域之间的协作。通过这些平台，制造业和服务业能够更容易地结合各自的优势，共同创造价值。总的来说，数字化不仅是技术上的革新，更是推动制造业和服务业向更高效、更互联、更智能的未来发展的关键驱动力。

融合的进程

对于中国这样的制造业大国来说，这一进程首先需要重点发展高附加值、技术密集型的制造业领域，如智能制造、高端装备制造和新能源汽车等。这不仅涉及加大研发投入和鼓励创新，也关乎提升产品的核心竞争力。数字化转型在这一融合过程中发挥着关键作用。加速传统制造业向数字化和智能化的转型，利用物联网、大数据和云计算等技术，不仅可以提升生产效率和产品质量，还可以发展数字化服务平台，推动制造业与互联网的深度融合。

第二，培育服务型制造。这包括提供综合解决方案，如售后服务、定制化设计和运维服务等，并鼓励制造企业拓展新的服务业务，如金融服务和软件服务等。

第三，加强品牌建设和提升"中国制造"的国际形象。促进制造业企业"走出去"，参与国际合作与竞争，拓展国际市场，有助于提升中国制造业的全球影响力。

第四，绿色发展不可忽视。推行绿色制造，提高资源利用效率，减少环境污染，并发展循环经济，促进废弃物的回收再利用，对于实现可持续发展至关重要。

第五，加强人才培养和引进。加大对高技能人才的培养力度，尤其是在新兴技术领域，吸引全球高端人才，加强国际人才交流。

第六，优化产业结构和区域布局，提高产业链的整体竞争力，并平衡区域发展，促进产业在不同区域的合理分布。

第七，优化政策支持和市场环境，如提供税收优惠、资金扶持等，特别是对中小企业和初创企业的支持，以及创建公平竞争的市场环境和加强知识产权保护。综合来看，通过这些策略的整体实施，中国不仅可以巩固其作为制造业大国的地位，还能推动制造业与服务业的深度融合，实现经济的高质量发展。

塑造未来：服务型制造与数字化转型的协同之路

服务型制造不仅是制造业转型的重要趋势，更是企业为适应市场竞争和客户需求变化的关键战略。通过创新优化生产组织形式、运营管理方式和商业发展模式，制造业企业正从长远转型发展的角度，主动将服务要素增加到投入和产出中，实现从单纯的生产组装向"制造＋服务"转型。

在这个转型过程中，数字化技术和平台扮演了不可或缺的角色。它们像润滑剂和连接器一样，融合于服务型制造的转型升级全过程，通过数字化工具和供应链管理平台，实现跨组织的高频数据联系和供应链的动态协同，推动服务型制造的创新发展。例如，易能客平台作为能源服务领域的社会化全程供应链/产业链赋能平台，正通过与产业上游工厂的深度融合，助推能源服务产业更高质量的发展。

服务型制造的转型对制造业企业来说，意味着从简单出售产品向出售"产品＋服务"的转变。这不仅有利于延伸和提升价值链，更好地满足客户的多元化需求，还能提高全要素生产率、产品附加值和市场占有率。从价值链的角度来看，服务在制造中占据越来越重的分量。生产（加工、组装）虽然重要，但服务所创造的价值约占三分之二。因此，转型为服务型制造对企业而言，不仅可以提高附加值和利润来源，还能与客户建立更紧密的联系，深入了解客户需求，提高产品质量和市场竞争力，减少对传统生产制造业务的依赖，开拓新的市场空间。

总的来说，服务型制造与数字化转型的融合，为制造业提供了一条提升附加值、增强市场竞争力和实现可持续发展的路径。通过不断探索和深化这一转型，企业将能更好地适应和引领市场变化，实现长期的发展和成功。

展望新纪元

在这个标志着制造与服务业融合革命的新纪元中，我们对中国在这一领域的未来发展充满了期待和希望。中国作为一个全球制造业大国，正处于转型和创新的关键时刻。数字化的力量已经开始重塑这个国家的工业面貌，推动着生产性服务业向更高的效率、更强的竞争力和更广阔的市场前景迈进。

我们祝愿中国在这一变革中继续展现其历史悠久的创新精神和不懈追求。通过智能化、数字化的持续投入和探索，中国的制造业无疑将在提升全球供应链、优化产品和服务质量以及创造更多就业机会方面发挥重要作用。我们期待看到中国企业在数字化驱动下不仅提升自身竞争力，更推动全球经济向更加协调、可持续的方向发展。

此外，我们也期望中国能够在数字化转型的过程中，有效应对挑战，如数据安全、环境保护和社会责任等，确保这一发展过程既高效又包容。我们相信，通过持续的创新和合作，中国将在制造与服务业的融合革命中发挥领导作用,为全球经济的发展贡献中国智慧和中国方案。

在这个新纪元中,中国制造业生产性服务业的每一步进步都值得期待,每一次创新都值得赞赏。让我们共同期待,中国在这一领域的辉煌成就,为世界经济的发展带来更多可能性和活力。

3. 新发展格局的新现象

在过去的三十年中，中国制造业如同一条奔腾不息的江河，书写了一段波澜壮阔的历史。这段历史讲述了中国制造业的高速增长、产业升级，以及拥抱全球化的壮丽史诗。这不仅是一段关于经济增长的故事，更是一次深刻的社会和技术革命。

在学术界，服务业全球价值链嵌入位置的研究焦点主要集中在三大领域：信息技术与数字技术的影响、制度质量与营商环境的影响，以及对外开放的影响。这些研究揭示了一个深刻的真理：在全球化的大潮中，技术的进步和开放的环境是推动服务业进步的关键力量。

正当全球制造业步入第四次工业革命的新时代，中国的制造企业，带着开放与创新的视野，正踏上一条独特的数字化转型之路。互联网作为这一时代的催化剂，不仅降低了交易成本，优化了资源配置，提高了服务业的生产率，还特别增强了那些交易环节多、对信息技术依赖度高的服务部门的能力。与此同时，数字技术的应用正在迅速引领新的服务外包市场需求，拓展产业链，并产生了正向的外溢效应。

中国的制造企业不再仅仅满足于成为孤立的"城主"，而是转变为具有广泛影响力的"链主""生态主"和"平台主"，共同构筑了一个多元化的智能制造产业生态。良好的制度质量带来了成本节约、契约规范保障、知识产权保护以及优化营商环境的效应，这些都是提升一个国家服务业在全球价值链中地位的关键。

在这个"产学研用"多方合作的交汇点上，中国的制造企业正在以一种大破大立的精神，推动规模化的数字化转型，利用前沿技术取得的突破，塑造了独具中国特色的转型故事和智造品牌。从对外开放的视角来看，研究发现对外开放水平对服务业在全球价值链（GVC）中的分工地位具有显著的门槛效应。只有当制造业与服务业的协调发展程度和制度质量跨越了某一门槛值，其对服务业在全球价值链地位的正向促进效应才会显现。

中国制造业与服务业的融合和转型不仅是一场经济的革命，更是一次文化和思想的进步，它展现了一个国家在全球经济舞台上不断演化、成长的生动画面。

"双循环"相互促进的新发展格局

在2020年，中国勾画出了一幅全新的经济蓝图：以国内大循环为主体、国内国际双循环相互促进的新发展格局。这一战略部署，是中国为适应全球百年未有之大变局、迎接新发展阶段所作的重大决策。其核心目标在于应对全球经济环境的变化，减少对外部市场的依赖，同时促进国内市场的发展与国际市场的互动。

习近平总书记在2020年第三届中国国际进口博览会上强调，这一新发展格局并非封闭的国内循环，而是一种更加开放的国内国际双循环。这不仅是中国自身发展的需要，而且将更好地造福于全世界。

中国在"双循环"模式下的优势和基础主要体现在其庞大的国内市场、深入全球价值链的参与、产业链的显著聚集，以及较低的交易成本。改革开放以来至2012年，中国经历了一个以外循环为主的发展阶段，但现在，各地区对全球化分工的参与和国内区域融合对制造业产业升级带来了明显的溢出效应。

截至2022年，中国的进出口贸易总额约为6万亿美元，约合40万亿元人民币，而国内生产总值（GDP）则在120万亿元左右。在过去6年中，中国的进出口与GDP的比例基本保持稳定，显示出以内循环为主的双循环模式在过去10年里取得了显著成效。要有效推动国内大循环，中国需要坚持创新驱动发展，加快供给侧结构性改革，同时进一步扩大内需市场。至于提高参与国际大循环的水平，需要加快发展高水平开放型经济，提升参与国际分工的质量和效益，不断打造新的国际经济合作和竞争优势。

此外，"一带一路"倡议与国内国际双循环的关系，标志着中国在供给侧结构性改革的基础上，进一步推进双循环新发展格局。经济内循环不仅强调生产、分配、流通、消费四个环节的互通，也体现了国内自力更生的发展要求。制造业作为国民经济的支柱产业，在这一循环中的地位显得尤为重要，其高速发展是实现经济内循环的关键。

为此，构建与双循环相适应的现代金融体系成为中国金融改革和发展的重点任务。新发展格局要求多方面协同推进，以动态比较优势理论为指导。提升产业生产水平，并加深关联产业发展互动，是形成经济内循环的重要方向。基于中国正处于由要素驱动向创新驱动转变的新阶段，精准提升制造业生产率成为加快形成经济内循环的关键。

最终，中国推进"双循环"新发展格局的成功，离不开参与国际大循环的同时，形成更高层次和更高质量的国际循环，以实现以国内大循环为主体、国内国际双循环相互促进的新发展格局目标。

中国大市场带来的机遇

中国大市场，作为世界经济的重要引擎，展现出其复杂性和充满活力的特点。它不仅聚集了数十亿消费者，形成了一个规模庞大的市场体系，而且呈现出经济多样化、持续发展和充满机遇的特质。对于全球企业来说，这个市场既充满挑战，也蕴含着无限的商业潜力。

中国市场的首要特点在于其巨大的规模。14亿人口的中国拥有广阔的市场需求，但真正让这个市场具有全球意义的是其人均GDP的持续增长。1980年，尽管中国的人均GDP只有200美元，但随着近十年经济的飞速增长，中国已经发展成为世界第二大经济体，为各种商品和服务提供了巨大的市场空间。随着经济的不断增长和人均收入的提升，中国中产阶级的扩大带来了对高质量、高价值产品和服务的增长需求。

中国市场的多样性和地域差异也是其核心特征之一。从发达的沿海城市到内陆的发展中地区，不同地区的经济发展水平、消费习惯和市场需求都有显著差异，这为各类企业提供了丰富的市场机遇。同时，作为全球最大的商品出口国，中国在全球供应链中扮演着关键角色，对全球经济产生深远影响。

政策环境和市场开放是中国市场的另一大优势。近年来，中国政府致力于进一步开放市场，优化营商环境，吸引外资，推动内需扩张。这些政策措施为国内外企业在中国市场的发展提供了有力支持。尤其在创新和技术发展方面，中国市场的巨大需求和激烈的竞争环境促使企业加快技术发展，尤其在移动互联网、电子商务、人工智能等领域。

因此，中国大市场以其独特的结构、巨大的潜力和不断进化的特性，为全球企业提供了一个充满挑战和机遇的舞台。无论是本土企业还是外国企业，都能在这个巨大的市场中寻找到成长和扩张的机会。在技术创新和数字化转型的推动下，特别是在移动互联网、电子商务、人工智能等领域，中国市场正在塑造新的商业模式和市场机遇，最终实现制造业成本的降低，使中国创新成果在全球市场上具有竞争优势。随着中国政府继续推进市场开放和营商环境改善，中国大市场将继续为全球企业提供巨大的商业潜力和发展机遇。

制造业产业外移与全球价值链

中国的轻工和纺织产业似乎大量转移到了东南亚和印度，但这种转移实际上是中国经济发展的一个积极信号。这不仅是应对经济全球化逆流和新冠疫情冲击的举措，更是全球产业链和供应链重构的一部分。

这种转移有利于企业在成本优化和市场拓展方面取得进步。东南亚和印度的劳动力成本相对较低，有助于降低生产成本，提高国际竞争力。同时，这种转移还有助于企业更快速地响应这些地区的市场需求，扩大国际市场份额。

从产业角度看，中国正经历产业结构的优化和升级。中国是唯一一个全品类、全产业链的制造国家，这意味着它有能力将低附加值的产业转移到其他国家，同时集中资源发展高技术和高附加值的产业，如高端制造、科技和服务业。

过去三十年里，中国通过参与全球价值链中的"两头在外"模式，取得了显著的发展。制造业的转移和升级有助于中国企业更好地融入全球价值链，通过国际分工提升整体效率和竞争力。这种转移还可以缓解中国本土的资源和环境压力，有助于可持续发展。

尽管如此，这一转移也带来了挑战，如国内就业压力增大和产业空心化的风险。但总体来说，这种转移是中国经济发展到一定阶段的自然现象，符合全球经济发展和产业分工的趋势。通过持续的创新和产业升级，中国可以在全球价值链中提升其地位，实现更高质量的发展。

制造业的数字化悖论

想象一下，你买了一辆最新款的跑车，但没注意到油箱空空如也，结果车连个轮子都转不动。这就是"数字化悖论"——你可以给你的企业安装最炫酷的数字化装备，但如果不知道如何发挥其威力，那么它们就只是摆设。据调研，有70%至80%的企业在数字化转型的赛道上磕磕绊绊，就像是跑步机上奔跑却原地踏步。

首先，投资回报率就像是个习惯性迟到的朋友。你为公司新购买的超级计算机举办了盛大派对，但几个月后发现，这台高科技设备只用来播放音乐和看电影。没错，数字化投资需要时间来发挥作用，有点像是等待新员工熟悉他们的工作环境。

其次是实施的挑战。数字化转型的投资和产出就像是一场模糊的赌局，缺乏明确的成本与收益分析。在这场赌局中，企业需要大举投资于网络、设备、系统等资源，同时承担基础设施改造、系统建设、人才培训等诸多领域的成本。

再来看看企业对技术的痴迷，就像孩子对新玩具的执着，完全忽略了其他重要元素，比如员工和流程。没有有效的流程和熟练的员工，最先进的技术也只是一个昂贵的摆设。

当然，随着数字化的深入，市场和业务模式也在不断变化，就像时尚界的风向标，今天流行这个，明天又换那个。有些企业的传统商业模式在这场"数字化时装秀"中显得格格不入，需要重新设计。

虽然数字化模式未能带来预期的效益，但这并不意味着这些模式没有价值。问题在于，许多企业和服务商在实施数字化转型时遇到了障碍。现有的数字化解决方案往往像定制西装一样，但企业实际上需要的是一套适应各种场合的"万能服装"。

企业的组织文化和管理方式也可能与新技术不兼容，就好像把先进的太空技术放进了中世纪的城堡。如果企业文化不支持创新和冒险，那么再先进的技术也只能成为尘封的展品。

总的来说，"数字化悖论"提醒我们，数字化转型不仅仅是技术的升级，它还涉及企业战略、组织结构、企业文化以及员工技能的全面革新。综合考虑这些因素，企业才能在数字化转型的舞台上优雅起舞。别只是拥抱数字化，还要学会如何在数字化的舞池中翩翩起舞。毕竟，概念的重要性在于其实用性，而不仅仅是理论共识。

颠覆性科技
数字化的魔法

"颠覆性科技"这一板块全面论及了当代世界数字化科技的前沿形态以及它们的前世今生。人工智能和机器学习引领科技与生活的革新；云计算使人类真正进入大数据的时代；物联网连接了物理世界与数字世界，万物终能互联互通；移动技术和数字媒体随着互联网的普及和移动通信技术的突破，已经成为当代社会和文化变革的重要推动力量。这些科技形态颠覆了人类社会从农业、工业、服务业到社会生活的方方面面，中国制造业和服务业的大融合，正以数字科技为枢轴，在新世纪徐徐展开其宏阔图景。

1. 智慧火花：人工智能与机器学习

在这个数字化蓬勃发展的时代，人工智能（AI）和机器学习（ML）宛如两股澎湃的潮流，正引领着科技与生活的革新。这段探索旅程不仅是一连串的技术突破，更是一次次跨越边界的奇幻旅行。想象一下，深度学习技术就像是一个神奇的翻译家，在图像和语音的世界里，它轻松地将复杂信息转化为我们能够理解的语言。而ChatGPT（聊天生成型预训练变换模型）这样的预训练语言模型，更是像一位文学大师，使机器不仅能读懂人类的文字，还能创造出充满智慧的语言。

这股技术潮流正汹涌席卷着各个领域，从医疗到金融，从教育到娱乐，它们以前所未有的速度和能力改变着我们的生活和工作。而在自动驾驶汽车、智能机器人等领域的应用，则如同科幻电影场景变成现实，展现了人工智能和机器学习的非凡魅力。然而，这股潮流也带来了挑战。在人工智能的光芒之下，伦理和责任的阴影也逐渐凸显。如何确保技术的公正与安全，成为需要我们共同面对和解决的命题。这不仅是一场技术的革新，更是对人类智慧和道德的考验。

与此同时，商业世界也正在被这股潮流彻底改造。人工智能和机器学习正变成商业创新的加速器，推动着企业向前发展。而人工智能的融合与跨界学习，正在将不同技术领域连接起来，创造出全新的可能性。在这场技术革命中，人才成为了关键。全球正在努力培养更多的人工智能和机器学习专家，以应对这场前所未有的变革。这是一场关于智慧与创新的竞赛，也是一场关于未来的梦想与探索。随着人工智能和机器学习技术的不断成熟和发展，我们将继续见证它们在全球经济和社会中扮演的关键角色。这不仅是一场技术的革命，更是人类文明新篇章的开启。让我们共同期待，未来这两股潮流将带我们到达何方。

人工智能的70年

人工智能的历史，是一部跨越时空的史诗，讲述了人类对模拟和超越人类智慧的不懈追求。这部史诗始于20世纪中叶，当时的科学家开始梦想着创造能够模仿人类思维的机器。1956年，在美国达特茅斯会议上，这一概念首次被正式提出，并被命名为"人工智能"。那是一个充满希望和好奇的时代，科学家们对人工智能的未来充满了无限的憧憬。

最初的人工智能研究集中于解决特定的逻辑问题和模拟人类的解决问题能力，例如通过编程使计算机下棋或解决数学问题。然而，这些早期的尝试很快遇到了限制，因为那时的技术和理论还远远不能满足复杂的智能任务的要求。进入20世纪七八十年代，人工智能经历了所谓的"冬天"，由于缺乏突破性的进展和投资者的失望，该领域的发展几乎陷入停滞。

然而，随着90年代计算能力的飞速发展和大数据时代的到来，AI迎来了新的春天。特别是在21世纪初，随着深度学习和神经网络的突破，人工智能领域经历了质的飞跃。这些技术使得AI能够处理以前难以想象的复杂任务，如图像识别、语音处理和自然语言理解。随着时间的推移，人工智能不仅在学术研究中取得了显著进展，还在商业和日常生活中越来越多地得到应用。

今天的AI已经远远超出了最初的设想，它不仅改变了我们的工作方式，也改变了我们的生活方式。从智能助手到自动驾驶汽车，从医疗诊断到金融分析，人工智能的应用无处不在，它的发展仍在加速进行。人工智能的历史是人类智慧的一次伟大探索，而这一探索仍在继续，它的未来充满了无限的可能性和挑战。

早期的AI探索，虽然简陋，却如同探索未知世界的第一步。20世纪50年代，当AI概念首次被提出时，它更多是哲学和逻辑的结晶，而非实际的技术实现。但正是这些早期的思考为后来的技术进展埋下了种子。

进入20世纪80年代，专家系统的出现标志着人工智能从理论走向实践的关键一步。这些基于规则的系统能够模拟专家的决策过程，解决特定领域的复杂问题。尽管它们的能力有限，但专家系统的出现预示着人工智能能够具体应用于解决现实世界的问题。

然而，真正引领人工智能进入新纪元的是深度学习的崛起。特别是在21世纪初，随着计算能力的增强和数据量的爆炸式增长，深度学习使人工智能得以突破传统算法的局限，展现出惊人的学习和识别能力。例如，卷积神经网络（CNN）在图像识别上的突破，不仅推动了计算机视觉领域的飞速发展，也让人工智能走进了普通人的生活。

此外，阿尔法狗（AlphaGo）战胜世界围棋冠军的壮举，不仅是人工智能技术的一次展示，更是对"机器是否能超越人类智慧"这一哲学问题的深刻探讨。AlphaGo的成功，标志着AI在处理复杂、直觉性问题上达到了一个新的高度。

在AI的历史长河中，每一次技术的突破都不仅是对算法和计算力量的挑战，更是对人类自身智慧和未来可能性的探索。从最初的逻辑推理到现在的深度学习，AI产业的发展不仅改变了我们与世界的互动方式，更让我们重新思考了智慧的本质和未来的无限可能。在AI的光芒照耀下，我们或许能够找到通往未来智慧世界的道路。

机器学习的基础原理

机器学习，作为人工智能领域的一个重要分支，是一种使计算机系统利用数据来自动学习和改进性能的技术。在其核心，机器学习旨在开发算法，这些算法可以从数据中学习，发现模式，并做出决策或预测，而无需对每种情况进行明确的程序编码。机器学习的美妙之处在于它赋予了机器自我学习和适应新情况的能力，而不是仅仅按照预设的规则行事。

机器学习的工作原理基于创建模型，这些模型可以从输入数据中提取特征，并根据这些特征做出预测或决策。这个过程通常分为几个步骤。首先是数据预处理，这包括收集、清洗和转换数据，使其适合用于建模。然后，选择适当的算法来训练模型。算法的世界犹如一片充满无限可能的广袤森林，其中的路径有多种，每一种都有其独特的风景。最为人熟知的路径分为三种：监督学习、无监督学习和强化学习，每一种都有其特定的应用和美妙之处。

监督学习，就像是有一位导师在旁指导。在这个过程中，算法通过分析标记过的训练数据来学习，每个数据点都有一个明确的标签或输出。例如，在电子邮件过滤系统中，算法会被训练识别哪些邮件是垃圾邮件（标记为"垃圾"）和哪些是正常邮件（标记为"非垃圾"）。通过从这些标记的数据中学习，算法可以学会识别新的、未标记的邮件是否为垃圾邮件。

无监督学习，则像是在无人指路的情况下探索。这里，算法被赋予了一组没有标记的数据，任务是发现数据中的模式或结构。一个常见的例子是市场细分，在这个应用中，无监督学习的算法可能会识别出不同的客户群体，根据他们的购买行为或偏好将他们分组，尽管这些数据之前并未被标记。

强化学习则像是一场试错的游戏。在这个过程中，算法通过与环境的互动来学习，根据它的行为获得奖励或惩罚。这种学习类型在游戏如围棋或象棋中尤为突出，其中算法（比如AlphaGo）通过与对手的博弈并从胜利或失败中学习来提高其技能。在这里，算法的目标是最大化其获得的奖励。

每种机器学习类型都有其独特的应用场景和美妙之处，它们共同构成了机器学习的丰富多彩的世界。通过这些不同的学习方法，机器学习的算法能够帮助解决从简单分类到复杂决策制定的各种问题，展示了人工智能的巨大潜力和多样性。机器学习是一种强大的工具，它能够赋予计算机从经验中学习的能力。通过构建可以从数据中学习和适应的模型，机器学习正在改变我们解决问题和理解世界的方式。

人工智能的核心技术：神经网络、深度学习和自然语言处理

人工智能技术的进步，犹如探索未知宇宙的旅程，每一项技术都像是揭开神秘星空的一角。在这个旅程中，神经网络、深度学习和自然语言处理等技术扮演着关键的角色，它们不仅推动了人工智能领域的边界不断扩展，也深刻地影响了我们的生活和工作。

神经网络，模仿人类大脑的结构和功能，是一种强大的学习机制。它由许多相互连接的"神经元"组成，能够通过处理大量的数据来学习复杂的模式和功能。一个典型的应用案例是图像识别。例如，脸书（Facebook）使用神经网络来识别和标记用户上传的照片中的人脸。这种技术可以自动识别出图片中的人物，并提供标记建议，极大地增强了社交媒体平台的用户体验。

神经网络的进步，尤其是在处理复杂数据方面的能力，为AI技术的应用提供了坚实的基础。神经网络能够模拟人脑处理信息的方式，使得计算机能够识别模式和趋势，从而解决以往无法处理的复杂问题。这种技术在图像和语音识别、预测分析等领域的应用，极大地扩展了AI的应用范围，为相关产业带来了新的增长点。

深度学习，是神经网络的一个分支，它通过构建多层（深层）的神经网络结构来处理更复杂的数据模式。深度学习在语音识别领域取得了显著的成就。例如，谷歌的语音助手使用深度学习来理解和响应用户的语音指令。它能够准确地识别用户的语音，即使在嘈杂的背景下也能做出准确的反应。

深度学习，作为神经网络的扩展，通过建立更为复杂的网络结构，使得机器能够学习更深层次的数据特征。这一技术的突破，特别是在图像识别和自然语言处理领域的应用，不仅推动了AI技术的发展，也催生了新的产业应用。例如，深度学习技术在医疗影像分析中的应用，提高了疾病诊断的准确性和效率，为医疗产业带来了变革。

自然语言处理（NLP）是另一个人工智能的重要分支，致力于使计算机能够理解、解释和操作人类语言。一个引人注目的应用是机器翻译，如谷歌翻译。这项服务运用NLP技术将一种语言翻译成另一种，使得跨语言的沟通变得无比便捷。通过深度学习和大量的语言数据，谷歌翻译能够实现流畅、自然的翻译效果，极大地促进了不同文化和语言背景的人们之间的交流。

自然语言处理（NLP）技术则使机器能够更好地理解和响应人类语言，这一领域的进步为机器与人的交互开辟了新的可能。NLP的进步不仅使得聊天机器人和语音助手成为可能，也推动了AI在教育、客户服务等领域的广泛应用，为这些产业的发展注入了新的活力。

人工智能的实践应用：医疗、金融、自动驾驶和教育

人工智能技术的发展，如同一场深刻的科技革命，正是神经网络、深度学习、自然语言处理等关键技术的进步，推动了这场革命的前行。这些技术不仅在理论上取得了突破，更在实践中显著推动了AI技术和产业的快速发展。

在当今时代，人工智能和机器学习的应用正如潮水般涌入各行各业，开启了解决问题、提升效率和创新的新篇章。

在医疗领域，人工智能（AI）和机器学习（ML）技术正在革新疾病诊断和治疗的方法。以肿瘤识别为例，深度学习算法能够通过分析成千上万的影像资料，准确识别肿瘤的类型和发展阶段，这不仅提高了诊断的准确性，还大大加快了诊断过程。此外，基于人工智能的个性化医疗方案能够根据患者的基因组成和病史，提供更加精确的治疗建议，为患者带来了更加精准和高效的医疗体验。

在金融领域，人工智能和机器学习技术则在风险管理、投资策略和客户服务上发挥着重要作用。机器学习算法能够分析大量的市场数据，预测股票和商品的价格走势，帮助投资者做出更明智的投资决

策。同时，AI在识别欺诈交易和管理信用风险方面也显示出了极高的效率，为金融行业提供了更为安全和可靠的环境。

在自动驾驶领域，人工智能技术的应用正在逐步将科幻变为现实。通过整合传感器数据、实时地图和复杂的决策算法，自动驾驶车辆能够在各种路况中安全行驶，这不仅提高了交通的效率，也为减少交通事故提供了可能。

教育领域也正在经历由人工智能和机器学习技术带来的变革。个性化学习系统能够根据学生的学习进度和风格调整教学内容和节奏，使学生能够以自己的速度学习，从而提高学习效果。此外，人工智能技术在语言学习、课程推荐和学习成果评估等方面的应用，也在使教育变得更加高效和个性化。

人工智能和机器学习技术在各个领域中的应用正成为推动社会进步和创新的强大动力。它们不仅解决了传统方法难以克服的问题，还为各行各业带来了新的发展机遇，展现了人工智能时代的无限可能。这些技术的发展推动了人工智能技术和产业的飞速发展，使得人工智能不再是科幻小说中的概念，而是现实生活中的实用技术。它们代表了人类对复杂问题解决能力的不断追求和扩展，正在逐渐改变我们的世界，为我们的生活带来前所未有的便利和机遇。随着这些技术的不断成熟和应用，我们可以预见，人工智能将在未来的社会和经济发展中发挥更加重要的作用，不断开辟新的应用领域和产业机遇。

人工智能是推动制造业和服务业转型的核心技术力量

在制造业中，人工智能和机器学习技术的应用主要集中在三个方面：自动化生产流程、质量控制和预测性维护。

具体来看，人工智能和机器学习通过自动化复杂的生产流程，有效提升了制造效率，同时减少了人为错误和成本。机器视觉等感知技术在产品质量检测方面发挥了重要作用，显著提升了质量控制的准确性。此外，基于数据分析的预测性维护能力，使得企业能够预见并规避设备故障，减少停机时间，从而保障生产的连续性和效率。未来，制造业将见证更深层次的技术整合，尤其是物联网、人工智能、机器学习与自动化技术的融合，实现更智能化和高效化的生产体系。在全球供应链管理方面，人工智能的应用将进一步优化库存和物流管理，提升企业的响应速度和市场适应能力。个性化和按需制造也将因人工智能而变得更为高效和经济。

服务业中，人工智能和机器学习正改变着客户服务的面貌，尤其是通过聊天机器人和自动化响应系统，实现了全天候客户支持。此外，人工智能的数据分析能力使得服务更加个性化，能够基于客户数据提供量身定制的服务和产品。在运营优化方面，人工智能和机器学习在金融服务等领域的风险评估和欺诈检测方面展现出显著效能。展望未来，人工智能将在服务业中提供更加深入的个性化服务，结合客户的行为和偏好，带来更加丰富和细致的用户体验。同时，人工智能的辅助决策能力，将基于数据提供更深入的商业洞察，助力企业做出更明智的战略选择。

跨领域融合是人工智能和机器学习的另一大趋势。这两大技术将促进制造业和服务业之间的更深层次融合，如通过人工智能优化的制造流程将直接满足服务业的需求。随着人工智能的深入应用，数据隐私、算法透明度和安全问题将受到更多关注，对于能够设计、开发、维护和解释人工智能系统的专业人才需求也将显著增长。人工智能和机器学习不仅是改变制造业和服务业游戏规则的关键技术，也是未来这两大行业向更高效率、更高智能化方向发展的重要驱动力。随着技术的不断进步和应用的不断深入，人工智能和机器学习将在全球经济中扮演越来越重要的角色。

面临的挑战和伦理：数据隐私、安全性和算法偏见

在人工智能和机器学习的迅速发展过程中，尽管技术突飞猛进，但也面临着一系列复杂的技术和实践挑战，这些挑战不仅考验着技术本身，更触及伦理和社会的深层次问题。其中，数据隐私的问题尤为突出。随着大量个人信息被用于训练人工智能系统，如何保护这些数据不被滥用成了一个重大的关注点。无论是个人的健康信息、购买行为还是在线互动，所有这些信息的安全都至关重要，任何泄露都可能导致严重的隐私侵犯和不良后果。

安全性问题也是推进人工智能和机器学习时面临的一大挑战。随着人工智能系统在关键基础设施和敏感应用领域的应用越来越广泛，如何确保这些系统免受黑客攻击和滥用成了一个紧迫的问题。人工智能系统的复杂性和自动化程度使得它们成为潜在的目标，任何漏洞都可能导致灾难性的后果。

此外，算法偏见是另一个重要的挑战。由于人工智能系统通常依赖于历史数据来进行学习和决策，这些数据中的偏见和不平等可能会被算法无意中学习并放大。这种偏见不仅存在于数据中，也可能源于算法的设计和实现过程。算法偏见可能导致不公平的决策，加剧社会不平等，甚至侵犯个人权利。

应对这些挑战，需要一个多方位、综合性的策略。

在保护隐私方面，制定严格的数据管理政策至关重要。这意味着对收集、存储、使用个人数据的每一个环节进行严格监管，确保数据的使用符合道德标准和法律要求。同时，透明度的提升也是关键，包括对使用人工智能和机器学习技术的目的、方式以及潜在影响的公开和解释。

关于算法偏见，必须采取措施确保人工智能系统的公正和无偏。这包括使用多样化的数据集进行训练，以减少数据中的偏见，以及在算法设计中考虑到不同群体的需求和特点。进一步地，开发可解释的人工智能模型也非常重要，以便我们能够理解并质疑人工智能系统的决策过程。在社会层面，人工智能和机器学习技术可能导致的就业市场变化也需要认真考量。这意味着在推动技术发展的同时，还需制定相关政策和计划，以支持职业转型和技能再培训，确保社会成员能够适应新的工作环境。此外，加强伦理教育和意识的培养同样重要。这包括在工程师、程序员和科技专家的教育中加入伦理和社会学的内容，使他们在设计和开发人工智能系统时，能够充分考虑到这些系统的伦理和社会影响。

总之，面对人工智能和机器学习技术带来的伦理挑战和社会影响，我们需要一个多维度、全方位的应对策略。通过严格的数据管理、算法公正、透明度提升、社会政策支持以及伦理教育，我们可以更好地引导人工智能和机器学习技术的发展，确保它们为社会带来积极的影响，而非问题和分歧。这些挑战需要我们在推进技术发展的同时，也要密切关注伦理、安全和公平性问题。只有这样，我们才能确保人工智能和机器学习技术的健康发展，为社会带来更多的利益，而非问题。

全球竞争与合作：中国 vs 美国

在全球 AI 领域的迅猛发展中，中国和美国以其各自独特的路径和优势，展现了两国在不同的政策环境、市场条件、技术基础和战略重点上的差异性。

中国的人工智能发展受到政府的高度重视和大力支持，形成以国家战略为引导的发展模式。中国政府在政策上给予明确的方向和支持，通过多项措施促进人工智能技术的发展和应用。得益于庞大的互联网用户基数，中国在数据资源方面具有明显优势，为人工智能的训练和应用提供了丰富的数据环境，特别是在图像和语音识别等领域。同时，中国在将人工智能技术迅速转化为商业应用方面表现突出，电子商务、在线支付和社交媒体等领域的成就尤为显著。

相比之下，美国在人工智能的基础研究和核心技术开发上保持全球领先地位。凭借众多顶尖研究机构和大学，如斯坦福大学、麻省理工学院等，美国在人工智能理论和技术的推动上发挥着不可忽视的作用。硅谷等高科技产业集群及其丰富的风险投资资源为人工智能创新提供了肥沃的土壤。美国的 AI 公司在全球具有巨大的影响力和市场竞争力。此外，美国在数据隐私和人工智能伦理方面也建立了较为成熟的规范和标准。

总的来说，中国的人工智能发展突出在应用研发和市场化转化上，尤其在数据资源方面拥有显著优势。而美国则在人工智能基础研究、创新生态和全球影响力方面占据领先地位。两国在人工智能发展上的优势互补，共同推动全球人工智能技术的发展和应用。未来，中美在人工智能领域的竞争和合作将对全球人工智能的未来走向产生深远影响。

人工智能的下一步

随着时间的推移，我们正迈入一个充满无限可能的新时代，其中人工智能和机器学习将在2024至2035年间迎来翻天覆地的变化。在这个未来的十年里，我们可以预见AI和ML技术将会在智能化、集成化和伦理化三个方向上取得显著的进展。

首先，在智能化方面，预计人工智能和机器学习将更加深入地模拟和扩展人类的认知能力。随着算法的不断优化和计算能力的飞速提升，未来的人工智能系统将能够更加精确地处理复杂的任务，例如更高级的自然语言理解和更精准的预测模型。此外，深度学习将进一步发展，使得人工智能在视觉艺术、音乐创作和文学创作等领域展示出更高的创造力。

在集成化方面，人工智能和机器学习将与各个行业和领域更加紧密地融合。我们可以预期人工智能将不再是一个独立的领域，而是成为医疗、教育、交通、制造等行业不可或缺的一部分。例如，在医疗领域，人工智能不仅将用于疾病的诊断和治疗，还将在药物研发和个性化医疗方案的设计中发挥关键作用。在教育领域，人工智能将提供更加个性化和高效的学习体验，适应不同学生的学习风格和需求。在伦理化方面，随着人工智能和机器学习技术的不断进步和普及，伦理问题将越来越受到重视。我们可以预见，将会有更多的法律和标准出台，以确保人工智能技术的发展符合伦理规范和社会责任。这包括保护个人隐私、确保数据安全、防止算法偏见和促进人工智能技术的公平性和透明性。

在社会层面，人工智能和机器学习将重塑我们的日常生活和工作方式。随着智能化家居、自动化交通和个性化医疗服务的普及，人们将享受到更高质量和更便捷的生活体验。然而，这样的变革也带来了挑战，如就业结构的改变和技术鸿沟的加深，需要社会各界共同努力，确保技术发展的普惠性。在经济领域，人工智能和机器学习的应用将极大提升产业效率和创新能力。自动化和智能化不仅会改进制造业的生产过程，还将推动新业态和服务模式的涌现，例如基于人工智能的金融服务和数据驱动的营销策略。这些变化预示着经济增长的新动力，同时也要求企业和员工适应新的技能需求和工作环境。文化方面，人工智能和机器学习将成为推动文化创新和交流的重要力量。人工智能在艺术创作、文化遗产保护和语言翻译等方面的应用，不仅丰富了文化表达的形式，也促进了不同文化之间的理解和交流。同时，随着人工智能技术在媒体和娱乐行业的应用日益普及，我们将见证更加多元和个性化的文化内容生产和消费方式。

在当今世界，人工智能和机器学习已不仅仅是科技领域的热门话题，它们已成为推动现代社会进步的关键力量。这些技术的重要性体现在它们对各行各业的深刻影响上：从医疗健康的精准诊断到金融服务的智能化，从智能交通系统的改革到教育模式的创新，人工智能和机器学习正逐步改变着我们的工作方式和生活态度。它们不仅提高了效率、优化了流程，还开辟了新的创新路径，使得先前不可想象的事物变为可能。然而，与此同时，这些技术的迅猛发展也带来了新的挑战，如数据隐私的保护、算法偏见的防范、就业结构的转变等，这些问题需要我们在享受技术带来的便利的同时，审慎地加以考量和应对。

在人工智能和机器学习这个迅速变革的领域，持续的研究和创新不仅是推动进步的引擎，更是这个时代的命脉。这些技术领域的每一次突破，无论是算法的微小调整，还是计算模型的根本性革新，都是建立在不懈探索和创新思维之上的。正是这种持续的科学探索和技术创新，使人工智能和机器学习技术能够不断超越现有的局限，解决更复杂的问题，拓展新的应用领域。在这个过程中，研究人员和开发者的创造力和好奇心是无价的财富，它们驱动着技术前沿不断向前。同时，这种持续的创新也需要一个支持性的环境——包括充分的资金投入、开放的学术和商业合作，以及对创新成果的认可和鼓励。只有在这样一个不断研究、勇于创新的文化氛围中，人工智能和机器学习技术才能真正发挥其改变世界的潜力，为人类社会带来更广泛的利益。

2024年至2035年间的人工智能和机器学习技术发展将是跨越式的。这一时期将见证人工智能技术的深化和广泛应用，同时也将面临伦理和社会责任方面的新挑战。未来十年人工智能和机器学习技术的发展将是社会进步的重要推动力，但同时也带来了诸多挑战。这要求我们在享受技术带来的便利和进步的同时，也要关注技术发展可能带来的社会分裂、经济重构和文化变迁，努力实现技术发展的可持续性和公正性。随着技术的发展，我们有望看到一个更加智能、互联和伦理的未来。

2. 云端世界：数据的力量

云计算，这一21世纪的技术奇迹，已经成为数据管理和应用的核心。在数据驱动的时代背景下，云计算提供了一个灵活、高效、可扩展的平台，使数据的存储、处理和分析变得简便和高效。云计算通过其分布式的存储解决方案彻底改变了数据存储的方式。它使企业和个人能够在云端存储海量数据，无需投资昂贵的物理硬件和基础设施。这种存储方式不仅成本效益高，而且具有高度的可扩展性和可访问性，用户可以随时随地访问存储在云端的数据。

云计算的发展历程

云计算，这一21世纪初兴起的革命性技术，代表了计算资源获取和管理方式的根本转变。云计算的发展历程，犹如一幅波澜壮阔的画卷，展现了技术演进的壮丽景观。这段历史的开端可以追溯到20世纪60年代，当时的分时系统和虚拟化技术奠定了云计算的基础。这是一个技术初露端倪的时期，仿佛清晨第一缕曙光透过云层，预示着新的一天的到来。本质上，云计算是指通过互联网提供按需的计算服务，如服务器、存储、数据库、网络、软件、分析和智能计算功能，用户只需为其使用的服务支付费用。这一概念的核心在于提供灵活、可扩展且经济高效的计算资源，无需用户投资和维护昂贵的本地基础设施。

进入21世纪初，云计算技术如同初升的太阳，开始逐渐发出耀眼的光芒。2006年亚马逊推出EC2服务成为云计算历史上的一个标志性事件，它象征着云计算服务商业模式的真正成熟，正如春日里花朵绽放的美景，预示着繁荣的到来。此后，一系列的技术创新和服务推陈出新，如谷歌的App Engine（是一个PaaS［平台即服务］平台，专门设计用于托管Web应用程序）和微软的Azure（一款基于云计算的操作系统），如同春风拂面，使得云计算技术和服务在全球范围内迅速普及。

云计算的特性与应用

云计算的特性可以从几个关键方面来描述。

首先是其按需自服务的特性，用户可以根据需要随时获取计算资源，而无需人工干预。这种模式提供了极高的灵活性，使得用户能够快速启动和扩展应用程序。

其次是资源池化，云服务提供商构建了大规模的资源池（包括物理和虚拟资源），并将这些资源按需分配给多个用户，通过这些行动，云计算不仅实现了资源的最大化利用，还降低了成本。

第三个关键特性是快速弹性。云计算资源可以迅速扩展或缩减，以应对用户需求的变化，从而提供了极高的可伸缩性。

第四，云计算还具有广泛的网络访问特性，用户可以通过网络在任何位置访问服务，这为远程工作和全球化业务提供了强大的支持。

第五，云计算的度量服务特性也不容忽视。这意味着云服务的使用可以被监控、控制和报告,提供了透明性和可追溯性。用户可以根据自己的使用情况支付费用,这种"付费所用"的模式使得云计算成为一种成本效益高的解决方案。

云计算的不断发展与成熟,就像夏日的阳光普照大地,带来了温暖和光明。它通过提供弹性的计算资源、高效的数据存储和全球的服务分布,极大地推动了信息技术的民主化,使得从小型创业公司到大型企业都能够灵活地使用先进的计算资源。在这个阶段,云计算不仅仅是一项技术,更是推动创新、促进商业和社会发展的强大动力。

云计算作为一种变革性技术,其在金融、医疗和教育等多个行业中的应用已经成为推动这些领域进步的重要力量。

在金融行业,云计算通过提供高效的数据处理能力和强大的计算资源,使得金融机构能够更好地处理大量交易数据,实现快速的市场分析和风险评估。云服务还为金融机构提供了更加灵活和成本效益高的IT解决方案,帮助它们优化运营效率,提高服务质量。例如,银行和保险公司利用云计算进行欺诈检测和索赔处理,提高了业务处理的速度和精准性。

在医疗行业中,云计算的应用正在彻底改变着医疗服务的面貌。它使医疗数据的存储、共享和分析变得更加高效和安全。医疗机构通过云平台交换病人的医疗信息,使得医生能够更快地获取患者的历史记录和实时数据,从而提供更加准确的诊断和个性化的治疗方案。此外,云计算还促进了远程医疗服务的发展,使得患者即使在偏远地区也能获得高质量的医疗服务。

在教育领域,云计算正改变着传统的教学和学习方式。通过云计算,教育资源可以更广泛地被共享和访问,学生和教师可以随时随地访问课程内容、协作工具和学习资源。这种灵活性极大地促进了在线教育和远程学习的发展，使得教育更加个性化和便捷。例如，通过云端平台，教师可以发布课程资料，学生可以提交作业，教育机构可以管理课程和评估学生表现，所有这些活动都可以在一个统一的平台上高效进行。

在数据处理和分析方面，云计算同样发挥着重要作用。云平台提供的计算资源能够处理庞大的数据集，执行复杂的数据分析和机器学习算法。这使得企业能够快速获得洞见，做出基于数据的决策。更重要的是，云计算的弹性使得计算资源可以根据需求动态扩展，从而有效应对数据量的波动和业务需求的变化。此外，云计算还促进了数据的共享和协作。在云平台上，数据可以被多个用户和应用程序共享访问，从而促进了团队协作和数据驱动的业务流程。同时，云计算提供的服务和工具，如大数据分析、人工智能和物联网集成，进一步拓展了数据应用的边界，为各种创新应用提供了可能。

云计算在全球的竞争与合作

北美地区，尤其是美国，因其对云计算技术的快速采纳和数字化转型的重视，占据了全球市场的主导地位。亚太地区的增长速度预计将是最快的，特别是在中国和印度，阿里巴巴集团的快速发展推动了云计算市场在该地区的扩张。

就企业规模而言，大型企业和中小企业都在云计算市场中发挥着重要作用。大型企业在2022年占据了市场份额的50%以上，而中小企业预计在发展中国家如中国和印度将见证显著增长。金融服务行业和制造业也是云计算市场的重要部分，金融服务行业占据了市场份额的20%以上,而制造业预计将实现最高增长。

全球云计算市场目前正处于快速增长阶段,2022年市场规模达到了483.98亿美元,预计到2030年将以14.1%的复合年增长率继续增长。这一增长主要受到了数字化转型、远程和混合工作模式的推动,同时,可持续性目标的实现也越来越依赖于云计算的高效性。技术层面上,AI的广泛应用正在加速,尤其是在云计算环境下。此外,主权云和行业特定云服务的发展正在受到越来越多的关注,以满足不断增长的数据隐私要求。XaaS(一切即服务)模型的成熟也为云计算投资提供了动力。同时,随着云服务支出的增加,组织开始更加重视云计算成本的管理,采用FinOps(云成本优化)实践。云原生策略的采用也在增加,以提高敏捷性和效率,降低成本。

数据安全与隐私保护在云计算中的挑战

在当代社会,数据已成为一种无处不在且极其宝贵的资源,其重要性可与传统的土地、劳动力和资本相媲美。数据之所以至关重要,是因为它为决策提供了前所未有的准确性和洞见,无论是在商业、政府还是科研领域。在商业世界中,数据驱动了市场趋势的洞察、消费者行为的分析以及产品开发的创新。它使企业能够精准定位目标市场,优化营销策略,提高运营效率,从而在激烈的市场竞争中占据优势。截至2023年,全球数据产业正经历着前所未有的快速增长和技术进步,这一趋势跨越了多个领域。例如,人均数据产量在2020年达到每秒1.7兆字节,2021年,全球数据量已达到79泽字节,到2025年这一数字预计将翻倍。市场规模方面,大数据分析市场在2023年达到1 030亿美元,预期到2030年以近30%的年复合增长率增长至

3 298亿美元。在数据处理和传输方面，从2010年到2020年，全球数据量已从1.2万亿GB激增至59万亿GB。

在云计算日益成为企业和个人数据管理的主流选择时，安全和隐私问题也随之成为关注的焦点。云端数据管理面临的主要问题包括数据泄露、未经授权的访问、服务中断以及合规性问题。数据泄露是云计算中最常见的安全问题之一。据《IBM X-Force威胁情报指数》报告显示，2020年，由于云配置错误而导致的数据泄露事件数量增加了近五倍。这种泄露通常发生在存储桶或数据库配置不当，使得敏感数据对公众意外开放。例如，一些知名公司的客户信息、员工记录和机密文档因配置错误而对外暴露，造成了严重的隐私和安全问题。

未经授权的访问也是云计算中的一个重要安全问题。黑客或恶意用户可能通过各种手段，如网络钓鱼、弱密码或零日漏洞（即零时差攻击），获得对云资源的访问权限。一旦入侵成功，他们可以窃取敏感数据，甚至操控云服务进行恶意活动。根据世界知名的技术研究机构波耐蒙研究所（Ponemon Institute）的一项研究，大约53%的企业在过去两年内遭遇过严重的云安全漏洞或入侵事件。

服务中断是云服务的另一个风险。尽管云服务提供商通常承诺高可用性，但技术故障、自然灾害或网络攻击仍可能导致服务暂时不可用。例如，2020年，一次大型云服务提供商的网络中断导致许多企业和服务几小时内无法正常运作，从而产生了重大的经济损失。此外，合规性问题也是云计算中的一个重要考量。随着数据保护法规的日益严格，如欧盟的《通用数据保护条例》（GDPR）要求企业在使用云服务时必须确保其数据处理方式符合相关法律。不遵守这些规定可能会导致高额罚款和信誉损失。例如，违反GDPR的罚款可高达全球年营业额的4%或2 000万欧元（取较高值）。

在应对云计算中的安全和隐私问题方面，业界已经采取了多种综合性的策略，这些策略共同构成了一个强大的防御体系。其中，身份和访问管理（IAM）的加强是首要的措施。通过实施严格的身份验证和访问控制，例如引入多因素认证和最小权限原则，大大降低了未经授权的访问风险。此外，端到端加密技术的应用确保了数据在传输和存储过程中的安全，使得即便数据在传递过程中被截获，也难以被未授权的第三方解读。安全审计和合规性检查的定期实施同样至关重要。通过这些措施，可以持续识别和修复安全漏洞，并确保云服务的使用符合诸如GDPR等法律法规的要求。尽管这些措施要求持续的努力和投入，但它们在维护长期安全和合规性方面的作用不可忽视。

为了应对服务中断和数据丢失的风险，灾难恢复计划和数据备份策略的制定显得尤为重要。通过在多个地理位置进行数据备份，并制定有效的灾难恢复方案，企业能够在主服务发生故障时快速恢复正常运作，保障业务连续性。此外，一系列的云安全工具和服务，如防火墙、入侵检测系统和安全事件管理系统，为云计算环境提供了额外的保护层。这些工具能够有效监控潜在的威胁，并在安全事件发生时迅速做出响应，从而强化了整体的安全防护能力。

尽管云计算环境面临多方面的安全和隐私挑战，但通过上述一系列综合性的安全措施，已经在很大程度上提升了云数据的安全性和企业的合规性。然而，随着技术的不断进步和安全威胁的持续演变，对这些策略的不断更新和优化仍是维护云计算环境安全的关键。

此外，数据在医疗健康、教育、环境保护等领域的应用也正日益显示出其改变游戏规则的潜力。例如，通过分析健康数据，医疗专家能够更准确地诊断疾病、预测疾病趋势并开发新的治疗方法。科学研究领域的进展同样离不开数据。大数据的应用使得科学家能够处理前所未有的信息量，从而在天文学、物理学、生物学等领域取得重大突破。数据驱动的研究不仅加快了新知识的产生，也促进了跨学科的融合和创新。

这种趋势强调了利用云技术和人工智能/机器学习模型提高数据质量管理的重要性。此外，自助式商业智能（BI）工具的兴起使普通商业用户能够从数据中获取知识，辅助决策，进而独立探索和发现趋势与洞察，这使得各种规模的企业变得更加依赖数据。现在，BI作为一项服务的模式正在发展，越来越多的公司开始实践这一模式。随着数据量的指数级增长及其带来的挑战和机遇，企业必须适应更加以数据为中心的运作方式，以保持其竞争力。

大数据与云计算

大数据，这一当今时代的热门词汇，指的是如此庞大和复杂以至于传统数据处理软件难以有效处理的数据集合。它不仅涉及数据的量，更涉及数据的多样性、速度和价值。大数据的核心在于从海量的、多样化的信息中提取有价值的洞察和知识，这通常涉及复杂的数据分析技术和算法。而云计算，作为一种提供共享计算资源的技术，与大数据的关系密切且相互促进。

云计算为大数据的存储和处理提供了理想的平台。它通过弹性的计算资源、分布式存储和高效的数据处理能力，使得处理大规模数据集成为可能。云平台上的高度可扩展性意味着可以根据处理需求动态地调整资源，无论是存储空间、计算能力还是网络带宽。此外，云计算通过提供大数据分析的基础架构和工具，使得企业和组织可以更加轻松地实施数据分析，无需自行构建和维护庞大的数据中心。同时，大数据的应用推动了云计算技术的发展。随着越来越多的企业和组织开始利用大数据进行决策支持和业务洞察，对云计算平台的需求也在持续增长。这种需求促使云服务提供商不断创新，以提供更加强大、灵活和安全的云服务，以满足大数据处理和分析的需求。

因此，大数据与云计算之间存在一种互利共生的关系。大数据为云计算提供了广阔的应用领域和发展动力，而云计算为大数据提供了一个高效、灵活、成本效益高的解决方案。随着技术的不断发展，这种关系预计将更加紧密，共同推动未来信息技术和业务创新的发展。

数据的力量在云计算中的体现

目前80%—90%的数据为非结构化，其存储、分析和提取价值方面的难度使得数据管理成为大多数企业的一大挑战。然而，随着人工智能和机器学习技术的发展，现在可以更有效地处理这些大量数据。技术趋势方面，云平台和数据架构的采用正在增加，实现了实时数据监测和分析的可能。增强型分析和适应性人工智能正在改进数据分析方法。此外，边缘计算技术的兴起和人力分析的应用正在改变企业的运作方式。能效分析的兴起也为商业领导者提供了新的商机，促进了可持续技术的发展。

在2023年，全球数据产业正在经历快速的演变，这一变化主要受到技术进步和数据在各个领域日益增长的重要性的推动。这一趋势体现在几个关键的商业智能领域。首先，数据可视化越来越受到重视，企业需要复杂的仪表板和图形工具来有效地展示关键信息，这强调了以易懂和吸引人的方式传达复杂数据的重要性。其次，DQM（数据质量管理）变得至关重要，特别是将DQM策略与企业范围的数据文化相结合。第三，在公共政策和治理方面，数据的作用同样不容忽视。通过对大量公共数据的分析，政府能够更好地理解社会需求，制定更有效的政策，提高公共服务的质量和效率。

云计算与数据之间关系密切，这体现在了多方面。

首先，云计算为数据提供了一个高效和可扩展的存储解决方案，使得大量数据的存储、备份和恢复变得更加简单和成本效益高。

其次，云平台通过强大的计算资源，支持对大数据集进行复杂的处理和分析，从而使数据分析更加迅速和高效。此外，随着越来越多的数据被存储在云上，数据的安全和隐私成为一个重要议题。

云计算还促进了数据的共享和协作，使得不同地理位置的团队可以实时访问和编辑相同的数据集，这在很大程度上提高了工作效率。

最后，云计算为大数据分析提供了基础设施，使得企业能够通过大数据技术洞察市场趋势、优化业务流程并增强决策制定。

云计算改变数据的未来

云计算在数据的存储、处理、安全、共享和分析方面发挥了关键作用，极大地提升了数据的价值和应用效果。云计算作为一种革命性的技术，已经彻底改变了数据存储和处理的方式。它通过其分布式架构提供了无与伦比的数据存储解决方案。在云平台上，数据被存储在遍布全球的数据中心中，这不仅确保了数据的高可用性和可靠性，还降低了因地理位置或物理损坏导致的数据丢失风险。同时，用户可以根据自己的需求灵活选择存储容量，无需为未来的存储需求提前投资昂贵的硬件。

在数据处理方面，云计算通过提供强大的计算资源和先进的数据处理工具，使得处理大规模数据集变得更加快捷和高效。用户可以利用云平台上的各种分析工具和服务，进行复杂的数据分析、机器学习任务和大数据处理，而不必担心计算能力的限制。此外，云平台的弹性计算模型允许用户根据数据处理需求动态调整计算资源，这意味着在需求增加时可以迅速扩展资源，在需求减少时则可以减少资源使用，从而实现成本效率的最大化。云计算还通过其集中管理和自动化的特性，提高了数据处理的效率。企业可以集中管理其在云上的所有数据和应用，通过自动化工具来简化数据备份、恢复和更新的过程。这种集中化和自动化不仅减少了管理工作的复杂性，还提高了操作的一致性和准确性。云计算通过其灵活的存储解决方案、强大的计算能力、弹性的资源管理和高效的集中管理，极大地提高了数据存储和处理的效率。随着云计算技术的不断发展和完善，它将继续在数据管理领域发挥重要作用，为企业和组织提供更加高效、灵活和经济的数据处理能力。

全新技术时代：云计算、人工智能与物联网的大融合

在未来3—5年内，云计算与新兴技术如人工智能和物联网的结合预计将迎来前所未有的发展。这一结合将开创一个全新的技术时代，其中云计算不仅是数据存储和计算的平台，更成为智能化和互联的枢纽。

首先，随着人工智能技术的持续进步，云计算将成为人工智能算法训练和运行的主战场。云平台强大的计算能力和海量的数据存储空间为人工智能提供了理想的发展环境。未来，我们可以预见云服务提供商将集成更多的AI服务和工具，如自然语言处理、图像识别和机器学习平台，从而使得企业和开发者能够更容易地构建和部署人工智能应用。这种集成将使AI技术的应用变得更加广泛和深入，从而推

动各行各业的智能化升级。

其次，物联网的发展也将与云计算紧密结合。随着越来越多的设备和传感器连接到互联网，产生的数据量将呈爆炸性增长。云计算将提供一个集中的平台来存储、处理和分析这些来自各种设备的海量数据。通过云计算，可以实现对物联网设备的远程管理和数据分析，从而使得智能家居、智慧城市、远程监控和预测性维护等应用成为可能。此外，云计算的弹性和可扩展性将是支撑物联网快速发展的关键因素。

我们将会看到，未来数据应用的景观将因云计算与新兴技术如人工智能和物联网的融合而发生根本性的变化。这种融合预示着数据处理和分析的范式将迎来革命性的进步，它将不仅仅局限于提高效率和降低成本，更将开启智能化、预测性和高度个性化的新时代。

首先，AI的集成使云计算平台通过机器学习和深度学习算法能够对海量数据进行更深入的分析，提取出更加精准的洞察和预测。这意味着企业和组织可以利用云计算来开发更加智能的业务策略，实现个性化的客户服务和更有效的运营管理。例如，在零售行业中，基于云平台的人工智能分析可以帮助商家理解消费者行为，预测市场趋势，从而制定更加精准的营销策略。

其次，随着物联网设备的普及和数据量的激增，云计算将成为处理和分析这些数据的关键平台。物联网设备产生的数据不仅数量庞大，而且多样性和复杂性都远超过传统数据。云计算提供的弹性存储和强大计算能力将使得从这些数据中提取有价值信息成为可能。这将极大地推动智能城市、智能制造、远程医疗等领域的发展，使得这些应用更加智能和高效。此外，云计算与人工智能、物联网的融合还将促进数据应用的民主化。小型企业和个人开发者将能够利用云平台提供的先进工具和服务，轻松开发和部署复杂的应用。这种易用性和可及性将降低进入门槛，激发创新，促进各行各业的发展。

总的来说，未来数据应用将在云计算与人工智能、物联网技术融合的推动下变得更加智能化、高效和个性化。这种融合不仅将加速数据驱动的创新，还将深刻影响社会的各个方面，从商业运作到日常生活，带来全面而深远的变革。在未来几年中，这种云计算与人工智能、物联网技术的结合将带来新的创新和变革。我们将见证更加智能和互联的世界，其中云计算不仅是技术的基础设施，更是连接人、数据和设备的桥梁。随着技术的融合和发展，新的商业模式、服务和应用将不断涌现，推动社会进入一个更加智能化和高效的未来。

作为社会与经济变革的云计算

云计算重塑社会结构与经济模式

云计算作为一种颠覆性技术，其对社会结构和经济模式的影响是深远和多维的。这一革命性的技术洪流，正如微软创始人比尔·盖茨所预言："就像电力在20世纪初改变了许多行业一样，云计算将在21世纪改变更多。"它正以雷霆万钧之势，重塑着社会结构的基石与经济活动的经纬，其影响之深广，远远超越了单纯的计算范畴，深刻触及生产、分配、消费的每一个角落，通过无形的网络桥梁，将强大的计算能力、近乎无限的存储空间以及各式各样的应用程序，以前所未有的便捷形式，输送至世界每个角落的用户手中。这彻底打破了传统信息技术中地域与硬件的束缚，使信息不再是孤立的岛屿，而是汇入全球共享的知识海洋，极大地促进了资源的灵活流动与高效利用。如同苹果公司联合创始人史蒂夫·乔布斯对科技的洞察:"技术并不仅仅是产品,它是改变世界的工具。"云计算正是这样一种工具,它不仅催生了全新的商业模式,如SaaS(软件即服务)、PaaS(平台即服务)和IaaS(基础设施即服务),也促使传统行业向数字化、智能化转型,比如零售业的个性化推荐系统、制造业的智能制造链路优化。同时,它还为个人用户的生活带来了革命性的变化,从云存储服务的普及,到云游戏、在线协同办公的无缝体验,云计算正逐步模糊虚拟与现实的边界,将未来生活的蓝图描绘得更加清晰。在社会结构方面,云计算的普及和应用促进了信息技术的民主化。通过云服务,即使是小型企业和个人用户也能够以相对低廉的成本获得先进的计算资源,这在很大程度上缩小了数字鸿沟,促进了技术的普及和教育的平等。云计算还改变了工作模式和职场结构,使得远程工作成为可能,从而提高了劳动力市场的灵活性和多样性,同时也推动了全球化的协作和创新。

在经济模式方面,云计算正在重塑各行各业的运营方式。云服务的按需计费模型为企业带来了前所未有的成本效益和运营灵活性。企业能够根据实际需求动态调整资源,无需在本地基础设施上进行大量投资。这种模式不仅降低了企业的成本,还加速了市场的创新和竞争。云计算还促进了基于数据的决策制定,使企业能够利用大数据和人工智能等技术进行市场分析、客户洞察和产品创新,从而提高了企业的竞争力。云计算还推动了新的经济模式的产生,如服务化经济(XaaS)和共享经济。在XaaS模型下,从软件到平台,再到基础设施的各种IT资源都可以作为服务提供,使得用户可以更灵活地选择和使用技术。共享经济模式则是基于云平台的数据分析和资源优化,实现资源的最大化利用和效率提升。

云计算作为推动创新和提升效率的关键驱动力，已经在全球范围内引发了一场技术革命。云平台提供的弹性、可扩展性和按需服务模式使得企业能够快速适应市场变化，加速创新流程。例如，通过使用云计算，企业可以在几分钟内部署和测试新的应用程序，而在传统的IT环境中，这可能需要数周甚至数月的时间。这种快速迭代和部署能力极大地缩短了产品上市的时间，提高了企业的市场响应速度。

云计算还为数据驱动的创新提供了基础。企业可以利用云平台的强大数据处理和分析能力，从海量数据中提取有价值的洞察。例如，网飞（Netflix）利用云计算对用户观看行为进行分析，从而推荐个性化的内容，提高了用户满意度并显著增加了用户黏性。根据Netflix的报告，其个性化推荐算法每年为公司节省了约10亿美元的营销成本。

此外，云计算在降低运营成本方面也发挥着重要作用。云服务的按需付费模型意味着企业只需为实际使用的资源支付费用，从而减少了不必要的资本开支。这一模式对中小企业尤为有利，因为它降低了技术创新的门槛。例如，小型初创公司可以通过云服务以较低成本获得与大企业相同的先进技术和服务。这种成本效率的提高不仅有助于企业的快速成长，也促进了整个市场的创新和竞争力。云计算通过提供灵活、高效的技术解决方案，为企业的创新和效率提升提供了强大的支持。无论是通过加速产品开发和市场响应，还是通过数据驱动的洞察推动业务创新，云计算都在助力企业在竞争激烈的市场环境中取得成功。随着云技术的持续发展和应用的深入，它将继续推动各行各业的变革和发展。当然，云计算不仅是一种技术变革，更是一种社会和经济变革的推动者。它正在改变我们获取和使用信息技术的方式，推动社会结构和经济模式向更加高效、灵活和创新的方向发展。随着云计算技术的不断成熟和深入应用，其对社会和经济的影响将会更加显著和深远。

云计算的应用

云计算作为当前技术创新的主要推动力之一，已经在多个领域显著提高了效率和推动了创新。

以亚马逊为例，公司利用云计算技术有效应对节假日期间的流量高峰，这种能力虽未以具体数据量化，但显著提升了网站的可靠性和用户体验。在电商领域，网站性能的优化直接影响着顾客的购物体验和购买决策，因此亚马逊通过云计算实现的动态资源调整不仅减少了潜在的销售损失，也可能直接转化为销售收入的增加。另一个例子是花旗银行，该银行通过云计算进行数据分析和风险管理，虽然没有具体的效率提升数据，但显然这种做法提高了数据处理的速度和风险管理的准确性。在快速变化的金融市场中，这种快速和准确的数据处理能力对于把握投资机会和避免风险至关重要。

同样，在医疗行业中，飞利浦（Philips）通过使用云计算技术来改善医疗设备的性能和服务。这种技术的应用帮助医疗专业人员更快地诊断疾病并制定个性化的治疗方案，从而缩短治疗周期并减少医疗资源的浪费。

总体来看，云计算在各个领域的应用不仅提高了业务流程的效率，还促进了创新的发展。它通过提供灵活的资源管理、快速的数据处理能力和先进的分析工具，使得企业能够快速适应市场变化并优化其服务。未来随着技术的不断进步和应用的深入，云计算在提高效率和推动创新方面的作用将更加显著。

云计算的下一步

在这个信息爆炸的时代,云计算犹如一座无形的灯塔,照亮了数据海洋中的航路,引领着科技的船只驶向未知的彼岸。它不仅仅是存储和计算的平台,更是连接创新与未来的桥梁。云计算的重要性不仅体现在其为各行各业提供的无限可能性上,更在于它如何使我们的世界变得更加智能、高效和互联。

在云朵般轻盈的外表下,云计算拥有强大的内核。它像一位智慧的魔术师,用技术的魔棒触摸着数据,将它们变为洞察和解决方案。无论是在繁华的都市,还是在偏远的村庄,云计算都在无声地改变着人们的生活和工作方式,使得信息技术的力量惠及每一个角落。

然而,云计算的未来之路仍然需要持续的探索和创新。正如星辰引导航行者前行,不断的研究和创新是引领云计算及数据科技发展的灯塔。每一次技术的突破,每一次创新的尝试,都是对这个领域未知领域的探索。研究人员和工程师们的不懈努力,正在将云计算推向更高的高度,开拓更广阔的应用领域。

因此,云计算在当今世界的重要性不仅在于它现有的能力,更在于它未来的潜力。持续的研究和创新不仅是推动云计算技术进步的动力,更是驱动整个数据科技领域前进的引擎。在这个基于知识和信息的新时代,云计算与持续创新的结合,将引领我们走向一个更加智能化、高效化的未来。

3. 连接万物：工业物联网新纪元

物联网（IoT），或称为"物的互联网"，是一种先进的技术架构，其中物理对象通过内置传感器、软件和其他技术被连接到互联网，使它们能够收集和交换数据。这个概念旨在将物理世界的对象转变为智能实体，通过网络相互沟通，从而实现更高效、自动化的操作和决策过程。物联网设备范围广泛，从简单的家用传感器到复杂的工业工具。

在当代社会，物联网的重要性不可小觑。它标志着信息技术的一个新时代，这个时代不仅数字化和网络化了信息和通讯，还将这一进程扩展到了物理世界的每一个角落。物联网推动了智能技术的广泛应用，无论是在日常生活中的智能家居，还是在工业生产的自动化、医疗健康的创新应用，甚至是城市管理和农业生产的效率提升，物联网都在发挥着日益重要的作用。

通过连接无数设备和收集海量数据，物联网为大数据分析提供了丰富的源泉，促进了基于数据的决策制定。这不仅提升了业务流程的效率和效果，还为创新开拓了新路径。物联网的应用正在帮助企业和政府机构更好地理解和响应客户和公民的需求，同时也在提高资源的使用效率，降低环境影响。在经济、社会和环境的多个层面，物联网都被视为推动可持续发展的关键技术。

物联网作为连接物理世界与数字世界的桥梁，不仅技术上具有创新性，更在社会和经济层面上展现了其深远的影响力。随着技术的不断发展和应用的深入，物联网将继续在塑造我们的生活方式、工作方式和互动方式方面发挥重要作用。

物联网：延展世界的科技

物联网（IoT）的历程，宛如一条蜿蜒曲折的河流，源自遥远的高山，逐渐汇聚成浩瀚的大海。它的起源可以追溯到20世纪的计算机革命，当时，科技先驱们开始梦想着设备间的通信。但真正的旅程始于20世纪90年代末，当互联网如春风般吹拂过世界，催生出无限的可能性。这时，物联网的概念被首次明确提出，它像一颗种子，被播撒在肥沃的科技土壤中。随着时间的流逝，这颗种子逐渐生根发芽。21世纪初，随着无线通信技术的飞速发展和传感器技术的日益成熟，物联网开始展现出其独特的魅力。设备开始"交谈"，从简单的数据传输到复杂的交互，物联网的世界在不断扩展。像是初夏的藤蔓，逐渐攀升，连接着一个个独立的物体。

进入21世纪的第二个十年，物联网迎来了它的黄金时代。智能手机的普及为物联网提供了广阔的用户基础，而云计算的兴起则为其提供了强大的数据处理能力。物联网不再是遥不可及的梦想，而是变成了日常生活的一部分。从智能家居到工业自动化，从智慧农业到智能城市，物联网的应用如同星辰点缀在夜空中，璀璨夺目。

物联网的技术演变，犹如一部史诗般的叙事，绘制出了一个从简约到复杂，从孤立到融合的技术画卷。早期的物联网技术，如RFID（射频识别）标签，是物联网叙事的起点。它们简单但功能强大，能够在阅读器与标签不直接接触的情况下识别和追踪物体。例如，沃尔玛在2003年开始使用RFID技术来提高其供应链的效率，通过准确追踪商品的位置，大大减少了库存和物流方面的误差。

随着时间的推移，物联网的技术演变进入了一个新的阶段。传感器技术的进步使得物联网设备能够感知更多类型的环境数据，从温度到湿度，再到运动和光线。这些传感器成为智能设备的眼睛和耳朵，为智能家居和工业自动化提供了基础。例如，雀巢的Nespresso智能咖啡机就是利用温度和压力传感器来确保每一杯咖啡的完美。进入21世纪20年代，物联网的发展焦点转向了更加高级的数据处理和云计算。大数据技术使得从数以亿计的设备收集到的信息能够被有效地存储和分析，而云计算则提供了强大的计算资源来处理这些数据。这种技术融合为物联网带来了更高层次的智能化。例如，谷歌的Nest智能恒温器通过学习用户的行为模式和环境变化，自动调节家庭温度，提高能效同时保持舒适度。

如今，物联网已经成为技术进步的代名词，它正引领我们进入一个更加互联互通的世界。随着新技术如5G网络和人工智能的加入，物联网的河流将变得更加宽广深邃。在这个新纪元，每一个设备都将成为智慧的载体，每一次连接都可能催生出新的创意与解决方案。物联网的未来，充满了无限可能。

展望未来3—5年，物联网的技术演变预计将更加深入到人工智能和机器学习的领域。随着5G网络的推广，物联网设备的连接将更加快速和稳定，这将促进更多实时数据分析和边缘计算的应用。我们可以预见，物联网将不仅仅是设备的互联，更将成为智能决策和自动化的重要支撑。在这个史诗般的物联网演变叙事中，每一次技术的进步都不仅是对现有技术的优化，更是对未来无限可能的探索。从简单的标签到智能设备,再到未来的自主决策系统,物联网的技术演变正在塑造我们的生活、工作和思考方式。

物联网的关键技术和架构

物联网的革命性,体现在其核心是一系列相互关联且彼此补充的技术。传感器技术作为物联网的基石,为物联网设备提供了获取现实世界数据的能力。这些传感器可以检测和响应各种物理条件,如温度、湿度、光线、压力,甚至是化学成分。随着纳米技术和微电子学的发展,传感器变得越来越小巧,功能越来越强大,从而使得它们可以被集成到日常物品中,为物联网的普及奠定了基础。连接技术是物联网的另一个关键环节,它负责将传感器收集到的数据传输到网络中。物联网设备通常通过无线技术与互联网相连,这包括Wi-Fi、蓝牙、Zigbee(一种低功耗局域网络协议)、LoRaWAN(一种广域无线网络协议)以及迅猛发展、日趋成熟的5G网络。这些技术各有优势和适用场景,但共同目标是实现设备之间的高效、稳定且低成本的通信。

数据处理是使物联网具有实际价值的关键。物联网设备产生的数据量巨大,这些数据需要被妥善处理和分析,才能转化为有用的信息和知识。在这方面,大数据技术发挥着重要作用。通过高级数据分析技术和算法,可以从海量的物联网数据中提取出模式、趋势和洞察,从而支持决策制定和创新。

云计算在物联网的发展中起到了至关重要的作用。随着设备数量的激增和数据量的爆炸式增长,云计算提供了一个可扩展、灵活且成本效益高的平台来存储和处理物联网数据。云平台上的高级分析工具和强大的计算资源使得即使最小的物联网设备也能够执行复杂的任务，如实时数据分析和机器学习。此外，云计算还促进了物联网应用的快速开发和部署，使得企业能够快速响应市场变化。物联网的核心技术如传感器、连接技术、数据处理和云计算共同构成了一个复杂但协调的系统。这个系统使得物理世界的对象能够通过互联网进行交流和协作，从而创造出前所未有的价值和机会。随着这些技术的不断发展和融合，物联网将继续在我们的生活、工作和社会中扮演越来越重要的角色。

物联网的标准化和架构设计是实现其广泛应用和高效运作的关键因素。随着物联网技术的快速发展，一套统一的标准和架构设计对于确保设备间的兼容性和互操作性、保护数据安全和隐私以及优化资源利用变得至关重要。物联网的架构通常包括多层次的结构，从最底层的物理设备和传感器，到数据传输层、数据处理层，直至应用层。在物联网的发展过程中，行业组织和标准化机构已经制定了一系列标准，以确保技术的统一和互操作性。例如，IEEE 802.15.4标准定义了低速率无线个人区域网的物理层和MAC（媒体访问控制）层，它是许多物联网通信协议如ZigBee和Thread（一种低功耗无线网络协议）的基础。同样，MQTT（消息队列遥测传输）是一个轻量级的消息协议，专为低带宽和不稳定的网络环境设计，广泛应用于物联网通信中。

物联网的架构设计旨在处理从设备到云的各种数据流和交互，同时考虑到可扩展性和安全性。一个典型的物联网架构设计包括边缘层（设备层），网络层（传输层），以及云层（处理和应用层）。边缘层负责收集数据并执行一些基础的处理，网络层确保数据的有效传输，而云层则进行更复杂的数据分析和存储，同时也是应用服务的所在地。

在代表案例方面，智能家居系统是物联网应用的一个典型例子。例如，谷歌Nest系统通过一系列互联的传感器和设备（如恒温器、烟雾报警器和安全摄像头）提供智能家居解决方案。这些设备通过无线网络连接到云平台，用户可以通过智能手机应用进行远程控制和监控。Nest系统的架构设计充分利用了物联网的层次结构，实现了无缝的设备集成和用户交互，同时也确保了数据的安全和隐私。

物联网的标准化和架构设计对于实现技术的高效运作和广泛应用至关重要。通过统一的标准和精心设计的架构，物联网能够在保证安全和效率的同时，为用户提供强大且灵活的解决方案。随着技术的不断进步，物联网的标准化和架构设计将继续演化，以适应更加复杂和多样化的应用需求。

物联网在各行业中的应用

物联网在智能家居、工业自动化、智慧城市和医疗保健等多个领域的应用已经成为当代技术革新的亮点。这些应用不仅展示了物联网的多样化能力，也揭示了其在提高效率和创造经济价值方面的巨大潜力。在结合人工智能技术的未来发展中，这种影响将变得更加显著。

在智能家居领域，物联网技术通过智能设备的相互连接和自动化控制，极大地提高了居住的便利性和舒适度。例如，智能恒温器能够学习用户的温度偏好，并自动调节家中的温度，以提高能源效率。据报道，智能恒温器的使用可以节省用户约10%—12%的暖气费和15%的冷气费。此外，通过智能照明、安全摄像头和语音助手等设备的综合应用，智能家居系统不仅提升了生活品质，还带来了能源节约和安全保障。

在工业自动化方面，物联网通过实时数据收集和分析，优化了生产流程，提高了生产效率。例如，在一个典型的智能工厂中，传感器和机器人协同工作，不仅实现了生产线的高效运作，还通过预测性维护减少了设备故障和停机时间。据研究显示，物联网技术在制造业的应用可以提高生产效率约20%—25%。这种效率的提升直接转化为成本节约和产值增加，从而显著提升企业的竞争力。

智慧城市则是物联网应用的另一个重要领域。通过安装各种传感器，如交通流量监测器、空气质量传感器和智能垃圾桶，城市的运营变得更加高效和智能。例如，通过物联网技术实现的智能交通系统能够减少交通拥堵，据估计，这可能使城市的交通效率提高约15%—20%。此外，智慧城市的能源管理系统能够优化电网的运行，减少能源浪费，提高能源利用效率。

在医疗保健领域，物联网通过提供实时健康监测和远程医疗服务，改善了医疗服务的质量和可及性。智能健康监测设备能够持续追踪患者的生理数据，如心率和血糖水平，从而使医生能够及时了解患者的健康状况，及时调整治疗方案。据统计，物联网在医疗保健领域的应用有望在未来几年内节省全球约700亿美元的医疗费用。

总之，物联网在这些领域的应用不仅展示了其技术上的创新和多样性，更重要的是，它在提高生活质量和工作效率、创造经济价值方面展现了巨大的潜力。随着技术的进步和应用的深入，物联网将继续在这些领域发挥其独特的作用，带来更加智能化和高效化的生活和工作方式。

物联网在制造业中的应用

物联网在制造业中的应用正在彻底改变这个行业的运作方式，引入了一系列既创新又实用的案例，这些案例不仅提高了制造效率和生产力，还为整个行业的数字化转型铺平了道路。

物联网的重要应用之一是预测性维护。通过在关键机器上安装传感器，制造商能够实时监控设备的健康状况，从而预测可能的故障和维护需求。这不仅减少了意外停机时间，还显著降低了维修成本，提高了生产线的整体效率。接着，资产追踪和管理也是物联网在制造业中的关键应用。利用物联网设备，制造商可以精确追踪工厂内的资产，如机器、工具和原材料的位置和状态，实现库存的优化管理，减少资源浪费，并提高资产的整体利用率。

在智能工厂领域，物联网技术正在起到革命性的作用。通过自动化和数据分析，智能工厂能够优化整个生产流程，实现更灵活和更高效的生产。各个生产环节可以实时交换数据，从而实现生产过程的自动调整和优化。此外，物联网在质量控制方面也展现出其独特价值。通过监测生产过程中的各种参数，物联网技术可以确保产品质量达到最高标准。这包括使用视觉检测系统和传感器来及时发现缺陷和不一致性。

在能源管理方面，物联网技术可以帮助制造业企业更有效地监控和管理能源消耗，从而优化能源利用，减少成本和环境影响。对于供应链优化，物联网提供了深入的洞察力，帮助企业监控原材料的来源、库存水平和物流过程，减少供应链中断的风险，提高整体供应链效率。在员工安全方面，物联网通过穿戴设备和环境传感器提高了工作场所的安全性。这些技术可以监测有害气体水平或员工的体征，预防健康和安全问题。物联网在制造业中还推动了自定义和按需生产的发展。这使得制造商能够根据客户的具体需求灵活生产，实现个性化和定制化生产。

物联网技术正在以前所未有的方式推动制造业的进步，使其成为一个更加智能、高效和适应性强的行业。随着技术的持续进步，我们可以预期未来将出现更多创新的物联网应用，进一步推动制造业的发展。物联网和工业互联网虽然在核心技术上存在重叠，但它们在应用领域和重点上有着明显的差异。

物联网是一个广泛的概念，将各种物理设备连接到互联网的技术均可归于物联网。这些设备通过内置的传感器和软件收集并交换数据，覆盖了从消费者、商业到工业和基础设施的多个领域。物联网的应用范围非常广泛，涵盖了智能家居、智能城市、健康护理等多个方面。其主要目的是通过设备的互联互通和数据的实时分析来提高生活和工作的效率、便利性和质量。

相比之下，工业互联网是物联网在工业领域的应用，专注于制造和工业环境。它涉及将机器、设备、传感器和人员相连，以提高工业生产的效率、可靠性和安全性。工业互联网的主要应用包括预测性维护、供应链管理、能源管理和工厂自动化等，旨在通过实时数据分析和机器学习优化工业流程，减少故障和停机时间。

两者的关键区别在于应用领域和技术重点。虽然都侧重于通过网络连接设备并分析数据，但工业互联网更加专注于工业级的应用，如机器间通信、大规模自动化和复杂的数据分析。此外，工业互联网对安全性和可靠性的要求通常更高，因为任何故障或中断都可能导致显著的经济损失和安全风险。物联网为我们的生活带来了便利和智能化，而工业互联网则是推动工业和制造业效率、安全性和创新的关键力量。尽管两者在某些技术层面上相似，但它们服务的领域和目标有着根本的区别。

物联网的未来趋势和挑战

物联网这一概念，最早由凯文·阿什顿于1999年提出，仿佛是科技世界的一场革命预言。它的诞生，源自微处理器和传感器技术的突破，互联网的广泛发展，以及移动通信技术的飞速发展，都为物联网铺就了一条闪耀的发展之路。在21世纪初的曙光中，物联网开始在工业和物流领域展现其独特魅力，如同智慧的种子，悄然萌芽。随着智能手机和宽带互联网的普及，它的枝蔓迅速生长到了消费电子、家居自动化等领域，将日常生活编织成一个个智能化的场景。进入21世纪第一个十年，云计算、大数据、人工智能的飞跃发展，为物联网的创新和应用注入了新的活力，使其成为连接真实世界和数字世界的桥梁。现在，物联网正以其智能化、集成化的姿态，深入到智慧城市、智能家居、健康护理、环境监测等诸多领域，成为现代社会不可或缺的一部分。

物联网的新场景

在物联网的世界里，每一个物体都能呼吸数据，每一个连接都蕴藏智慧。它不仅仅是技术的革新，更是我们生活方式的革命，是人类与科技和谐共舞的美妙篇章。2023年，物联网领域迎来了一系列引人注目的技术突破和应用场景的拓展。这些发展不仅标志着物联网技术在创新、性能和应用范围上的显著提升，而且预示着物联网将在各行各业中发挥日益重要的作用。

在人工智能与物联网的深度融合方面，随着人工智能在软件算法和硬件方面的显著进步，物联网设备收集数据的分析速度得到了加快，物联网的智能化水平得到进一步提升。物联网设备不仅能够收集数据，还能够通过学习和分析这些数据，自动做出决策和优化。这将使物联网在更加复杂的环境中发挥作用，如通过智能分析优化城市的能源使用，或是在工业环境中自动调整生产流程以提高效率。现在，这些人工智能模型不仅能在数据中心内创建，还能在网络边缘或物联网终端设备中实施，显著提高了应用程序的性能和智能度。在工业领域，面对工人短缺的现状，工业物联网应用显著增加。这些应用通过增强监控和本地智能，结合机器人技术和自动化，有效替代了一些原本需要人力的操作，使工厂运营更加安全高效。此外，随着4G/5G网络的普及，物联网设备的连接性得到显著提升。

经济方面，由于芯片短缺问题的逐渐缓解和金融市场的不确定性导致需求下降，DRAM闪存（动态随机访问内存）和NAND闪存（计算机闪存设备）等关键组件的价格下降，进而降低了物联网产品的成本，有可能进一步加速其普及。在技术创新方面，物联网吸引了众多新的技术发展，如计算机架构的变化，影响了数据在数据中心和网络边缘的存储和处理方式。传统数据中心服务器的解构和虚拟计算系统的组合，使得数据处理更加高效，同时降低了功耗。这对物联网应用而言至关重要，因为大量数据处理需求源自物联网。在芯片设计领域的创新，例如芯片组的引入，将传统CPU功能分离成多个小型芯片，并通过高速互连在一个小封装中相互连接，为物联网设备提供了更高效的半导体解决方案。

随着传统存储技术如DRAM和NAND闪存的价格下降和密度提高，以及新兴的非易失性存储技术（如MRAM和抗变阻RAM）的应用，物联网设备的成本降低，性能提升。特别是在可穿戴设备等消费类物联网产品中，这些技术的应用使得设备在非活跃状态下能够达到更低的功耗，延长电池寿命。

未来，物联网的发展将继续沿着智能化、高效化的轨道前进，其中5G网络的融合和边缘计算的应用将是其核心驱动力之一。5G网络以其高速度、低延迟和大容量的特点，为物联网提供了一个理想的通信环境。这将使得物联网设备能够实时传输大量数据，支持更加复杂和实时的应用场景，如自动驾驶汽车、远程医疗手术和实时城市监控。5G网络的广泛部署将极大地扩展物联网的应用范围和深度，使其能够更好地服务于工业、交通、医疗等关键领域。

同时，边缘计算的应用将成为物联网发展的另一个重要方向。边缘计算指的是在数据源附近进行数据处理的计算方式，这可以减少数据传输到云端的需要，从而降低延迟并提高效率。在物联网环境中，边缘计算可以使设备快速响应环境变化，处理大量的本地数据。这对于那些对实时性要求极高的应用尤为重要，如工业制造中的实时质量检测，或是智慧城市中的即时交通调度。随着边缘计算技术的成熟，未来的物联网将更加灵活和高效，能够在更加广泛的场景中发挥作用。

物联网未来的挑战

物联网的未来将是一个融合了5G网络、边缘计算和人工智能的智能网络。在这个网络中，各种设备不仅能够相互连接和通信，还能够智能地处理数据和做出决策。这不仅极大地扩展了物联网的应用范围，还将提高其在各个领域中的效率和价值。随着这些技术的不断发展和融合，物联网将成为推动社会和技术创新的重要力量。物联网作为一个迅速发展的技术领域，虽然充满潜力，但也面临着多重挑战。其中，可持续发展和规模扩张是两个主要的问题，它们需要通过创新和合理规划来解决。

在可持续发展方面，物联网的环境影响成为一个不容忽视的问题。随着越来越多的设备连接到物联网，这些设备的能源消耗和废弃物处理成为挑战。物联网设备通常需要持续运行，消耗大量电力，而这往往依赖于碳排放较高的传统能源。此外，这些设备的生命周期往往较短，废旧设备的回收和处理问题也日益突出。因此，物联网的发展需要考虑如何降低能源消耗，使用更环保的材料，并开发有效的回收利用机制。规模扩张方面的挑战则主要体现在物联网的架构和管理上。随着物联网规模的不断扩大，如何有效管理成千上万的设备，确保它们的高效运作和安全，是一个复杂的问题。这不仅涉及技术上的难题，如网络带宽的扩展、数据处理能力的增强和安全防护的加强，还涉及管理上的挑战，如设备配置的标准化、故障响应的机制建立等。此外，随着物联网的应用扩展到更多领域，如何在不同行业间实现设备和数据的互操作性，也是规模扩张中需要解决的问题。

物联网的迅猛发展带来了诸多安全挑战和隐私问题，这些问题的根源在于物联网设备的广泛部署和海量数据的收集与处理。由于物联网设备经常处理敏感数据，如个人健康信息、家庭生活习惯等，这使得它们成为黑客攻击的潜在目标。安全挑战主要包括设备的物理安全、数据传输的安全性以及存储数据的安全性。例如，未加密的数据传输可能被拦截，导致敏感信息泄露。此外，由于物联网设备的多样性和更新换代的快速，保持所有设备的安全性成为一项挑战。

隐私问题也非常突出，主要涉及个人数据的收集、使用和共享。物联网设备通过收集用户的详细信息来提供定制化服务，但这也引发了用户对于个人隐私被侵犯的担忧。例如，智能家居设备可能记录家庭成员的日常活动，这些信息若未经充分保护，可能被不当利用。

解决这些安全和隐私问题需要综合运用多种策略和技术。首先，在技术层面，加强物联网设备的加密技术是保护数据传输安全的关键。采用高级加密标准，如TLS/SSL加密，可以确保数据在传输过程中的安全。其次，对物联网设备进行定期的安全更新和补丁管理也至关重要，这有助于修补已知的安全漏洞，防止恶意攻击。在隐私保护方面，实施严格的数据访问和使用政策是必要的。这包括只收集必要的个人信息，为用户提供透明的数据使用政策，并确保用户对自己的数据拥有控制权。此外，引入隐私增强技术，如匿名化或伪匿名化处理用户数据，可以在不暴露用户身份的情况下利用数据。

物联网带来的安全和隐私问题需要通过技术创新和政策制定的结合来解决。通过建立更加安全和可靠的物联网环境，我们不仅能够保护用户的隐私和数据安全，还能够增强用户对物联网技术的信任，促进其更广泛的应用和发展。

物联网：连接万物的新纪元

物联网在促进社会和技术创新方面扮演着举足轻重的角色，它不仅是技术进步的象征，更是推动现代社会向更高效、智能化方向发展的关键因素。通过将日常物品与互联网连接，物联网为我们打开了一个全新的世界，其中数据的流动和分析成为驱动社会进步和技术创新的核心动力。在智能家居、工业自动化、智慧城市和医疗保健等领域，物联网已经展示了其改善生活质量、提高工作效率和优化资源分配的巨大潜力。这些变革不仅增强了我们对环境的控制能力，还提高了生活和工作的便利性，同时也在环保和能源管理方面发挥着重要作用。

然而，物联网的未来发展依赖于持续的研究和创新。随着技术的不断进步，新的挑战和需求不断浮现，例如数据安全、隐私保护、设备兼容性和可持续发展等问题。解决这些问题需要不断的技术创新，包括开发更高效的数据处理算法、更安全的通信协议和更环保的材料。此外，随着物联网应用的不断扩大，对专业知识的需求也在增长，这要求在教育和培训方面进行投入，培养更多能够开发、管理和优化物联网系统的专业人才。

持续的研究和创新不仅能够推动物联网技术本身的发展，还能够帮助我们更好地应对社会挑战，开发出更多创新的应用，从而推动整个社会的进步。随着物联网在各个领域的深入应用，它有望成为推动21世纪社会和经济发展的关键力量，为构建一个更加智能、高效和可持续的未来奠定基础。

中国经济与制造业的下一步：工业互联网

工业互联网作为信息技术与传统工业深度融合的产物，对于中国经济乃至中国制造业的影响正日益显现其深远意义。在追求高质量发展的当下，中国正致力于通过工业互联网推动经济结构的优化升级，增强产业的核心竞争力，这不仅是一场技术革命，更是一场产业变革。

对中国经济而言，工业互联网的发展带来了效率的显著提升和新的增长动力。通过引入工业互联网，中国的企业能够实现生产过程的实时监控、智能优化和远程控制，显著提升生产效率和产品质量，降低运营成本。同时，工业互联网的应用也催生了新的商业模式和产业形态，如基于数据的服务、智能制造等，这些新模式和形态为中国经济的转型升级提供了新的路径，为经济的持续健康发展注入了新的活力。

特别是对于中国制造业，工业互联网的作用更是不可小觑。中国制造业作为国民经济的重要支柱，一直在寻求从"制造大国"向"制造强国"的转变。工业互联网正成为这一转变的关键推动力。通过工业互联网，中国制造业能够实现从低成本竞争向质量和效率竞争转变，从规模生产向个性化定制转变，从单一制造向服务型制造转变。这些转变不仅提升了中国制造业的整体水平和国际竞争力，也为中国制造业的长远发展奠定了坚实的基础。

然而，工业互联网对中国经济和制造业的影响不仅仅体现在技术和产业层面，它还对经济管理、企业文化、人才培养等多个方面产生了深刻影响。例如，工业互联网的发展要求企业和政府建立更加开放和灵活的管理模式，培养更多创新和合作的企业文化，同时也需要教育体系培养更多符合未来发展需要的技术和管理人才。这些影响虽然是间接的，但对于推动中国经济和制造业的长远发展同样重要。

展望未来，随着技术的不断进步和政策的持续推动，工业互联网将在中国经济和制造业的发展中扮演越来越重要的角色。它不仅将推动中国经济的质量效率和创新能力持续提升，还将帮助中国制造业实现从量的扩张向质的提升转变，从而在全球经济中占据更加重要的地位。当然，这一过程也将伴随着挑战和问题，需要政府、企业和社会各界的共同努力，不断适应和创新，以实现工业互联网的健康发展和广泛应用。

4.触手可及：移动与数字媒体的无界扩展

移动通信世界的高速发展

移动技术和数字媒体的快速发展已经成为当代社会和文化变革的重要推动力。这一进程始于20世纪末，随着互联网的普及和移动通信技术的突破，逐渐形成了一股不可逆转的潮流。

移动技术的演进，特别是智能手机的普及，彻底改变了人们的沟通、信息获取和日常娱乐方式。从最初的2G、3G到现今的4G和逐渐铺开的5G网络，移动互联网速度的大幅提升使得视频流媒体、社交网络和在线游戏等内容更加丰富和流畅。这些技术的进步不仅提高了移动设备的使用便捷性，也极大地丰富了用户的互联网体验。

未来，移动技术领域，尤其是5G和预期的6G技术，正经历着一系列重大的发展趋势。对于5G来说，一个关键的趋势是向独立5G网络的过渡，这将充分利用最新蜂窝技术的全部能力，如超低延迟和完整的网络切片功能。5G服务收入预计将显著增长，达到3 150亿美元。同时，人工智能的整合被视为优化5G网络开发的重要手段，有助于降低成本、提高性能，并创造新的收入来源。物联网在5G网络的支持下将变得更加可行，尤其是在数据传输和接入方面。同时，随着5G网络的扩展，网络安全成为一个重点，特别是在保护流量数据和实现相互认证方面。

在6G方面，虽然目前还处于早期阶段，但预计6G将提供比5G更高的频率带和更快的速度，达到5G的100倍，以及微秒级的延迟。6G被视为"网络的网络"，将整合不同类型的通信（如蜂窝、卫星、无人机和海洋通信）到一个更高维度的网络中。此外，6G网络的设计将基于云原生，强调可扩展性和互操作性，并在安全性方面进行重点研究。预计6G将支持包括全息通信和触感互联网在内的新兴应用，实现智能、高度连接的分布式网络，大幅提升容量和覆盖范围。5G和6G技术的发展预示着移动通信领域的重大变革，为个人用户和各行各业带来前所未有的连接速度和智能化水平。

与此同时，数字媒体的发展同样突飞猛进。传统媒体如报纸、广播和电视正在逐渐被网站、博客、播客和视频分享平台所取代。数字化的内容创造了更为个性化和互动性强的媒体体验。流媒体服务如Netflix（网飞）和Spotify（声破天）改变了人们观看电影和聆听音乐的方式，而社交媒体平台如Facebook和X则重塑了人们的社交互动和信息分享模式。

移动技术和数字媒体的这种联合发展，不仅推动了技术革新，也促进了新的商业模式和文化趋势的产生。用户现在可以随时随地地访问大量信息和娱乐内容，这一变化对于媒体产业、广告业以及相关的技术服务提供商来说，既是机遇也是挑战。总之，移动技术和数字媒体的发展已经成为当代社会发展的一个标志性领域，其影响深远且广泛。

移动科技正在颠覆我们的生活与文化习惯

移动技术的发展历程是一段充满创新和变革的历史。从最初的模拟信号到数字通信,再到今天的高速移动互联网,每一步都标志着技术的重大突破和社会习惯的转变。最初,移动技术主要以模拟信号的形式存在,这时的移动电话大而笨重,功能有限。随着第一代(1G)到第二代(2G)数字移动通信技术的出现,移动电话开始普及,同时手机的体积也逐渐缩小,功能也开始丰富起来,短信服务的引入便是一个典型例子。然而,这些技术仍主要用于语音通信。

智能手机的诞生是移动技术的一个重大突破点。自从2007年第一款苹果手机问世以来,智能手机彻底改变了移动设备的概念。它们不仅仅是通话和发送短信的工具,更是集成了音乐播放器、摄像机、个人助理等多种功能的多媒体设备。智能手机的普及为移动应用(App)的开发提供了广阔的平台,从而推动了移动互联网服务的爆炸式增长。此外,4G网络的部署极大地提升了移动互联网的速度和质量,使得视频通话、在线游戏和高清视频流媒体成为可能。4G技术的普及不仅改善了用户体验,也为移动商务和远程工作提供了强有力的支持。如今,5G网络正在全球范围内部署,这标志着移动技术的又一次飞跃。5G网络以其更高的速度、更低的延迟和更广的连接能力,预计将为物联网、自动驾驶汽车、虚拟现实等技术的发展开辟新的道路。

从早期的模拟通信到现代的5G网络,移动技术的发展不仅展现了技术创新的力量,也反映了人们沟通、工作和娱乐方式的深刻变化。在这一过程中,每一次技术突破都不仅是对现有技术的优化,更是对未来生活方式的一次想象和重塑。移动技术的发展极大地改变了人们获取信息和娱乐的方式,这一变化可谓是深刻且全面。在过去,信息和娱乐的获取主要依赖于固定的物理媒介,如报纸、广播和电视。然而,随着智能手机和移动互联网的兴起,这一格局发生了根本性的转变。

首先,智能手机的普及使得获取信息更加即时和便捷。用户可以随时随地通过手机访问互联网,获取新闻、阅读文章或查看社交媒体更新。这种随需应变的信息获取方式不仅加速了信息流通的速度,也使得用户能够更加灵活地选择信息来源和内容。

其次,移动技术使得娱乐方式更加多样化和个性化。用户可以在移动设备上观看视频、听音乐、阅读电子书或玩游戏。流媒体服务如 Netflix 和 Spotify 的出现,更是彻底改变了人们观看电视剧和电影、聆听音乐的习惯。这些平台提供了海量的内容选择,并支持个性化推荐,满足了用户对娱乐内容多样性和定制化的需求。

再次,移动技术也推动了互动式娱乐内容的发展。例如,社交媒体平台不仅是信息分享的场所,也是娱乐互动的重要平台。用户可以在这些平台上发布内容、观看直播、参与讨论,甚至与内容创作者直接互动。这种参与式和互动式的娱乐方式增强了用户体验的丰富性和参与感。随着移动网络技术的进步,特别是 5G 网络的推出,未来人们获取信息和娱乐的方式还将继续演进。5G 网络的高速度和低延迟将支持更加高质量的视频流媒体、增强现实和虚拟现实等新型娱乐方式,为用户带来更加沉浸式和互动式的体验。移动技术的发展已经并将继续深刻地改变人们获取信息和娱乐的方式,这些变化不仅体现在技术层面,更深刻地影响着人们的生活方式和文化习惯。

移动科技与互联网,尤其是产业互联网和数据互联之间的关系,可以概括为三个主要方面。首先，移动科技为互联网，特别是产业互联网提供了关键基础设施支持，如无线网络和数据传输技术。其次，在数据流通方面，移动科技促进了数据的共享和交换，这在物联网和大数据分析领域尤为重要。再次，移动科技还推动了不同产业间的融合，通过移动互联网应用提高了行业间的协同和效率。

数字媒体的新生产力

从传统媒体到数字媒体的转变是一个深刻的文化和技术革命，标志着信息传播方式的根本性改变。这一转变始于互联网的普及，随着时间的推移，逐渐影响了新闻、娱乐、广告等多个领域。传统媒体，包括报纸、广播和电视，长期以来一直是信息和娱乐的主要来源。这些媒介依赖于物理载体，如纸张和电波，具有一定的地域和时间限制。内容的产生、编辑和分发过程相对固定，受到技术和格式的限制。受众通常是被动接收信息，与内容的互动性有限。然而，随着数字技术的发展，尤其是互联网的广泛应用，这一局面开始发生变化。数字媒体的兴起使得内容制作、存储和分发的方式更加灵活和高效。通过网络，信息可以几乎瞬时地传播到全球任何角落，打破了时间和空间的限制。与此同时，数字格式使得内容可以更加容易地被编辑和更新，为创新提供了更大的空间。

此外，数字媒体的一个重要特点是互动性和参与性的增强。用户不再仅仅是信息的接收者，还可以成为内容的创作者和传播者。社交媒体的兴起更是推动了这一趋势，人们可以通过评论、分享和点赞等方式参与到内容的传播和讨论中，甚至通过博客、视频和播客等形式自行创作和发布内容。数字媒体还改变了广告和营销的方式。数字广告允许更精准的目标受众定位和效果追踪，为企业提供了更有效的市场推广工具。同时，数据分析的应用使得广告可以根据用户的行为和偏好进行个性化定制。

从传统媒体到数字媒体的转变不仅是技术进步的体现，更是信息传播方式和社会互动模式的重大转变。这一转变为人们提供了更丰富、更个性化、更互动的信息和娱乐体验，同时也为媒体行业带来了新的挑战和机遇。随着技术的不断进步和用户习惯的进一步变化，数字媒体将继续塑造我们的信息环境和文化景观。

移动技术的发展对数字媒体产业的影响深远，它不仅改变了媒体的消费方式，还推动了内容创作和分发方式的创新。其中，流媒体服务和社交媒体的兴起尤为显著。流媒体服务的兴起直接受益于移动技术的发展。随着智能手机和平板电脑的普及，以及移动网络速度的显著提升，观众开始越来越多地通过移动设备观看视频内容。这一趋势促使了Netflix、亚马逊的Prime Video等流媒体服务的兴起。这些平台提供了随时随地观看多种电视节目和电影的能力，满足了现代观众对于便捷性和即时性的需求。流媒体服务的另一大创新是在内容分发上采用了基于云的技术，这允许它们提供海量的内容库，并根据用户的观看习惯推荐个性化的内容。

社交媒体的兴起和发展同样离不开移动技术的推动。智能手机的便携性使得用户可以随时随地分享生活点滴、获取信息和参与在线互动。平台如Facebook、X和Instagram等不仅改变了人们的社交方式，还成了重要的新闻和信息来源。用户可以通过这些平台即时获取新闻、分享观点并参与公共讨论。此外，社交媒体还催生了新型的内容创作者，如博主和影响力营销者（KOL），他们利用这些平台直接与观众互动，创造出新的媒体内容形式。移动技术还推动了数字媒体的个性化和互动性。通过收集用户在移动设备上的数据，媒体平台能够更精准地理解用户偏好，并提供定制化的内容和广告。同时，移动设备的触摸屏和传感器技术也为创新的互动体验提供了可能，如通过触摸和倾斜来与媒体内容互动。

随着移动技术和数字媒体的快速发展，面临的挑战同样复杂且多样，其中隐私保护和内容监管是两个主要的问题。

首先，隐私保护是数字时代的一个重大挑战。随着个性化服务的增加和数据收集技术的发展，用户的个人信息，包括他们的行为习惯、位置数据，甚至是生物识别信息，都可能被收集和分析。这些信息若未经妥善处理，可能会被泄露或用于不当目的，从而侵犯用户的隐私权。增强现实和虚拟现实技术的应用，尤其涉及更深层次的个人数据（如视觉和听觉偏好），这进一步加剧了隐私保护的难度。因此，确保这些技术在收集和使用数据时的透明度和安全性，成了一个亟待解决的问题。

其次，内容监管也是一个日益突出的挑战。随着内容创作和分发渠道的多样化，传统的内容监管机制面临着巨大的压力。社交媒体平台和用户生成内容的兴起使得内容的来源更加广泛，但同时也增加了虚假信息、有害内容和知识产权侵犯的风险。人工智能在内容创作中的应用虽然提高了效率，但也引发了关于内容的真实性和道德责任的问题。如何在保障言论自由和创新的同时，有效地监管和管理这些内容，是一个需要技术、法律和社会各界共同努力的问题。

移动技术和数字媒体的结合已经深刻地改变了用户的行为模式和预期。

首先，用户现在期望能够随时随地地接入信息和娱乐内容，这种需求推动了媒体内容制作和分发方式的重大转变。移动设备的普及导致用户的访问习惯从固定时间、固定地点转变为"碎片化"和"即时化"。用户越来越倾向于在通勤、休息或等待的间隙时间内，使用智能手机或平板电脑来浏览新闻、观看视频或参与社交媒体互动。这种变化使得媒体内容需要适应更短的注意力跨度和更频繁的访问模式，比如制作更短的视频片段、更精简的新闻报道或更易于浏览的网页布局。

其次，用户参与度和互动性的增强对媒体内容制作和分发产生了深远的影响。在数字媒体时代，用户不再是被动的接收者，而是能够积极参与内容的创造和分享。例如，社交媒体平台上的用户可以对新闻或视频发表评论、分享和点赞，甚至可以上传自己的内容。这种参与性不仅增强了用户体验，也为媒体公司提供了即时反馈和用户偏好的宝贵数据，有助于他们优化内容和定位目标受众。

再次，这种互动性还促进了媒体内容的"个性化"和"定制化"。基于用户的行为数据，媒体平台可以使用算法来推荐个性化的内容，从而提高用户参与度和满意度。例如，流媒体服务根据用户的观看历史推荐电影和电视节目，社交媒体平台根据用户的互动记录推荐相关的新闻和帖子。移动技术和数字媒体的融合改变了用户获取和互动媒体内容的方式，这不仅体现在他们的行为和预期上，也反映在媒体公司制作和分发内容的策略上。为了满足用户的新需求，媒体内容变得更加短小、即时和互动，同时媒体公司也在寻找新的方式来吸引和保持用户的注意力。随着技术的持续进步和用户习惯的进一步变化，这种趋势还将继续发展和演变。

未来趋势和挑战

移动技术和数字媒体的发展趋势将深受新兴技术的影响，特别是增强现实（AR）/虚拟现实（VR）和人工智能（AI）的融合将引领行业进入一个新的时代。增强现实和虚拟现实技术将为移动媒体体验带来革命性的变化。随着这些技术的成熟和移动设备性能的提升，用户将能够通过智能手机或专用头戴设备体验到沉浸式的媒体内容。例如，在增强现实应用中，用户可以看到现实世界与虚拟信息的叠加，这不仅可以用于游戏和娱乐，也可用于教育和商业展示。而虚拟现实则提供了一个完全沉浸的环境，使用户能够体验到全新的视觉和听觉感受，从而改变了人们观看电影、参加虚拟会议或体验远程旅游的方式。

人工智能在内容创作中的角色也将日益重要。AI技术不仅能够帮助媒体公司分析大量用户数据，以制定更精准的内容推荐策略，还能直接参与内容的创作过程。例如，AI可以根据用户偏好自动生成新闻文章、音乐作品甚至影视剧本。此外，AI还可以用于视频编辑、视觉效果的生成和个性化广告的创建，从而大幅提高内容制作的效率和质量。

未来的移动技术和数字媒体还将更加注重个性化和互动性。随着5G网络的普及，高速的数据传输将使实时互动成为可能，用户将能够以前所未有的方式参与到媒体内容的创作和分享中。此外，随着物联网技术的发展，智能设备将收集更多关于用户环境和行为的数据，进一步推动内容的个性化和场景化。

随着5G和6G网络的发展，移动网络将进一步提高数据传输速度和覆盖范围，从而加强产业互联和数据互联。移动技术和数字媒体的融合对当代社会和文化产生了深远的影响，这一影响不仅体现在信息获取和娱乐消费的方式上，还改变了人们的社会互动模式、文化表达形式以及对世界的认知方式。

首先，这种融合导致了信息和娱乐的民主化。移动技术使得个人能够随时随地访问广泛的数字内容，打破了传统媒体对信息传播的垄断。这促进了信息的自由流通和多元观点的展现，为公众提供了更广泛的视野。同时，社交媒体等平台使得每个人都可以成为内容的创造者和传播者，这不仅增强了公众表达自身观点的能力，也丰富了文化多样性。

其次，移动技术和数字媒体的融合促进了全球化交流和文化融合。不同文化和地区的人们通过社交媒体和网络平台更容易地分享和交流思想、艺术作品和生活方式，从而加深了全球文化的相互理解和尊重。同时，这也催生了新的文化现象，如网络流行语、跨文化追剧热潮等，这些现象反映了全球文化融合的新趋势。然而，这种融合也带来了挑战，如信息过载、隐私侵犯和网络安全问题。面对这些挑战，持续的技术创新至关重要。技术创新不仅可以提升用户体验，增强信息的准确性和多样性，还可以提高数据的安全性和隐私保护能力。

再次，创新也意味着开发新的内容形式和商业模式，以适应不断变化的市场需求和用户习惯。移动技术和数字媒体的融合是一个持续进行的进程，它对社会和文化产生了深刻且广泛的影响。为了保持这一领域的活力和可持续发展，持续的创新是不可或缺的。这不仅包括技术层面的创新，还包括内容、策略和管理等多方面的创新，以确保这一领域能够不断进步并积极应对新的挑战和机遇。

智造风潮

新科技在制造业的新应用

高质量制造对建设制造强国至关重要，它增强国际竞争力，促进技术与工艺创新，提升生产效率及可持续性，加深消费者信任，增强市场适应力。这一过程通过提升产品标准、鼓励技术创新、优化资源使用和强化品牌忠诚度，为经济的长期发展和国际地位提升奠定基础。持续创新是实现该目标的根本所在。"智造风潮"这一板块论及数字新科技在制造业中的新应用，从工业4.0的启动入手，明确阐明自动化和智能化就是制造业的未来，同时应以数字化驱动全球供应链的零碳变革，并依托数字化实现精益制造。

1. 工业4.0：智能制造的典范

工业4.0，也被称为第四次工业革命，是一个涉及自动化技术、数据交换和制造技术的现代工业概念。这一概念强调智能制造，包括使用互联网技术和网络化的机器和设备来提高生产效率和灵活性。工业4.0的核心特征包括物联网、云计算、人工智能、机器学习、数字孪生技术、增强现实/虚拟现实等。这些技术共同推动了智能工厂的发展，使制造过程更加自动化、高效和个性化。在时间的长河中，工业4.0，这个被誉为第四次工业革命的概念，像一颗璀璨的星辰，照亮了数字世界的天际。它是在前三次工业革命的底蕴上孕育而成的，从蒸汽的力量、电力的激荡，到信息技术的飞跃，每一步都铺垫了今天数字化和自动化的辉煌。工业4.0将物联网、云计算、人工智能、大数据等前沿技术编织成一个智慧的网络，孕育出智能工厂这样的壮观成果，其中机器与系统通过智能的对话，共同创造出高效和创新。

在这个充满挑战与机遇的新时代，工业4.0不仅推动了制造业的数字化蜕变，还在社会经济领域引发了深刻的变革。然而，随着连接的加深和自动化的推进，网络安全的挑战也日益凸显，成为制造商必须面对的关键问题。尽管面临挑战，工业4.0仍然在全球经济的舞台上扮演着重要角色，预示着未来更多创新的可能。

主流工业大国的工业4.0

德国的工业4.0策略，始于2011年，强调智能化和高度灵活的大规模定制生产。其核心包括物联网、信息透明度、设备互联、技术协助、去中心化决策制定和可持续性。这些设计原则在工业4.0思维中发挥了重要作用，特别是在智能工厂和可持续制造方面。

"中国制造2025"计划旨在提升国家制造业的核心竞争力。该计划着重于提高本土技术水平，减少对外国技术的依赖，并在全球技术竞争中获得优势。中国计划通过提升本土高科技产业达到西方标准，实现从世界工厂向高端制造业的转变。

美国的工业互联网（IIoT）策略专注于制造业、工程、材料采购和供应链管理的根本改善。其主要项目包括高级制造伙伴关系（AMP），强调政府、企业和教育界的合作，以及通过联邦政策加速制造技术的发展。

日本的工业4.0策略，称为"Society 5.0"，不仅限于制造业的数字化转型，而且关注数字技术对社会的影响。日本政府计划利用大数据、工业互联网、人工智能和机器人技术，不仅提升制造业，还应对老龄化人口和经济增长放缓等社会挑战。

在全球工业4.0的舞台上，每个国家都在根据自身独特的经济和社会目标以及面临的全球制造业竞争挑战制定战略。我们可以合理预见，在未来的发展中，主要工业国家将继续深化对关键技术领域的投资。这包括进一步推动自动化和机器人技术的发展，以提升制造效率和灵活性；扩大物联网和大数据分析的应用，优化制造流程和供应链管理；在预测性维护、质量控制和生产优化等方面加大人工智能和机器学习的应用；加强网络安全基础设施，以保护工业系统和数据安全；采纳绿色技术和可持续实践，减少对环境的影响；以及投资劳动力的培训和发展，为应对先进制造技术所需的技能做准备。具体的投资和发展将受每个国家的工业战略、监管环境和技术能力影响，而为了获得最新信息，查看特定国家的报告或与工业4.0相关的行业分析将十分重要。

工业4.0和第四次科学范式

工业4.0和第四次科学范式之间的关联体现在它们都利用了大数据和高级计算技术，但它们的应用领域和重点有所不同。工业4.0是以智能制造为核心，通过整合物联网、云计算、人工智能等技术来实现生产过程的自动化和数据驱动的决策。应用领域主要集中在制造业，着重于提高生产效率、产品质量和灵活性，以及优化供应链管理。数据的角色非常重要：数据在工业4.0中主要用于优化制造流程，预测维护需求，以及提高产品和服务的个性化。

第四次科学范式，也称为"数据密集型科学"，是指利用大规模数据集、高性能计算、先进的算法和技术来进行科学研究的一种方法。这个概念最初由微软研究院的吉姆·格雷（Jim Gray）于2007年提出，标志着科学研究方法的一次重大变革。

在第四次科学范式的世界里，我们见证了一场以数据为驱动力的科学革命。海量的数据，无论是来自精密的科学实验、复杂的模拟、灵敏的传感器、远程的遥感探测，还是社会数据的大规模聚合，都成为了新时代科学研究的基石。处理这些庞大数据集的，是强大的高性能计算资源，如超级计算机和云计算平台，它们以前所未有的速度和效率进行分析。在这个过程中，机器学习、数据挖掘和复杂的算法被广泛运用，从数据的深处挖掘出有价值的信息和模式。这个范式还鼓励跨学科的合作，汇集了计算科学、数学、统计学等多个领域的智慧，共同解决科学难题。

而在这一切的基础上，科学家们通过数据分析和模型构建，揭示了新的科学规律、理论和现象，为人类的知识宝库再添新篇。第四次科学范式是对传统科学方法的补充和扩展，它使得科学家可以处理以前无法处理的大规模和复杂的数据集，推动了科学发现和创新的新浪潮。

尽管工业4.0和第四次科学范式在应用领域和重点上有所不同，但它们都依赖于先进的数据分析技术和计算能力来驱动创新和发展。这两个概念都体现了在现代社会中，数据和信息技术在不同领域的广泛应用和重要性。

2. 自动化与智能化：制造业的未来

自动化与智能化在制造业中的重要性

在自动化和智能化的制造业中，我们见证了一场生产与创新的华丽舞蹈。这场舞蹈不仅在经济的舞台上演绎着增长与进步的旋律，还在社会的画布上绘制出生产力与生活质量的提升，为我们描绘了一个更高效、更创新、更可持续的社会蓝图。

在这个蓝图中，自动化技术的每一步都是迅速而精准的，它巧妙地减少了人为的瑕疵，提升了产品的质量和一致性。智能化则如同一位数据驱动的舞者，以优雅的决策和流畅的优化动作，进一步提高了生产的效率和质量。这种效率和质量的提升，不仅为经济增长注入了动力，也为制造业赋予了新的竞争力，同时为相关行业和服务业开启了更多商机之门。尽管自动化似乎取代了一些工作，它实际上也在创造着新的、更高技能的就业机遇，如系统管理、数据分析和技术维护等。在这个智能化的供应链管理下，生产和分销的协调变得更加高效，浪费得到减少，资源利用更加高效。

自动化和智能化的制造业如同一股创新的潮流，推动了新技术如人工智能、机器学习、物联网等的发展，激发了科技创新的火花。在智能化制造的怀抱中，更高效的能源和材料使用、减少的废物和排放，共同织就了环境保护和可持续发展的美好图景。自动化为工作人员减轻了重复性和危险性的负担，改善了工作环境，降低了工伤事故。智能化制造则赋予了企业快速适应市场变化的能力，为消费者带来了更加个性化和多样化的产品。通过提升生产效率和创新能力，自动化和智能化的制造业为国家的国际竞争力注入了新的活力。在自动化和智能化的制造业的引领下，我们正迈向一个更加智能、高效和充满创新的未来。

演变中的科技革新

在制造业的浩瀚历史长河中，我们见证了一场从手工艺到智能时代的璀璨变迁。昔日的制造业，如同一位手艺熟练的匠人，依靠着手中的工具和精湛的技艺，一针一线，一板一瓦，将物品塑造成形。这个时代，每一件产品都蕴含着匠人的心血与灵魂，但它们的诞生却受限于时间和劳动的束缚。

随着工业革命的到来，机械化如同一股春风，吹拂过制造业的土地。巨大的机器和流水线取代了传统的手工，生产的速度和规模迎来了革命性的飞跃。这是力量与蒸汽的时代，是效率与规模的展现。机器的轰鸣声成了这个时代的交响乐，预示着人类步入了一个全新的工业时代。随着技术的进一步发展，自动化悄然登场。它像是给传统机械化注入了智慧的火花，使得生产过程不再需要人手不断干预。机器人和自动化装置开始在生产线上舞动，一切都变得更加精确和高效。这个时代，生产的速度和质量再次迈上了一个新的台阶。

终于，智能化的曙光在地平线上缓缓升起。这是一个信息、数据和算法的时代。人工智能和物联网技术赋予了机器更深层次的认知能力和决策智慧。在这个时代，制造业不仅仅是生产，更是一场关于数据分析、预测和优化的智能演绎。产品从设计到生产，每一个环节都融入了智能化的思维，开启了定制化和个性化的新纪元。

这一路走来，从手工艺到智能时代，制造业的每一次演变都是人类智慧和创造力的完美展现，不仅极大地推动了社会的进步和经济的发展，也不断地重塑着我们的生活方式和思维方式。

技术革新持续推动制造业的变革

技术革新在制造业的变革中扮演着核心角色，引领着整个行业向前迈进。从蒸汽机的发明到电力的普及，再到今日的数字化革命，每一次技术的飞跃都为制造业带来了深刻的变革。在蒸汽时代，机器的引入替代了大量手工劳动，使得生产效率得到了前所未有的提升。而电力的使用使得工厂能够摆脱对自然力的依赖，生产线变得更加灵活和高效。进入20世纪，自动化技术的出现进一步提高了制造业的生产效率和产品质量，减少了劳动力成本，同时使得大规模生产成为可能。

随着信息技术和互联网的发展，制造业再次迎来了变革。数字化技术的应用使得制造流程更加智能化和灵活化，能够根据市场需求快速调整生产计划。同时，大数据和人工智能技术的引入使得生产过程更加智能和高效，能够预测维护需求，减少生产过程中的浪费。此外，技术革新还推动了制造业向更环保和可持续的方向发展，通过提高能源效率和减少废物产生，减轻了对环境的影响。

技术革新不断地推动着制造业的进步，不仅在生产效率、产品质量和成本控制方面带来革命性的改变，还在环境保护和可持续发展方面发挥着重要作用。随着新技术的不断涌现,制造业的未来将更加智能、高效和环境友好。

在制造业的自动化之旅中,我们见证了一场将技术和创造力融为一体的革命。这是一个全面的过程,它如同一位精巧的工匠,用机器人和自动化设备的双手,巧妙地执行着重复、危险或需要精细操作的任务。从装配到焊接,从涂装到包装,每一个动作都精准无误。

这个旅程还包括了将艺术与科技相结合的计算机辅助设计(CAD)和制造(CAM),它们赋予了设计以无限的可能性和无与伦比的效率。在这个智能化的世界里,传感器、摄像头和网络设备相互交织,共同构建了一个实时监控生产流程、设备状况和库存水平的网络。在这个网络中,大量的数据被收集和分析,以优化工作流程、预测未来的维护需求,提高决策的质量。自动化视觉系统和其他检测技术如同智慧的眼睛,确保每一件产品都符合最高的标准和规格。

同时,自动化技术在供应链管理中发挥着至关重要的作用,它们如同一张巨网,覆盖了自动订货、库存管理和物流跟踪的每一个环节。而控制这一切的,是先进的控制系统,如可编程逻辑控制器(PLC)和监控控制与数据采集系统(SCADA),它们是这个复杂网络的大脑和神经中枢。在智能化制造的道路上,员工的培训和文化转变教育至关重要,它们如同灌溉知识的甘露,滋养着员工的技术和分析能力,让他们适应智能化制造环境的需求。而网络安全和数据隐私保护则是这个旅程中不可或缺的护盾,确保制造系统的安全性和数据的安全性。

制造业的自动化不仅是技术的革新,更是一场思维和文化的变革。它不断地提升着制造效率,降低着生产成本,提高着产品质量,使企业能够更加灵活地适应市场的变化。在这个旅程中,技术与创造力的结合，开辟了无限的可能性。

自动化和智能化在制造业中的应用

在制造业的世界里，智能化技术如同一股激荡的春风，渐渐唤醒了沉睡的巨人。人工智能、物联网和大数据分析这三位魔法师，用他们的魔杖点亮了工业的每一个角落。

在人工智能的世界里，生产过程变得流畅而高效，它像一位智者般分析着数据，预测着未来，优化着每一个生产步骤。预测性维护不再是猜测，而是一种科学。质量控制如同精准的射手，一眼就能识别出最微小的瑕疵。决策变得迅速而精准，就像下棋的大师，每一步都走得恰到好处。物联网则像一张大网，将生产设备紧密相连，实时监控，无所遗漏。它收集的数据，犹如珍贵的宝藏，揭示了生产的每一个秘密。在这张网的帮助下，资源配置变得更加高效，能耗降低，成本减少。大数据分析则是一位洞察家，它深入探索生产和市场的每一个细节，提供了决策的智慧和洞见。流程改进变得不再困难，个性化产品开发如同定制的艺术品，满足了每一位顾客的独特需求。

在这个由智能化技术驱动的新时代，制造业变得灵活而高效，供应链管理如同精心编织的织锦，精准而美丽。产品设计、生产流程、供应链管理在这股春风的吹拂下焕然一新，带来了前所未有的变革和机遇。智能化技术不仅是制造业的未来，更是我们生活的未来。它将继续引领我们走向更加高效、创新和可持续的明天。

在这个由自动化和智能化技术编织的新时代，不同行业的巨头们正在用这些技术的魔力改写他们的故事。特斯拉，这个电动汽车制造业的翘楚，正借助先进的机器人和自动化生产线，像一位精湛的艺术家般精心组装着每一辆车。它们利用数据分析和机器学习，就像预测未来的占星术士，灵活调整生产，确保每一辆车都是高品质的杰作。苹果公司，在其如同魔法般的产品——iPhone和Mac的组装过程中，使用自动化机器人进行精密组件的装配。它们通过智能化的供应链管理系统，就像指挥家般协调每一个环节，优化库存，确保生产和供应链的完美和谐。亚马逊的物流中心，仿佛一个充满魔法的仓库，里面的机器人和自动化分拣系统忙碌地搬运着商品。大数据和人工智能则像智慧的预言家，预测销售趋势，指引库存管理，优化客户服务。辉瑞公司，在制药界的舞台上，利用自动化技术加速药物的生产，同时使用数据分析和AI加快药物研发。这种方法仿佛给了他们时间的魔杖，不仅提高了生产效率，也缩短了新药的旅程。通用电气，在其风力涡轮机和发电设备的生产中，运用自动化和智能化技术，通过数据分析和远程监控优化性能，提高能源效率。这就像是在能源的海洋中驾驭风浪的舵手，引领着可靠性和效率的航程。

这些变革不仅是技术的飞跃，更是行业发展和竞争力的重塑。自动化和智能化技术正在塑造一个更加高效、创新、可持续的工业未来，就像一场旷世的交响乐，将企业和整个行业带入一个全新的时代。

挑战与未来

挑　战

在实施自动化和智能化的过程中，企业面临着一系列复杂且多维度的挑战，这些挑战触及技术、人力资源、数据安全等关键方面。

技术方面的挑战主要表现在将最新的自动化和智能化系统与现有

生产设施和软件的集成与兼容性问题上。这要求精密的技术调整和升级。同时，许多尚处于发展阶段的先进技术可能存在稳定性和可靠性问题，对企业的生产效率和产品质量构成挑战。此外，部署这些系统通常需要巨大的资金投入，对许多企业而言，这可能是一项重大的财务负担。

在人力资源方面，随着技术的发展，自动化可能导致某些低技能工作岗位的缩减，同时创造新的技术岗位，这就要求对现有员工进行技能升级和再培训。而员工可能对新技术感到不安，担心技术取代他们的工作，因此需要有效的沟通策略和培训计划来缓解这种担忧。数据安全和隐私是另一个重要挑战。依赖大量数据的自动化和智能化系统可能面临被黑客攻击或数据意外泄露的风险。特别是在处理涉及个人数据的场景中，必须严格遵守数据隐私法规，确保数据的合法和合规处理。

在企业管理和操作方面，采用自动化和智能化技术可能需要对组织结构和管理流程进行重大调整。技术依赖度高的生产线要求持续的技术支持和维护，以保证系统的稳定运行。此外，新技术可能会改变产品特性或生产方式，需要市场和消费者对这些变化进行适应和接受。

总体而言，实施自动化和智能化是一个涉及多方面挑战的复杂过程，需要企业综合考虑和精心规划，以确保技术的顺利过渡和有效应用。

应 对

应对实施自动化和智能化过程中的挑战，企业需采取一系列综合性策略和解决方案。在面对技术集成和兼容性问题时，企业应与经验丰富的技术供应商合作，进行详细的系统评估和规划，确保新旧系统的无缝集成。同时，对于技术可靠性和成熟度的考量，企业应选择市场上经过验证的成熟技术，并实施分阶段的技术升级，逐步替换或整合旧系统，降低风险。考虑到高昂的初始投资，企业可以寻求政府补贴、贷款或合作伙伴的支持，同时评估投资回报，确保财务可行性。

在人力资源方面，企业需要制定全面的员工培训和再教育计划，帮助员工适应新技术，提升其技能和知识水平。同时，通过有效的沟通和参与，可以提高员工对新技术的接受度，缓解他们对技术替代工作的担忧。企业也应当积极营造一个支持创新和技术接受的企业文化，鼓励员工积极参与变革过程。

在数据安全和隐私保护方面，企业必须投资于先进的安全技术和系统，如加密技术、防火墙和入侵检测系统，以保护数据不受外部威胁。同时，企业还需要确保遵守相关的数据隐私法规，对数据处理和存储采取合法合规的做法。

在管理和操作层面，企业应进行组织结构和流程的优化，以适应新的自动化和智能化环境。这可能包括设置新的管理岗位，重构团队，或改进工作流程。此外，为了确保新技术的稳定运行，企业应建立有效的技术支持和维护体系。而为了应对市场的变化，企业需要密切关注市场动态，灵活调整产品和生产策略，以满足客户的需求。通过综合考虑技术、人力、管理和安全等方面的因素，企业可以有效地应对自动化和智能化带来的挑战，实现顺利的技术转型和升级。

随着技术的不断进步，未来的制造业将沿着自动化和智能化的轨迹快速前进。我们预见到一个全面智能化的制造环境，其中物联网、人工智能和大数据技术将深度融合，使得整个制造过程不仅限于生产线的自动化，还将扩展到智能物流、智能库存管理以及智能维护等多个环节。这样的环境将实现更高程度的互联互通和数据驱动决策。

在未来，制造业将更加注重满足市场的个性化需求，实现小批量、多样化和定制化的生产方式。这不仅满足消费者多变的需求，也保持了成本和效率的优势。利用人工智能技术，制造系统将能够自主做出决策和优化，通过机器学习和深度学习算法提升生产效率，同时预测并应对潜在的生产挑战。

数字孪生技术和虚拟仿真也将在制造业中发挥关键作用。企业能够通过数字副本在虚拟环境中模拟和测试各种改进方案，降低实际生产中的风险和成本。同时，随着全球对环境保护的日益重视，制造业也将越来越侧重于可持续性和环保，通过高效能源管理、减少废物和排放以及采用可回收材料和清洁能源，推动绿色制造。

此外，自动化不会完全替代人力，而是更多地形成人机协作的局面。劳动力结构将发生显著变化，对技术技能和创新能力的需求将不断增长。随着制造业的数字化和网络化，网络安全的重要性也将日益增加，保护制造系统和数据免受网络攻击和泄露将成为企业的重中之重。总的来说，自动化和智能化将推动制造业进入一个更加高效、灵活、智能和可持续的新时代，这将是一个充满创新和变革的未来。

自动化与智能化的下一步

随着自动化和智能化在制造业的深入发展，其对经济、社会和环境的影响将是多维度和深远的。经济方面，这些技术的应用将极大提升制造效率和生产力，从而推动经济增长。更高的效率意味着更低的生产成本和更优的市场竞争力，这对于刺激消费和增加企业收入具有重要作用。同时，通过生产更多创新和个性化的产品，企业能够打开新的市场，创造新的收入来源。然而，自动化和智能化也可能导致传统低技能工作的减少，这对于劳动市场构成挑战，需要政策制定者和企业共同努力，通过再培训和教育来应对这一变化。

在社会层面，自动化和智能化带来的技术变革将改变人们的工作方式和生活质量。随着越来越多的重复性和体力劳动被机器人和智能系统所取代，人类劳动将更多转向创造性和策略性的工作。这不仅有助于提高工作满意度，还能促进社会创新和个人发展。然而，这种转变也可能加剧社会不平等，特别是在技术教育和技能培训方面存在差距的地区。

环境方面，自动化和智能化技术的应用将对可持续发展产生积极影响。智能制造能够更有效地利用资源，减少能源消耗和废物产生，有助于减轻制造业对环境的影响。通过优化能源使用和采用清洁能源技术，企业可以降低温室气体排放，支持全球应对气候变化的努力。综合来看，自动化和智能化将为经济发展、社会进步和环境保护带来新的机遇，但同时也带来了挑战。这要求政府、企业和社会各界共同努力，制定有效的策略和政策，以确保这些技术的发展能够促进包容、公平和可持续的未来。

自动化和智能化在制造业中的重要性不容小觑，它们正成为推动这一行业现代化和未来发展的关键力量。随着这些技术的不断成熟和应用，制造业正在经历一场深刻的变革。自动化不仅使生产过程更加高效、快速，还显著提高了产品的质量和一致性，从而提升了企业的市场竞争力。同时，智能化技术如人工智能、大数据分析和物联网的应用，使得制造流程不仅仅是自动的，而且更加智能和灵活。这些技术能够实时分析生产数据，预测维护需求，甚至在生产过程中自动做出优化决策，从而进一步提高生产效率和降低成本。

此外，自动化和智能化在提高制造业的可持续性方面也发挥着重要作用。通过优化资源利用和减少浪费，企业能够以更环保的方式生产，同时降低能源消耗和减少碳足迹。这对于应对全球气候变化和推动绿色经济发展具有重要意义。然而，自动化和智能化也带来了挑战，尤其是在劳动力市场和技能培训方面。随着机器和智能系统逐渐替代某些传统工作，对劳动力的需求发生了变化，这要求工人提升技能和适应新的工作环境。因此，企业和政策制定者需要共同努力，确保技术变革能够带来全面的社会经济效益。

在制造业这个充满激烈竞争的领域中，持续创新不仅是一个选择，更是生存和发展的必要条件。在技术日新月异的今天，只有不断追求创新，企业才能在市场中保持领先地位。创新是推动生产效率提升、产品质量优化和生产成本降低的强大动力。通过引入最新的技术，如自动化、智能化、物联网和大数据分析，制造业能够实现更高效的生产流程和更灵活的供应链管理。同时，创新还意味着不断探索新材料、新工艺和新设计，以满足消费者不断变化的需求和期望。这不仅提升了产品的吸引力和市场竞争力，也开辟了新的市场机遇。此外，面对全球气候变化和环境保护的挑战，通过绿色创新，制造业可以实现更可持续的发展路径，赢得社会的支持和市场的青睐。总而言之，持续的创新是制造业企业保持竞争力、适应市场变化和实现长期成功的关键所在。

总之，自动化和智能化正在深刻地重塑制造业，它们不仅提升了生产效率和产品质量，还促进了行业的可持续发展和创新。这些变化预示着制造业未来的新方向，对经济增长和社会进步具有重大意义。

3. 透明高效：数字净零供应链的魅力

全球供应链在数字化的驱动下变革加速

在2023年，全球供应链面临着一系列环境挑战和效率问题，这些挑战在很大程度上是由日益复杂的国际贸易网络和不断变化的环境政策驱动的。环境挑战主要体现在对自然资源的过度依赖和碳排放问题上。随着全球对气候变化和可持续性发展的关注加剧，供应链的环境影响成了不容忽视的问题。企业在采购原材料、生产过程中的能源使用，以及产品运输过程中的碳排放，都受到了严格的审视。这不仅影响了企业的品牌形象，也给它们带来了遵守日益严格的环境法规的压力。

此外，供应链的效率问题也日益凸显。全球化带来的供应链延长，使得管理变得更加复杂，而且易受到各种外部因素的影响，如社会动荡、贸易冲突、自然灾害等。这些因素都可能导致供应链中断，影响企业的生产计划和市场供应。同时，随着消费者对快速交付和高质量服务的要求日益增长，传统的供应链模式面临着重大的挑战。企业不得不寻求新的解决方案，以提高供应链的透明度、灵活性和响应速度。

在这样的背景下，数字化转型成为提高供应链效率和减少环境影响的重要手段。通过利用大数据、人工智能、物联网等技术，企业可以实现更精准的需求预测、库存管理和运输优化，减少浪费和碳排放。然而，这也带来了新的挑战，如技术投资成本、数据安全和隐私保护等。2023年的全球供应链正处于一个动荡而又充满机遇的时期，环境挑战和效率问题正推动着企业进行深刻的变革和创新。在当前全球经济中，数字化正在对供应链带来深刻的变革，尤其是在实现净零排放目标的过程中，其作用变得愈发重要。

数字化转型通过引入先进的信息技术，如大数据分析、人工智能、物联网和区块链，使供应链管理更加高效和透明。这些技术提供了对供应链各环节实时监控的能力，从原材料采购到产品生产，再到最终的分销和销售，每一个步骤都可以被精确追踪和优化。这种透明度使企业能够更好地识别和管理供应链中的碳足迹，从而更有效地实施减排措施。

随着气候变化问题的日益严峻，全球正逐步转向低碳经济，净零排放成为许多企业的目标。在这一背景下，数字化供应链能够通过优化物流路线、提高能源使用效率和促进可持续资源使用来大幅度减少温室气体排放。例如，利用大数据分析可以优化库存管理和物流规划，减少不必要的运输和存储，从而降低碳排放。同时，物联网技术使得企业可以实时监控设备和运输工具的能源使用情况，进而实施更加节能的操作方案。

此外，数字化供应链还支持企业实现环境责任和可持续发展的目标。通过提高供应链的可视性，企业可以确保其供应商遵循环保和社会责任标准，进而提升整个供应链的环境和社会绩效。这不仅有助于企业建立绿色品牌形象，也满足了消费者和投资者对可持续发展的要求。数字化对供应链的变革正推动企业更高效地实现净零排放目标，同时也帮助它们适应快速变化的市场需求和环境标准，确保在未来竞争中的优势。

供应链现状分析

传统供应链模式在当今快速发展和高度互联的商业环境中显露出明显的局限性。首先，这种模式往往缺乏足够的透明度。由于信息共享不充分，企业难以追踪产品从原材料采购到最终交付的整个流程。例如，一项调查显示，仅有6%的公司能够完全监控其供应链，而大约70%的公司仅能部分监控。这种不透明导致供应链中的问题难以及时发现和解决，比如供应中断或质量问题。

其次，传统供应链在效率方面存在着不足。由于依赖人工操作和传统的信息管理系统，这些供应链常常处理信息缓慢，反应迟缓。据统计，供应链的低效率每年可能导致全球制造业损失高达1.9万亿美元。这种效率低下不仅影响交货时间，还会导致库存积压和资源浪费。最后，传统供应链对环境的影响不容忽视。在缺乏有效管理的情况下，供应链活动可能导致过度消耗资源和能源，以及较高的碳排放。例如，全球供应链活动约占全球温室气体排放的80%。没有有效的监控和管理措施，这些活动对气候变化的贡献可能会持续增长。

综上所述，传统供应链模式在透明度、效率和环境影响方面的局限性，不仅限制了企业应对市场变化的能力，也对环境可持续性构成了威胁。在数字化和可持续性日益成为商业核心的今天，克服这些局限性，改革传统供应链已成为迫切需要解决的问题。

当前全球供应链面临的挑战在很大程度上与环境和可持续性问题密切相关。碳排放是一个尤其突出的问题。据估计，全球供应链相关活动占全球温室气体排放量的大约80%，这表明供应链的管理和优化对于实现全球气候目标至关重要。例如，物流运输，作为供应链的核心组成部分，是全球碳排放的主要来源之一，尤其是海运和航空运输。此外，供应链中的资源浪费也是一个严峻的挑战。由于效率低下的流程和过时的技术，大量原材料和能源在生产过程中被浪费。据联合国环境规划署报告显示，全球大约一半的原材料被用于生产供应链中的产品，而在这个过程中产生的废物和污染对环境造成了巨大压力。

环境污染也是供应链中一个不容忽视的问题。制造业在生产过程中排放的废气、废水和固体废物，以及农业供应链中使用的化学物质，都对环境造成了严重影响。例如，某些重工业供应链对水资源的污染已成为全球关注的焦点。此外，电子产品的供应链也因其在制造和废弃阶段的环境影响而备受关注。

面对这些挑战，全球供应链管理必须采取更加可持续和环境友好的方法。这包括采用更高效的物流方案，减少能源和原材料的使用，以及提高产品的回收利用率。此外，透明和负责任的供应链管理也越来越受到重视，不仅是为了减少环境影响，也是为了提升企业的社会责任和品牌形象。因此，实现供应链的可持续性不仅是环境保护的需要，也是企业在全球市场中保持竞争力的关键。

供应链管理的数字化转型：
物联网、大数据分析和区块链

在当今这个数字化时代，供应链管理正被一系列革命性的技术彻底重塑。物联网、大数据分析和区块链等技术像是一群巧匠，正在为

传统的供应链注入智慧的灵魂。物联网技术，如同一张巨大的网络，将供应链中的每一环节紧密相连。它通过传感器和联网的设备实现了对产品从生产到交付整个过程的实时监控。例如，通过物联网技术，公司可以实时追踪其产品在全球范围内的运输状态，据估计，物联网在物流和供应链管理领域的市场规模将在2025年达到约500亿美元。

大数据分析则像是一位智慧的预言家，能够从海量数据中揭示深层的洞见和趋势。它通过分析历史和实时数据，帮助企业预测市场需求，优化库存水平，甚至提前识别潜在的供应链风险。通过大数据分析，企业能够更精确地规划其生产和分销策略，减少浪费，提高效率。据调查显示，运用大数据的企业比未使用大数据的企业平均能够减少成本约10%。

而区块链技术，则像一本公开的账本，为供应链管理带来了前所未有的透明度和安全性。它通过去中心化的记录系统保证了数据的不可篡改性，使得供应链中的每一笔交易都可被追溯和验证。这对于提高供应链的信任度、减少欺诈和保护知识产权至关重要。比如，一些食品公司正在使用区块链技术来追踪食品的来源，确保其安全性和质量。

物联网、大数据分析和区块链正在以一种前所未有的方式重塑供应链管理。它们不仅提高了供应链的效率和透明度，也为企业带来了更强的市场适应能力和风险管理能力。在这个充满变革的时代，这些数字化技术无疑是引领供应链未来的关键力量。这些数字技术正变革着传统的供应链管理模式，使其变得更加高效、透明和响应迅速。在这个快速变化的市场环境中，这些技术的应用无疑是提高竞争力和满足客户需求的关键。

信息和数字技术在提升供应链的透明度和效率方面扮演着至关重

要的角色。在这个数字化时代，物联网、大数据分析和区块链等技术已成为优化供应链管理的重要工具。物联网通过联网的传感器和设备，使得企业能够实时监控产品在整个供应链中的流动。这种全方位的可视性不仅提高了追踪效率，还增强了对产品状态和运输过程的掌控。举个例子，通过物联网技术，某些企业已经能够减少库存错误率至少30%，极大地提升了库存管理的准确性。

大数据分析则为供应链管理提供了强大的预测能力。通过收集和分析来自供应链各环节的大量数据，企业能够洞察市场趋势、消费者需求和潜在的供应风险。例如，一些零售商利用大数据分析优化了其库存水平，减少了过剩库存带来的财务负担，据统计，这一策略可帮助降低库存成本高达25%。

而区块链技术以其独特的去中心化和不可篡改的特性，为供应链带来了更高水平的安全性和透明度。每一笔交易和产品流转的记录都被永久记录在区块链上，任何参与方都可以验证这些信息的真实性。这不仅有助于防止欺诈和仿冒，还增加了消费者对产品来源和质量的信任。例如，在食品安全领域，区块链技术的应用使得从农场到餐桌的每一个环节都变得可追踪，大大提升了食品安全监管的效率。

净零排放的实现路径

净零排放在供应链中的含义是指在整个供应链的运作过程中，通过减少温室气体排放和实施碳抵消措施，使得净碳排放量达到零。这一概念正成为全球供应链管理中的一个重要议题，特别是在应对气候变化和推动可持续发展方面。净零排放的目标不仅关乎减少直接排放，也包括供应链上游和下游的排放，即从原材料获取到产品生产，再到产品的运输、使用乃至最终处置的全过程。

净零排放对供应链的重要性体现在多个层面。

首先，随着全球对气候变化的关注日益增加，企业在降低碳足迹方面的努力正成为其社会责任和品牌形象的重要组成部分。据报道，制造业供应链是全球温室气体排放的主要来源之一，占全球总排放量的大约20%至30%。因此，实现供应链的净零排放对于达到全球气候目标至关重要。此外，消费者和投资者对企业的环境绩效越来越关注，这促使企业必须采取更为积极的环保措施来维持其市场竞争力。

其次，努力实现供应链的净零排放还能带来长期的经济效益。通过提高能源效率、优化物流和采用可再生能源，企业不仅能减少环境影响，还能降低运营成本。例如，采用更加高效的运输和物流策略，不仅减少了碳排放，也降低了燃油消耗。据估计，通过优化供应链设计，企业可以减少高达15%的物流成本。

总之，净零排放在供应链中不仅是应对全球气候变化的必要行动，也是提升企业长远竞争力的关键策略。通过实现供应链的净零排放，企业不仅能够贡献于环境保护，还能提升其在消费者和市场中的正面形象，并实现更为高效和经济的运营模式。

在追求净零排放的目标上，数字化手段显得尤为关键，它们提供了实现这一雄心勃勃目标的可行路径。首先，数字技术如物联网和大数据分析能够精确监控和评估供应链中的能源使用和碳排放。例如，通过物联网设备，企业能够实时跟踪其运输车辆的燃油消耗和碳排放水平，据统计，物联网技术可以帮助企业减少至少15%的能源消耗。此外，大数据分析可以揭示供应链操作中缺乏效率之处，比如过度的包装或不必要的运输，这些都是碳排放的重要源头。

数字化还使得供应链能够更灵活地应对市场变化，从而减少浪费。例如，通过精确的需求预测和库存管理，企业能够减少过剩生产，这不仅减少了资源的浪费，也降低了整个生产过程的碳足迹。同时，数字化供应链管理系统可以优化产品的运输和分配，减少物流环节的碳排放。实际上，一些研究表明，通过优化运输路线和货物装载，可以减少高达20%的物流排放。

另一个关键的数字化手段是区块链技术。它通过提供透明和不可篡改的数据记录，可以确保供应链中的碳排放数据的准确性和可靠性。这对于实施碳交易和抵消措施至关重要，因为只有准确的数据才能确保这些措施的有效性。此外，区块链技术还可以促进可再生能源的使用，通过确保可再生能源证书的真实性和可追溯性，鼓励企业采用更环保的能源。

综上所述，数字化手段为实现供应链的净零排放提供了强大的工具和方法。通过精确的监测、分析和优化，企业能够有效地降低其碳足迹，同时通过区块链等技术确保碳减排措施的准确性和透明性。在这个过程中，不仅有助于企业实现其环保目标，也提升了其整体运营的效率和可持续性。

数字净零供应链的案例研究

在当前的商业环境中，数字化和可持续发展的实践在各个行业都显现出其强大的影响力，特别是在制造业、零售业和食品加工业中。深入分析这些行业的成功案例能够为我们提供宝贵的见解和启示。

在制造业方面，我们可以观察到如何通过数字化转型来提升效率和降低碳排放。例如，一些汽车制造商正在通过集成先进的自动化技术和物联网系统来优化其生产线。这些系统不仅能够提高生产效率，还能够减少能源消耗和废物产生。据报告，一些采用数字化生产技术的企业已经成功将能源消耗减少了20%以上。此外，这些公司还通过使用可再生能源和循环材料来进一步减少其环境影响。

在零售业中，数字化技术被用于提升供应链的透明度和效率。许多零售商通过使用大数据和人工智能技术来优化库存管理和物流运作。这不仅减少了过剩库存和食品浪费，也降低了运输过程中的碳排放。举例来说，一些大型零售商已经通过这些技术减少了近30%的库存积压和相关废物。

食品加工业则通过采用数字化技术来提高食品的追溯性和安全性。区块链技术在这一领域显示出巨大潜力，它能够确保食品来源的透明度和安全性。例如，一些食品公司正在利用区块链技术追踪从农田到餐桌的整个食品链。这不仅增加了消费者对食品安全的信任，也帮助公司更有效地管理供应链，减少浪费。据研究，这种技术的应用已经在某些情况下减少了高达20%的食品浪费。

总的来说，这些成功案例展示了数字化和可持续发展战略如何有效地帮助不同行业优化运营、减少环境影响，并提升整体的商业效益。通过这些案例的分析，我们可以看到，无论是在生产、库存管理还是食品安全方面，数字化技术都在为企业和环境带来积极的改变。

在分析制造业、零售业和食品加工业中的数字化转型案例时，我们可以看到这些转型如何助力企业实现净零排放目标，并带来显著的经济和环境效益。在制造业中，数字化转型通过引入自动化和智能化技术，显著提高了生产效率，同时减少了能源消耗和废物产生。例如，一些汽车制造商通过利用数字化工艺和节能技术，成功减少了约20%的能源消耗。这不仅降低了运营成本，也减少了碳排放，从而帮助这些企业朝着净零排放的目标迈进。

以苹果公司为例，他们在全球供应链中实施的绿色和可持续性倡议，是其对环境责任承诺的核心部分。这些倡议涵盖了从能源使用到材料选择的多个方面，反映了该公司对减少环境影响的全面承诺。苹果公司一直在努力将其供应链的能源转换为100%可再生能源。事实上，根据最近的报告，苹果在多个国家的设施已经实现了这一目标，并且正在积极推动其供应商做出相同的转变。这一努力显著减少了整个供应链的碳足迹。

除了能源管理，苹果还专注于使用环保材料和提高其产品的可回收性。这包括使用再生材料和生物基材料，以减少对原材料的依赖和减轻环境压力。例如，苹果的某些产品已经开始使用再生塑料和其他可持续材料。此外，公司也在其设计和制造过程中减少了有害化学物质的使用。苹果公司对供应商的环境标准也同样严格。通过要求供应商遵守特定的环保法规和实践，苹果确保了其产品的整个生产过程尽可能地减少对环境的影响。这不仅涉及废物管理和能源使用，还包括水资源保护和空气污染控制。公司通过定期的环境审核和报告，确保这些标准得到有效实施。总的来说，苹果公司在其全球供应链中实施的绿色倡议是其商业策略的一个重要组成部分，不仅体现了公司对环境保护的承诺，也展示了其作为技术和创新领导者的角色。通过这些努力，苹果正在为整个制造行业树立可持续发展和环境责任的典范。

在零售业，利用大数据和人工智能技术进行库存和物流优化，减少了过剩库存和食品浪费。这种优化不仅提高了运营效率，降低了成本，还减少了与运输和存储相关的碳排放。据估计，通过这些技术的应用，某些零售商已经减少了约30%的库存积压。此外，更有效的库存管理还意味着减少了废物，进一步降低了环境影响。

在食品加工业中，区块链技术的应用提高了食品供应链的透明度和追溯性。这不仅增强了消费者信任，还使得食品公司能够更有效地管理其供应链，减少食品浪费。据报告，这些技术在某些案例中已经减少了高达20%的食品浪费。减少浪费不仅对环境有益，也意味着更高的资源利用效率和经济效益。

这些案例表明，数字化转型能够帮助企业在多个方面实现净零排放，包括优化能源使用、减少浪费和提高资源效率。这些转型不仅对环境产生积极影响，降低了碳足迹，也带来了显著的经济效益，如成本节约和效率提升。因此，数字化转型在实现可持续发展和净零排放目标中起着至关重要的作用。

挑战与应对策略

面临的挑战

推动数字净零供应链是一项复杂的任务，它涉及技术、资金和政策等多个层面的挑战。技术挑战主要体现在将先进的数字技术如物联网、大数据分析和区块链等有效集成到现有的供应链系统中。这些技术虽然具有巨大的潜力，但在实际应用中可能会面临兼容性和可靠性问题。例如，根据一项研究，大约70%的企业在实施数字化供应链时遇到了技术难题。此外，数据安全和隐私保护也是技术挑战的一部分，特别是在处理大量敏感的供应链数据时。

资金也是推动数字净零供应链的一个重要挑战。投资于新技术和升级现有系统需要巨大的资金支持。对于许多企业而言，这项投资可能是一个巨大的财务负担。据估计，一个中型企业实施完整的数字化供应链解决方案的成本可能高达数百万美元。

政策方面的挑战则主要集中在缺乏统一的标准和指导方针上。不同国家和地区对于供应链的环境影响和数字化应用的法规可能有所不同，这给跨国企业带来了额外的复杂性。此外，政策的不确定性和不断变化也可能影响企业制定长期数字化转型策略的能力。例如，一些企业可能犹豫不决，因为它们担心未来的法规变化可能会使当前的投资变得无效。

综合来看，虽然数字化转型和实现净零排放目标对于供应链是一场革命，但它同时也带来了多方面的挑战。企业需要在技术、资金和政策等多个方面寻求平衡，才能有效推动数字净零供应链的发展。

应对的策略

面对推动数字净零供应链所遇到的挑战，企业可以采取多种策略和措施来应对。

在技术方面，企业应该与专业的技术供应商合作，以确保新技术的有效集成和兼容性。同时，企业需要重视数据安全和隐私保护，通过采用加密技术和数据管理规范来防止数据泄露和滥用。据调查，约58%的企业认为加强数据安全是推动供应链数字化的关键因素。在资金方面，企业可以探索多种融资渠道来减轻投资负担，比如政府补贴、绿色投资基金和合作伙伴关系。此外，企业也应考虑长期的投资回报，将数字化转型视为提升效率和降低长期运营成本的机会。例如，一项研究表明，实施数字化供应链管理可以提高企业的收入增长率至少10%。

在政策方面，企业应积极参与相关政策的讨论和制定，以确保其商业活动符合当前和未来的法规要求。同时，企业还应密切关注政策动态，灵活调整策略以适应可能的法规变化。企业还可以通过加强与政府和行业协会的合作，共同推动行业标准和最佳实践的建立。此外，企业应该采取一种渐进式的方法来实施数字化转型，先从较小的项目开始，逐步扩大到整个供应链。这种方法不仅有助于减轻短期内的财务压力，还能使企业在转型过程中逐步积累经验和能力。

总的来说，面对推动数字净零供应链的挑战，企业需要采取一系列综合性的策略，涵盖技术、资金和政策等方面。通过与合作伙伴的协作、对政策变化的敏感应对和对技术的适度投资，企业能够有效地推动其供应链的数字化转型，同时实现环境目标。

未来的展望

随着数字化和净零排放趋势的日益显著，未来的供应链预计将经历一系列深刻的变革。这些变革将从根本上重塑供应链的运作方式，使其更加智能、高效和环境友好。随着物联网、大数据分析和区块链等数字技术的广泛应用，供应链将变得更加透明和互联。企业能够实时监控产品的流动，精确追踪库存，以及优化物流和分销策略。这种增强的透明度和效率不仅能够提高企业的响应速度和市场适应能力，还能大幅降低运营成本。

在追求净零排放的过程中，未来的供应链将更加注重环境的可持续性。企业将采用更多节能减排的技术和方法，如优化运输路线以减少碳排放、使用更环保的材料和能源，以及实施循环经济模式。这些措施不仅有助于降低供应链对环境的影响，还能帮助企业应对越来越严格的环保法规和市场对绿色产品的需求。

此外，数字化和净零排放趋势还将推动供应链管理的创新。例如，通过采用人工智能和机器学习技术，企业能够更准确地预测市场需求和优化生产计划，减少资源浪费。同时，区块链技术的应用能够提高供应链的安全性和信任度，特别是在确保产品来源和质量方面。

综上所述，随着数字化和净零排放趋势的发展，未来的供应链将变得更加高效、智能和环境友好。这些变革不仅将带来经济效益，还将有助于实现可持续发展目标，为企业和社会创造更大的价值。

面对未来供应链中的数字化和净零排放趋势，企业和政策制定者必须采取积极的策略来应对这些变化，以保持竞争力和可持续性。对于企业来说，关键在于拥抱并积极投资于新技术。这包括通过数字化工具和平台来优化供应链管理，如利用物联网和大数据分析来提升效率和透明度。同时，企业还需要关注其碳足迹，探索可持续的生产和运输方式，比如采用可再生能源和循环材料。此外，企业应该培养一种创新和适应性强的企业文化，鼓励员工积极参与数字化转型和可持续发展的过程。

对于政策制定者而言，制定支持性和前瞻性的政策至关重要。这包括提供金融激励措施来鼓励企业采用绿色技术和实践，比如税收减免和补贴。同时，政策制定者还应建立标准和规范，以促进清洁能源和可持续材料的使用，并确保供应链的环境和社会责任。此外，政府机构可以通过建立合作平台来促进不同利益相关方之间的信息共享和合作，加强行业内的最佳实践和知识交流。总的来说，应对未来供应链的变化需要企业和政策制定者的共同努力。企业需要通过投资新技术和改进管理实践来提升其竞争力和可持续性，而政策制定者应通过制定有利政策和提供必要支持来促进这一过程。通过这种协作，可以确保供应链在未来不仅更加高效和智能，而且更加环境友好和可持续。

数字净零供应链的重要性在于其对企业竞争力、环境可持续性和社会责任的综合影响。在一个日益数字化和环境意识加强的世界中，将数字化技术与净零排放目标结合起来的供应链管理，不仅是企业可持续发展战略的关键组成部分，也是塑造其市场地位和品牌形象的重要因素。数字净零供应链通过提高操作透明度、优化资源分配和增强效率，有助于企业更精准地响应市场变化和客户需求，从而提升其整体竞争力。

环境上的影响则体现在通过减少碳排放和其他环境影响，促进企业和整个社会的可持续发展。数字技术，如大数据分析、物联网和区块链，能有效地监控和管理供应链中的能源使用和废物产生，帮助企业实现更环保的运营模式。这不仅有助于企业满足越来越严格的环保法规要求，也响应了市场对绿色产品和服务的增长需求。

社会责任方面，数字净零供应链通过提高供应链的透明度和可追溯性，增强了企业在社会责任方面的表现。透明的供应链管理有助于确保原材料的合法和道德采购，提升工作条件，并减少对当地社区的负面影响。通过这种方式，企业不仅提升了自身的品牌声誉，也为整个社会的公平和可持续性做出了贡献。

综上所述，数字净零供应链对于现代企业来说至关重要，它不仅提升了企业的经济效益和市场竞争力，还对环境保护和社会责任产生了深远的影响。随着全球对环境和社会可持续性问题的关注不断增加，数字净零供应链将成为未来企业发展的关键。

在追求一个更可持续的未来的征程中，持续的创新和合作显得尤为重要。在这个快速发展且不断变化的时代，单凭一家公司或个体的力量是难以应对各种环境和社会挑战的。持续创新不仅是对新技术和方法的探索，更是一种不断适应、学习和改进的过程。它要求我们跳出传统思维的框架，用新的眼光看待问题，用创新的方法解决问题。例如，通过开发更高效的可再生能源技术、创新的材料回收方法和先进的节能技术，我们可以在保护环境的同时，还能推动经济的繁荣和社会的进步。

与此同时，合作是实现可持续发展目标的关键。这种合作可以跨越不同的行业、领域和国界。通过分享知识、资源和最佳实践，我们可以共同应对全球性的挑战，如气候变化、资源匮乏和环境污染。合作还意味着与利益相关方建立对话和伙伴关系，包括政府、企业、非政府组织和公众。例如，通过与政府机构合作，企业可以帮助制定有利于可持续发展的政策；通过与非政府组织和社区合作，可以更好地理解和解决地方性的环境问题。

总之，持续创新和合作是实现更可持续未来的两大基石。只有不断探索新的可能性，并与各方携手合作，我们才能在这个多变的世界中找到解决问题的办法，共同创造一个更绿色、更公平、更繁荣的未来。

4. 精益制造：质量控制和过程优化

在现代工业的浩瀚舞台上，精益制造如一位技艺高超的舞者，以其独特的魅力和优雅的步伐吸引了无数观众的目光。精益制造，这一概念源自对完美工艺的不懈追求，旨在通过消除浪费、优化生产过程和提高质量，来创造更大的价值。它不仅是一种生产方法，更是一种哲学，一种思维方式，一种将资源利用最大化，同时确保质量和效率的艺术。

在这个迅速变化的世界中，精益制造的重要性不言而喻。它就像一把锋利的剑，帮助企业切割掉多余的繁杂，让生产过程变得更加流畅和高效。在精益制造的指导下，企业能够在狭小的空间中发挥出巨大的力量，通过持续改进和创新，追求生产的极致。它教会了企业如何在减少成本的同时，提升产品质量和客户满意度，从而在竞争激烈的市场中脱颖而出。

精益制造的舞台上，没有多余的一丝一毫，每一个动作，每一个步骤，都经过精心设计，确保每一份资源都被有效利用。在这个舞台上，时间是旋律，质量是节拍，而效率则是那迷人的旋转。在这样的舞蹈中，企业找到了和谐与效率的完美平衡，实现了从传统制造到现代工业的华丽转身。这就是精益制造的魅力，它不仅仅改变了生产的方式，更改变了企业的命运，引领着现代工业迈向更加辉煌的未来。

在精益制造的光辉下，质量控制和过程优化得到了全新的诠释。精益制造不仅仅是生产流程的简化，它更是一种对卓越的不懈追求，将质量控制和过程优化提升到了艺术的境界。在这一哲学的指导下，质量控制不再仅仅关注产品的最终检验，而是贯穿于生产的每一个环节。每一个零件的加工，每一道工序的完成，都是对质量的持续审视。这种全过程的质量管理确保了问题可以在最早的阶段被发现和纠正，从而大大减少了废品和返工，提高了整体的生产效率和产品质量。

同时，过程优化在精益制造中被赋予了新的生命。通过不断地消除浪费，简化流程，以及优化生产布局，精益制造使得生产过程变得更加流畅和高效。这不仅体现在生产速度的提升和成本的降低上，更体现在对资源的合理利用和对工作环境的改善上。在精益制造的理念下，每一步操作都被精心设计，以确保最大程度地减少物料移动和等待时间，从而实现更加高效和环保的生产方式。

精益制造中的质量控制和过程优化，就像一场精心编排的交响乐，每一个乐章都紧密相连，共同奏响了卓越和效率的旋律。这不仅极大地提升了企业的竞争力，也为客户带来了更高质量的产品和服务。精益制造的这一影响，无疑是推动现代工业持续进步和创新的重要力量。

精益制造的历史和发展

精益制造的故事，如同一部史诗般的叙事，始于20世纪初的日本，当时的一家小型汽车制造公司——丰田，成了这一史诗的主角。在资源匮乏、需求多变的战后日本，丰田面临着巨大的挑战。然而，正是这些挑战孕育了一种全新的制造理念——精益制造。这一理念的核心在于消除一切形式的浪费，无论是时间、材料还是劳动力。丰田通过精心设计的生产流程、持续的改进和对效率的不懈追求，逐渐将这一理念付诸实践。

随着时间的流逝，这场始于日本的革命逐渐吸引了全世界的目光。20世纪80年代，随着西方国家对日本制造业成功的研究和学习，精益制造的理念开始在全球范围内传播。它被视为对传统大规模生产模式的一次重大突破，被越来越多的制造企业所采纳。精益制造不仅仅局限于汽车制造业，它的理念和工具被应用到从航空到电子，从医疗到消费品的各个行业。

在21世纪，精益制造继续其演变之旅。它与数字化、自动化技术的结合，为这一理念注入了新的活力。现代的精益制造不仅关注物理资源的节约，更加重视数据和信息流的优化。通过精确的数据分析和实时的信息反馈，企业能够做出更加快速和精准的决策，进一步提高生产效率和产品质量。

精益制造的历史是一部持续改进和不断创新的历史。从丰田的车间到全球的制造厂，精益制造一直是追求卓越和效率的象征。在未来，随着技术的不断进步和市场的不断变化，精益制造无疑将继续其创新之旅，引领制造业向更加高效、灵活和可持续的方向发展。

精益制造之于传统制造业，犹如一股清新的春风，吹散了浪费和低效的阴霾，为企业带来了更加高效和灵活的生产方式。在这场由精益制造引领的变革中，企业的生产实践发生了根本性的转变。

在传统的制造模式中，生产往往是基于预测和批量的原则，这常常导致资源的浪费和库存积压。然而，精益制造通过其对消除浪费的不懈追求，将注意力集中在按需生产和持续改进上。例如，丰田汽车公司通过实施精益制造，大幅度减少了库存水平和生产周期时间。据统计，这一改进使得丰田的生产效率提高了近50%，同时显著降低了生产成本。

精益制造还重塑了企业对品质的理解和管理。在精益制造的指导下，质量控制不再是生产过程的最后一环，而是贯穿整个生产过程的核心。这种全程质量管理使得问题能够在早期被发现和解决，大幅度减少了返工和废品。例如，一些采纳精益制造的电子产品制造商，如索尼，通过改进其生产流程，实现了显著的质量提升和成本降低。

此外，精益制造还鼓励企业对整个供应链进行优化，以实现更高的效率和响应速度。通过与供应商紧密合作和实施精准的库存管理，企业能够更快速地响应市场变化，减少供应链中的浪费。例如，戴尔计算机通过实施精益供应链管理，大幅度减少了其产品交付时间，提高了客户满意度。

总的来说，精益制造为传统制造业带来了一场深刻的变革。它不仅提高了生产效率和产品质量，还提升了企业的市场适应能力。在这个过程中，精益制造不仅改变了制造的方式，也改变了企业对效率和质量的认识。随着技术的不断进步和市场的不断变化，精益制造将继续引领制造业的创新和发展。

精益制造的核心原则

精益制造的核心原则是构建更高效、更响应市场的生产体系的指南。这一理念的精髓在于消除浪费和持续改进，创造出最大的价值，同时使用最少的资源。消除浪费不仅涉及物理资源的节约，如原材料和时间，还包括减少过程中的非增值活动，例如不必要的运输、过度加工和等待时间。这种对效率的极致追求能够显著提高生产速度，降低成本，并提升产品质量。

举个具体的例子，丰田汽车公司就是精益制造原则的典范实践者。丰田通过其著名的"丰田生产系统"实现了生产流程的极致优化。该系统通过减少库存和采用"刚好及时"的生产策略，极大地降低了仓储成本和生产延迟。据统计，这一策略使得丰田的库存周转率和生产效率远高于同行业平均水平。

持续改进也是精益制造的一个重要原则。它鼓励企业不断审视和优化其生产过程，响应市场变化，并持续提升产品和服务的质量。例如，通用电气通过实施精益六西格玛，一个旨在提高质量和消除缺陷的方法论，显著提升了其产品的可靠性和性能。据报告，这一改进帮助通用电气在几年内节约了数十亿美元的成本。

精益制造的实践还包括对整个价值流的视觉化管理，使得生产过程中的问题和瓶颈变得一目了然，从而迅速采取改进措施。例如，一些采用精益原则的电子制造商，通过改进其组装线和优化工作站布局，实现了显著的生产效率提升。

总而言之，精益制造的核心原则帮助企业构建了一个更高效、更适应市场需求的生产体系。通过消除浪费和持续改进，这些原则不仅提高了企业的经济效益，还促进了整个行业的创新和发展。随着全球制造业竞争的日益加剧，精益制造的原则和实践将继续为企业提供重要的指导和灵感。

精益制造的原则在质量控制和过程优化方面的应用，促使企业从根本上改变了对生产过程的管理方式。以消除浪费为核心的精益哲学，使得质量控制成为生产流程的一个不可分割的部分。在这种模式下，质量不再是生产完成后的检查项目，而是贯穿整个生产过程的持续活动。每一个环节都被仔细审查，以确保在生产的每个阶段都能维持和提升质量标准。这种方法极大地减少了缺陷产品的产生，降低了返工和废品的成本。

在过程优化方面，精益制造的原则促使企业重新审视和设计其生产流程。通过消除不必要的步骤和简化复杂的操作，企业能够实现更快速和更高效的生产。

此外，持续改进的精益理念鼓励企业不断寻找改善生产流程的新方法。这不仅涉及技术层面的改进，还包括工作环境和员工技能的提升。例如，一些高科技企业通过引入自动化和智能化技术，优化了其制造过程，实现了生产速度和质量的双重提升。这些改进不仅增强了企业的市场竞争力，还提高了员工的工作满意度。

总的来说，通过应用精益制造原则于质量控制和过程优化，企业能够实现更高的质量标准和生产效率。这些原则不仅指导企业优化其生产流程，还激励他们持续寻找改进的机会，从而在日益激烈的市场竞争中保持领先地位。

质量控制在精益制造中的角色

在精益制造的世界里，质量控制不仅是一项任务，而是一种文化，它的重要性远远超出了传统制造业的范畴。在这个以效率和无浪费为核心的制造体系中，质量控制成了确保每一步生产过程都达到最高标准的关键。精益制造中的质量控制不仅关注最终产品的质量，更重要的是关注生产过程中每一个环节的质量管理。这种全面的质量控制方法能够及时发现并纠正问题，从而避免了成本的增加和时间的浪费。

一个突出的案例是丰田汽车公司，它通过实施精益制造中的质量控制原则，极大地提高了其产品的质量和可靠性。通过在生产线上实施即时停止（Jidoka）和问题即时解决的策略，丰田确保了每一辆汽车都达到最高的质量标准。据报道，这种方法显著减少了丰田汽车的生产缺陷，同时提升了客户满意度和品牌声誉。

另一个例子是通用电气，该公司通过将精益制造原则应用于其质量控制过程，成功地减少了生产缺陷并提高了运营效率。通用电器采用精益六西格玛工具，对生产流程进行了优化，结果发现生产缺陷率显著下降，同时生产效率得到了显著提升。据估计，这一改进为通用电器节约了数十亿美元的成本。

这些案例表明，质量控制在精益制造中的重要性不仅体现在提升产品质量上，还体现在通过减少浪费和提高效率来增强企业的整体竞争力上。通过实施精细化的质量管理，企业不仅能够提升产品和服务的质量，还能实现成本的节约和市场份额的增长。因此，质量控制在精益制造中发挥着至关重要的作用，它是企业追求卓越和持续改进的基石。

精益制造之于企业提高产品质量，犹如指南针之于航海者，引导他们驶向卓越的彼岸。在精益制造的理念下，产品质量的提升不仅是目标，更是一种持续的过程。这一过程涉及从设计到交付的每一个环节，确保每一个细节都符合最高的质量标准。通过消除生产过程中的浪费，如过度加工、等待时间和不必要的运输，企业能够更加专注于增值活动，从而直接提升产品的质量。

举个具体的例子，丰田汽车公司通过实施其著名的"丰田生产系统"（TPS），将精益制造的原则应用于整个生产过程。丰田的"安达卡"（Andon）系统允许任何员工在发现质量问题时立即停止生产线，以确保问题在传递到下一个生产阶段前得到解决。这种对质量的不懈追求使得丰田在汽车制造行业中以其高质量和可靠性而著称。据统计，这种质量管理方法使得丰田的缺陷率大大低于行业平均水平。

这些案例表明，通过精益制造，企业能够在生产过程中更有效地识别和解决质量问题，从而提高最终产品的质量。这不仅帮助企业建立了良好的市场声誉，还增强了其在激烈的市场竞争中的地位。因此，精益制造在帮助企业提高产品质量方面发挥着至关重要的作用，它是企业追求卓越和满足客户需求的关键。

过程优化策略

精益制造在过程优化方面的策略，宛如一位匠人巧手雕琢其作品，致力于提炼每一个环节，确保生产过程的每一步都尽可能高效和精准。流程简化和去除非增值活动是精益制造的两大核心策略，它们共同构成了提升生产效率和降低成本的基石。

流程简化的目的是剔除生产过程中不必要的步骤，使得整个流程更加直接和高效。这通常涉及对工作站的重新布局、生产线的改进以及更精简的物料流动。在这个过程中，每一个环节都被仔细审视，以确保它能够为最终产品的价值增加做出贡献。例如，哈雷戴维森公司通过重新设计其生产流程，简化了组装线，并减少了必要的工作站数量。这些改进不仅提高了生产效率，还缩短了交货时间，据报告，这一转变使得公司的生产效率提升了近30%。

去除非增值活动则是通过识别和消除生产过程中的浪费来实现优化。这种浪费可能包括过度的库存、不必要的运输、等待时间以及过度加工等。例如，索尼电子公司通过实施精益原则，识别并减少了其生产过程中的多余步骤，特别是在其电视组装线上。这种改进降低了生产成本，并提高了生产效率和产品质量。据估计，这一改进为索尼节约了数百万美元的成本。

这些策略的实施不仅体现在生产速度和成本的改善上，还体现在更高的产品质量和更好的员工工作环境上。通过精简和优化生产流程，企业能够更加迅速地响应市场变化，同时降低了资源的浪费。因此，精益制造在过程优化方面的策略不仅为企业带来了直接的经济效益，还提升了企业的整体竞争力和市场地位。

精益制造中的过程优化策略，如流程简化和去除非增值活动，对提升生产效率和降低成本具有显著的影响。这些策略的核心在于确保生产过程中每一步都尽可能地为最终产品增加价值，而不是无谓地消耗资源和时间。

通过流程简化，企业能够剔除生产过程中不必要的步骤，使得整个流程更加直接和高效。这种简化不仅减少了物料在生产过程中的移动时间，也减轻了员工的工作负担，使他们能够更专注于增值活动。例如，当一家汽车制造商重新设计其生产流程，减少了组装线上的冗余步骤时，生产时间和所需的劳动力显著减少，从而直接降低了生产成本，提高了效率。

去除非增值活动，如过度加工、不必要的运输和过度的库存，也对降低成本和提升效率起到了关键作用。这种方法使企业能够更准确地预测和满足市场需求，从而减少库存积压和浪费。此外，减少在生产过程中的等待时间和不必要的运输可以大幅减少生产周期，这不仅提高了产品的交付速度，也降低了与长时间存储和运输相关的成本。

这些过程优化策略的实施还有助于提升产品质量，从而减少返工和废品，进一步降低成本。当产品在第一时间内就达到了高质量标准，企业可以避免因质量问题导致的额外成本和品牌声誉损害。

总而言之，精益制造中的过程优化策略通过确保生产过程的高效和精准，显著提升了生产效率并降低了成本。这些策略的实施使得企业能够更快速地响应市场变化，同时保持了产品质量和成本效益，从而在竞争激烈的市场中保持优势。

精益制造的实施挑战

实施精益制造是一场既深刻又复杂的变革，它不仅涉及生产流程和管理方法的改变，更是一次企业文化和思维方式的革命。在这一过程中，企业可能会遇到多种挑战，其中最显著的就是文化转变的挑战。精益制造要求企业从最高层到一线员工，每个人都要接受并实践消除浪费、追求持续改进的理念。这种转变往往需要时间和耐心，因为它涉及人们长期以来形成的工作习惯和思维模式的改变。例如，员工可能习惯于传统的生产方式，对新的工作流程和方法感到不适应或抵触。

员工培训也是实施精益制造的一个重要挑战。精益制造的成功实施需要员工具备相应的技能和知识，这意味着企业需要投入时间和资源进行全面的员工培训。不仅要教会员工新的生产技能和工作方法，还要培养他们的问题解决能力和持续改进意识。这一过程可能面临诸如培训成本高、时间长和效果难以立即显现等问题。

此外，精益制造还可能引发组织结构和管理流程的变革，这需要企业的管理层重新考虑和设计组织架构和管理体系。管理层需要不断调整和优化组织结构，以更好地支持精益制造的实施。这可能涉及职责的重新分配、沟通方式的改变和决策流程的优化。

总的来说，实施精益制造是一项涉及多方面的挑战性任务。它要求企业不仅在技术和流程上进行改变，更重要的是在文化和思维方式上进行革新。通过持续的员工培训、有效的沟通和组织结构的适应性调整，企业可以克服这些挑战，实现精益制造的成功。这一过程虽然充满挑战，但其带来的长远效益——提升生产效率、降低成本和提高产品质量，对于企业的持续发展和竞争力提升是不可估量的。

面对实施精益制造过程中的挑战，企业可以采取一系列的策略来克服这些困难。首先，在文化转变方面，关键在于从企业的高层管理开始，树立精益制造的理念，并将其渗透到企业的每一个层面。管理层需要通过自身的行为和决策来展示对精益制造的承诺，同时建立一个鼓励创新、接受失败和持续改进的企业文化。此外，通过持续的沟通和教育，帮助员工理解精益制造带来的好处，以及每个人在这一过程中的重要作用，是促进文化转变的关键。

在员工培训方面，企业可以通过实施系统化和多层次的培训计划来提升员工的技能和知识。这不仅包括对精益制造工具和技术的培训，还包括对问题解决技能和团队合作精神的培养。企业还可以通过实践中学习的方式，让员工直接参与到改进项目中，从而加深他们对精益制造理念的理解和应用。

此外，企业还需要在组织结构和管理流程上进行优化，以支持精益制造的实施。这可能包括建立跨部门的合作机制，优化决策流程，以及调整组织架构以支持更灵活和高效的工作方式。通过这些改革，企业可以更好地适应精益制造带来的变化，同时提升整体的运营效率和响应能力。

总而言之，克服实施精益制造过程中的挑战需要企业在文化、人力资源和组织结构上进行全面的调整和优化。通过持续的努力和适当的策略，企业不仅能够顺利实施精益制造，还能在这一过程中提升自身的竞争力和市场地位。

精益制造的下一步

展望未来，精益制造在质量控制和过程优化方面的趋势预示着更加智能化和数据驱动的转型。随着技术的不断进步，特别是在大数据、人工智能和物联网等领域，精益制造将越来越多地依赖于数据分析和智能决策支持系统来优化生产流程和提升产品质量。未来的精益制造不仅将关注物理流程的优化，还将深入到数据流和信息流的管理中。

在质量控制方面，预计将有更多的自动化质量检测系统被引入到生产线。这些系统能够实时监测产品质量，并快速识别缺陷，从而大大提高检测的准确性和效率。此外，借助AI和机器学习技术，企业能够从历史数据中学习并预测潜在的质量问题，从而在问题发生前采取预防措施。这种预测性的质量控制将成为提升产品质量的关键工具。

在过程优化方面，随着数字化工具的发展，精益制造将更加注重流程的实时监控和优化。通过物联网设备收集的大量生产数据将被用于分析生产效率和识别浪费环节。企业将能够利用这些数据来做出更快速和更准确的决策，从而实现更灵活和响应迅速的生产。此外，我们还可能看到虚拟现实和增强现实技术在培训和工作指导方面的应用，帮助员工更有效地掌握复杂的生产技能。

总之，精益制造的未来将是一个结合了先进技术、数据分析和智能化工具的时代。这些技术的融合不仅会提升生产效率和产品质量，还将使精益制造更加适应快速变化的市场需求和复杂的生产环境。随着这些技术的不断发展和应用，精益制造将继续引领制造业的创新和变革。

随着数字化和自动化技术的迅猛发展，精益制造的实践正经历着一场革命性的变化。在这个新时代，数字化不仅仅是一种工具或过程，而是一种全新的思维方式，它将深刻影响精益制造的每一个方面。数字化使得数据收集和分析变得更加简单和精确，为精益制造提供了一个更为全面和实时的视角。通过实时监控生产数据，企业能够更快速地识别浪费和效率低下的环节，从而实时调整和优化生产流程。例如，通过利用物联网技术，企业可以实时追踪物料流动、监控设备状态和分析生产效率，这些信息将直接指导企业做出更加精确的决策。

同时，自动化技术的发展也将进一步推动精益制造的实践。自动化不仅能够提高生产效率和一致性，还能减轻员工的工作负担，使他们能够更专注于更具创造性和战略性的任务。随着自动化技术的普及，我们可以预见到更多的自动化机器人和智能设备被应用于生产线，这将极大地提升操作的精准度和降低人为错误，从而提高整体的产品质量。

此外，数字化和自动化也将帮助企业更好地应对市场的变化和客户的需求。通过更灵活的生产系统和更快速的响应能力，企业能夜更有效地满足定制化和个性化的市场需求。这不仅提升了客户满意度，也增强了企业的市场竞争力。

数字化和自动化技术将使精益制造更加智能化和灵活化。这些技术的发展不仅提升了生产效率和产品质量，还使企业能够更好地适应不断变化的市场和客户需求。在这个新的技术时代，精益制造将继续作为推动制造业创新和改进的重要力量。精益制造在质量控制和过程优化方面的重要性不可小觑，它已成为现代制造业追求卓越和持续改进的关键因素。在质量控制领域，精益制造不仅强调制品质量的终端检查，更重视将质量管理融入每个生产环节。这种全面的质量关注确保了问题能够在源头被及时发现并解决，大大降低了返工和废品的风险，提高了整体产品的质量和可靠性。此外，精益制造中的持续改进文化鼓励企业不断寻找提升质量的新方法，进而在激烈的市场竞争中获得优势。

在过程优化方面，精益制造通过消除浪费、简化流程和优化资源配置，极大提高了生产效率和灵活性。这不仅意味着更高的生产速度和降低的运营成本，还意味着更好的客户服务和更快的市场响应。通过精细化的流程管理和持续的改进，企业能够更有效地利用其资源，同时减少不必要的成本和时间浪费。精益制造的这些策略帮助企业实现了更加经济高效的生产模式，同时保持了产品和服务的高质量标准。

精益制造在质量控制和过程优化方面扮演着至关重要的角色。它不仅提升了企业的生产效率和产品质量，还加强了企业的市场竞争力和客户满意度。随着全球制造业的持续发展和变革，精益制造的这些原则和实践将继续引领着企业向更高效、更可持续的未来前进。

在精益制造的征程中，持续创新和改进不仅是一条通往成功的路径，更是企业文化的核心。这种不断追求完善的精神，像一股不竭的动力，推动着企业在变化不居的市场环境中保持竞争力和活力。持续创新意味着企业不断探索新的方法和技术来优化生产过程，不满足于现状，总是寻找更高效、更经济的生产方式。这种创新不仅体现在产品和技术上，更体现在管理方法和工作流程上。例如，通过引入先进的自动化技术或采用新型的材料,企业能够提高生产效率,降低成本,同时提升产品质量。

  与此同时,持续改进则是精益制造哲学的另一大支柱。它要求企业持续审视和优化现有的生产流程,不断寻找消除浪费和提高效率的机会。这种持续改进的文化鼓励员工积极参与改进过程,分享他们的观点和想法,从而形成了一种集体努力,共同推动企业向前发展。在这个过程中,即使是最小的改进也被重视,因为众多小的改进加起来可以产生巨大的影响。总而言之,持续创新和改进在实现精益制造成功中扮演着关键角色。它们不仅推动了企业在技术和生产上的发展,还培养了一种积极向上、不断进步的企业文化。在这种文化的驱动下,企业能够不断超越自我,应对各种挑战,最终在激烈的市场竞争中占据领先地位。

服务新纪

服务业的数字化革新

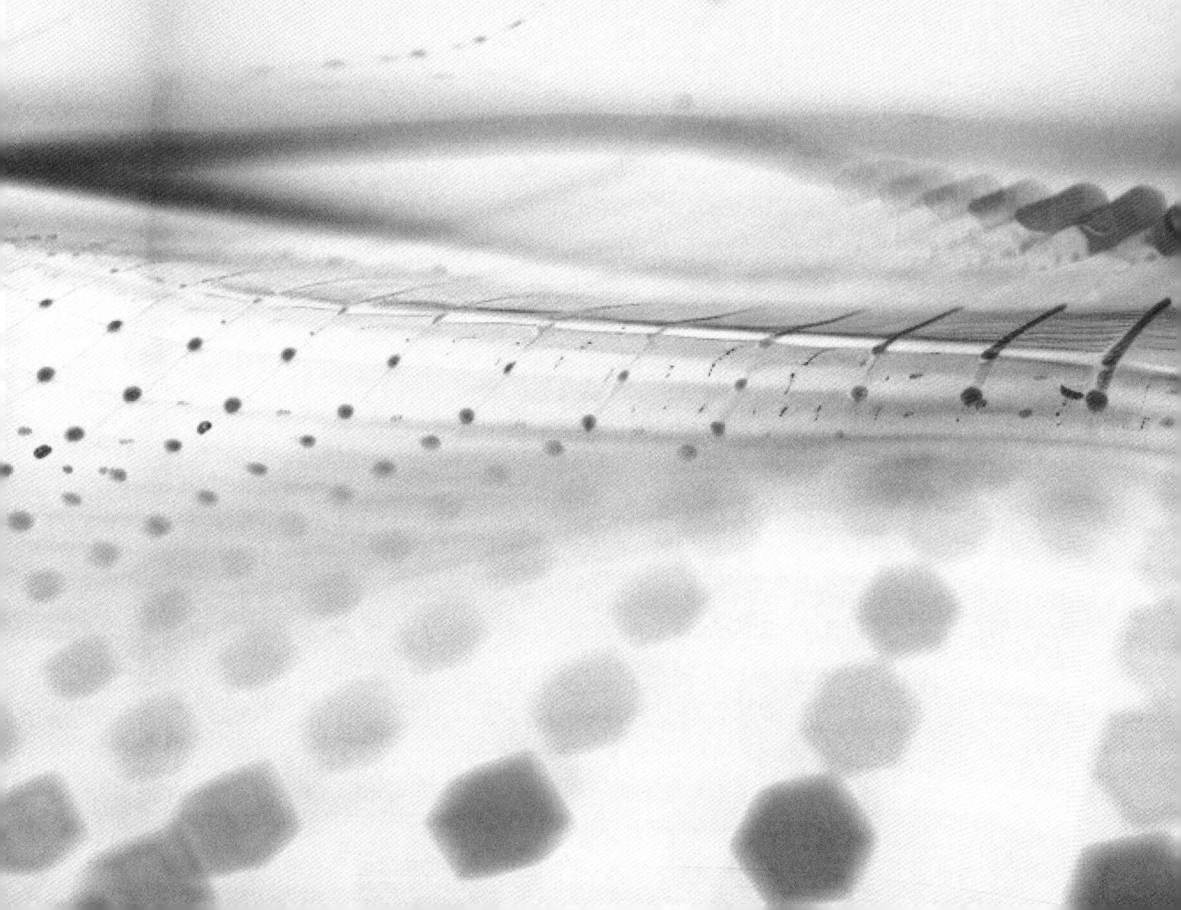

随着制造业的数字化，服务业依托定制化和云服务，走向了新纪元。服务业成为生产性服务业，而制造业则面向更加灵活和响应迅速的模式转型。生产性服务业的壮大，促进了共享经济与平台经济的发展，它们共同塑造了先进制造业的新未来。

1. 数字化重构：客户体验

制造业数字化是当前经济发展中的一个关键趋势，它指的是利用数字技术来改善制造过程、产品设计、供应链管理、客户互动以及服务提供的过程。这一概念的核心在于通过数字技术的融合和应用，提高生产效率，增强产品和服务的质量，以及优化客户体验。

制造业的数字化转型对当前经济具有深远的重要性。首先，它有助于提高生产效率和降低成本。通过引入自动化和智能化的生产系统，比如使用机器人、物联网和人工智能，制造过程变得更加高效，同时减少了对人力的依赖。这不仅提高了单个工厂的生产力，也提高了整个制造行业的竞争力。其次，数字化使得制造业能够更快地响应市场变化和客户需求。通过利用大数据分析和云计算等技术，企业能够更准确地预测市场趋势，快速调整生产计划，以及提供更加个性化的产品和服务。这种灵活性和适应性对于在全球化和竞争激烈的市场中保持竞争力至关重要。

此外，制造业数字化还推动了创新和新产品开发。数字化工具，如3D打印和计算机辅助设计，使得产品设计和原型制作更加快速和成本效益高。这加快了新产品的上市时间，同时也鼓励了更多的创新尝试。在环境和可持续发展方面，制造业数字化同样发挥着重要作用。通过优化资源使用和能源管理，数字化技术有助于降低生产过程的环境影响，实现更加绿色和可持续的生产方式。

制造业的数字化转型是推动当前经济增长和可持续发展的关键因素。它不仅提高了制造业的效率和竞争力，还促进了创新、响应市场变化的能力以及环境保护。随着技术的不断发展和应用，制造业数字化的潜力将进一步得到发掘和利用。

数字化正在全面重构制造业的景观，特别是在改善客户体验方面。这一转变的核心是利用先进的数字技术将客户的需求和反馈更直接、更高效地整合到制造过程中，从而提供更加个性化和满足客户需求的产品和服务。

在客户体验方面，数字化使得制造商能够通过数据分析更深入地了解客户需求和行为模式。通过收集和分析来自社交媒体、在线反馈、购买历史等多种渠道的数据，企业可以描绘出更精确的客户画像。这样的洞察使得制造企业能够设计出更符合市场需求的产品，或者调整他们的市场策略来更好地满足客户的期望。数字化技术，如云计算和物联网，使得制造过程更加灵活和响应迅速。制造商可以利用这些技术快速调整生产线，以适应市场需求的变化，甚至实现按需定制。例如，通过利用物联网技术实现的远程监控和诊断，制造商能够提供更及时的售后服务，提高客户满意度。

此外，数字化还使得客户能够直接参与到产品的设计和制造过程中。例如，一些企业通过提供在线定制工具，允许客户选择特定的颜色、材质或设计元素，使得最终产品更加贴合个人偏好。这种参与性体验不仅增加了客户的满意度，也增强了客户对品牌的忠诚度。数字化还推动了新的商业模式，如作为服务的制造（MaaS）。在这种模式下，制造商利用数字技术提供更综合的解决方案，而不仅仅是单一的产品。这种服务化的趋势不仅满足了客户对于一站式解决方案的需求，也为制造商提供了新的收入来源和市场机会。

数字化正在深刻地重塑制造业，尤其在提升客户体验方面发挥着重要作用。通过更精准的客户洞察、增强的生产灵活性、客户参与的产品定制，以及新的商业模式，数字化使得制造业能够更好地满足当今市场的复杂和多变需求。

制造业的数字化持续加速

制造业的数字化正在经历一场深刻的变革，尤其是随着工业互联网和智能制造等概念的兴起，预计到2024年，这些趋势将更加明显。工业互联网，即通过将传感器、软件和其他技术整合到制造设备中，使得工厂设备能够相互连接并智能化操作，是推动制造业数字化的重要动力。这种互联使得数据可以在设备之间流动，提供实时的洞察，以优化生产效率和产品质量。

智能制造在工业互联网基础上的进一步发展释放能量。它涉及使用先进的数据分析、人工智能和机器学习技术来提升制造过程的智能化程度。这不仅包括生产过程中的自动化，还包括在产品设计、供应链管理，甚至是售后服务中的智能化应用。通过智能制造，企业能够更灵活地响应市场变化，同时提高资源使用效率，降低成本。工业互联网和智能制造的应用显著提高了生产效率和灵活性。通过实时数据监控和分析，制造企业可以更精准地预测和应对设备维护需求，减少意外停机时间，从而提高整体的生产效率。同时，这些技术使得生产过程更加灵活，能够快速适应市场需求的变化，比如实现小批量、多样化和定制化生产，满足消费者对个性化产品的需求。

预计到2024年，这些趋势将与其他技术如大数据、云计算、物联网和5G网络等的发展更加紧密地结合。例如，大数据和云计算将提供更强大的数据处理能力，帮助企业从海量的生产和市场数据中提取有价值的洞察。物联网技术将使得更多的设备和资产成为智能化和网络化，进一步增强整个生产系统的互联性和透明度。而5G网络的高速度和低延迟特性将使得远程监控和实时数据分析成为可能，为远程操作和维护提供技术支持。制造业的数字化正在向更加智能化、网络化和自动化的方向发展。这些趋势将使制造业不仅在生产效率上得到提升，还能在产品质量、客户体验和环境可持续性等方面实现显著改进。随着技术的不断进步和市场需求的不断变化，制造业的数字化转型将继续深化，为企业带来新的机遇和挑战。

数字化趋势通过提供更深入的市场洞察和客户数据，增强了企业的市场竞争力。制造企业能够利用大数据分析来更好地理解市场趋势和消费者偏好，从而开发出更符合市场需求的产品和服务。此外，数字营销和电子商务平台的应用使得制造企业能够直接与消费者互动，提供更加个性化的营销和服务，从而在竞争激烈的市场中脱颖而出。数字化技术还帮助企业优化供应链管理和物流，提高成本效率。通过更精确的需求预测和库存管理，企业能够减少库存积压和物流成本，提高资本周转率。同时，云计算和物联网技术使得供应链更加透明和高效，增强了企业应对供应链中断的能力。这些变化使得制造企业能够更好地适应快速变化的市场环境，增强了其整体市场竞争力。随着技术的进一步发展和应用，这些趋势将继续推动制造业的转型和创新。

数字驱动客户体验新定义

在数字化时代，客户体验的定义已经超越了传统的购买和使用产品的简单交互，转变为一个更加全面和深入的概念。客户体验现在涵盖了从初次了解产品到购买，再到使用和售后服务的整个过程，包括与品牌的每一次互动和感知。这意味着，客户体验不仅关乎产品的质量和功能，还包括服务、品牌形象、互动界面和个性化定制等方面。

在数字化时代，客户体验的重要性愈加凸显。随着信息技术的发展和网络渠道的普及，客户获取信息的渠道更多，选择也更加广泛。这使得企业之间的竞争不仅仅是产品的竞争，更是客户体验的竞争。优秀的客户体验可以显著提升客户满意度，增强客户忠诚度，从而带来更高的客户保留率和更好的口碑传播。此外，良好的客户体验还能帮助企业更有效地与客户沟通，收集宝贵的市场反馈和消费者洞察，为产品和服务的改进提供指导。

数字化技术的发展为提升客户体验提供了新的机遇。例如，通过数据分析和人工智能技术，企业可以更准确地了解客户的需求和偏好，提供更为个性化的服务和产品推荐。同时，数字渠道如社交媒体、移动应用和在线平台提供了更便捷的互动方式，使企业能够与客户建立更紧密的联系，及时响应客户的需求和反馈。客户体验在数字化时代成为企业获得竞争优势的关键因素。提供卓越的客户体验不仅能够提升企业的市场竞争力，还能促进企业的长期发展和品牌建设。因此，不断优化客户体验，满足和超越客户的期望已成为数字化时代企业发展的重要策略。

随着数字化时代的到来，客户需求也在发生显著的转变，这种转变不仅体现在他们对产品或服务的期望上，还体现在与品牌互动的方式上。在产品和服务方面，数字化使客户对个性化和即时满足的需求愈加明显。客户现在期望获得与个人偏好和需求紧密相连的定制化产品和服务。这不仅限于基本功能的个性化，还包括使用体验、购买过程甚至包装和交付方式的个性化。由于数字技术使信息获取变得更为便捷，客户在作出购买决定之前，往往会进行深入的研究，比较不同品牌和产品。因此，他们对产品的质量、性价比以及品牌的可信度和声誉有更高的期望。

此外，数字化时代的客户更加注重体验和参与感。他们希望与品牌有更深层次的互动，这不仅仅是通过购买交易，还包括社交媒体上的互动、在线社区的参与等。客户享受在购买过程中的主动参与和共创体验，比如通过在线配置工具设计个性化产品，或者在社交媒体上参与品牌活动。同时，客户对信息透明度和即时响应的需求也随着数字化而增长。他们希望能够轻松获取关于产品、服务和企业的详尽信息，并期望在有疑问或问题时能够获得快速而有效的回应。这种需求促使企业不断优化其在线服务平台，如实时客服聊天和自助服务门户。数字化时代的客户需求更加复杂和多元化。他们寻求的不仅是高质量的产品和服务，还有丰富的购买体验、个性化的服务和高效的沟通渠道。对企业而言，理解和适应这些变化的客户需求是成功的关键，这需要企业不仅在技术上进行创新，也要在服务理念和市场策略上作出相应的调整。

数字化对客户体验的影响

数字化技术使得制造企业能够提供高度个性化的产品。通过利用先进的数据分析和客户关系管理系统，企业可以更精确地理解客户的需求和偏好。结合灵活的制造系统，如可编程的自动化设备和3D打印技术，企业能够快速调整生产线，实现小批量甚至单件定制生产。这种个性化不仅限于产品的功能和设计，还可以扩展到用户界面和使用体验的定制，从而大大提升客户满意度和忠诚度。

数字化技术显著增强了制造企业的服务能力。通过物联网技术，企业可以实时监控产品的状态和性能，提前发现并解决潜在问题，实现预测性维护。同时，利用移动应用和在线平台，企业可以提供更加便捷和多样的客户服务选项，如在线故障排除、自助服务门户和定制化的维护计划，从而提高服务效率和客户满意度。数字化技术也显著缩短了客户响应时间。借助自动化的客户服务系统和人工智能聊天机器人，企业能够提供24/7的即时客服支持。在客户提出查询或订单时，企业可以迅速反馈，大大减少了客户等待时间。同时，通过实时的数据共享和通信网络，企业可以快速协调资源和响应市场变化，更快地满足客户需求。

数字化技术为制造企业提供了强大的工具来改善客户体验。通过个性化产品的提供、服务能力的增强和响应时间的缩短，数字化不仅提升了客户的满意度，还加强了企业的市场竞争力。随着技术的持续进步，这些优势将更加明显，对制造业的客户体验将产生更深远的影响。在制造业中，数字化工具如CRM（客户关系管理）系统和大数据分析在提升客户满意度方面扮演着关键角色。这些工具的应用使得制造企业能够更深入地理解客户需求，优化产品和服务，从而显著提高客户满意度。

以CRM系统为例，它帮助制造企业集中管理客户信息，包括历史购买记录、服务请求、反馈和偏好。这样的集中式管理使企业能够为每个客户提供个性化的服务和沟通。例如，通过分析客户的购买历史，企业可以定制专属的产品推荐或优惠活动，甚至在新产品设计时考虑到这些客户的偏好。此外，CRM系统还使企业能够更有效地处理客户投诉和查询，通过追踪和管理每一个服务请求，确保及时和有效的响应，从而提高客户满意度。

大数据分析的应用则为制造业带来了深度的市场洞察和消费者行为理解。通过分析来自不同渠道的大量数据，如社交媒体、在线评论、销售数据和市场调研，企业可以发现消费者需求的趋势和模式。这种洞察使得企业能够更精准地定位市场，开发符合市场需求的产品。同时，大数据分析还帮助企业优化供应链和生产过程，减少延误和库存积压，从而更快地满足客户需求，提高客户满意度。

例如，某制造企业通过CRM系统收集到的客户反馈指出，市场上对于某类产品的定制化需求日益增长。企业随后利用大数据分析，细分市场和客户群体，发现了具体的定制化趋势和偏好。基于这些信息，企业调整了生产线，推出了新的定制化产品选项，得到了市场的积极响应，客户满意度和忠诚度显著提升。CRM系统和大数据分析等数字化工具通过提供更深入的客户洞察和更高效的服务管理，帮助制造企业在竞争激烈的市场中更好地满足客户需求，从而显著提升客户满意度。随着技术的不断发展，这些工具的作用将变得更加重要。

数字化转型中的挑战与策略

值得注意的成功案例是全球著名的工业公司通用电气。通用电器通过实施其"Predix"平台，一个基于云的工业互联网平台，大幅改进了其设备和服务。Predix平台允许通用电器及其客户收集和分析来自工业设备的大量数据，实现预测性维护和优化操作。这不仅减少了设备故障和意外停机时间，还提高了整体效率。例如，通用电器的风力涡轮机通过实时数据分析，能够更有效地预测维护需求，从而减少停机时间并提高能源产出。这种数据驱动的方法使得通用电器能够为其客户提供更加可靠和高效的产品和服务，显著提升了客户满意度。

德国的西门子公司，该公司利用其数字化工厂概念彻底改革了制造流程。通过集成高级自动化技术和数字化系统，西门子不仅提高了其生产效率，而且能够更快速地响应客户需求，提供定制化解决方案。例如，其在电子行业客户的项目中，通过模拟和数字孪生技术，能够在产品实际制造前进行详细的测试和优化，这样不仅缩短了产品上市时间，还确保了更高的产品质量和性能。

此外，美国汽车制造商特斯拉在数字化转型方面也取得了显著成效。特斯拉不仅在其汽车产品中广泛使用了先进的数字技术，如自动驾驶软件和远程诊断，还在销售和客户服务方面实施了创新的数字化策略。通过在线直销模式和持续的软件更新，特斯拉提供了全新的购车和使用体验，这种模式使得客户能够享受到更为便捷和个性化的服务。

海尔集团，作为全球领先的家电制造企业，其数字化转型尤为突出。海尔实施了一项名为"COSMOPlat"的工业互联网平台，该平台允许海尔更好地理解和响应客户需求。通过这个平台，海尔能够实现大规模的定制化生产，客户可以根据自己的需求和偏好定制家电产品。这种模式不仅提升了客户体验，还为海尔带来了新的市场机会和增长点。

中国国家电网公司，作为世界上最大的公用事业公司，国家电网通过引入先进的数字技术，比如智能电网和数据分析系统，来提升运营效率和客户服务质量。这些技术使得国家电网能够更有效地管理电力资源，预测和响应电力需求变化，同时为客户提供更可靠和高效的电力服务。

阿里巴巴集团在制造业数字化方面也取得了显著成就。虽然阿里巴巴本身是一家电子商务公司，但其推出的"新制造"模式对整个制造业产生了深远影响。通过收集和分析来自其庞大电商平台的数据，阿里巴巴可以精确预测市场趋势和消费者需求，从而指导制造合作伙伴调整生产策略。这种模式不仅提高了生产效率，也缩短了产品上市时间，提升了客户体验。这些案例显示，无论是通过高级数据分析优化产品性能，还是通过数字化流程和直销模式改善客户服务，制造业的数字化转型都能显著提升客户体验。随着技术的进一步发展，预计将有更多制造企业通过数字化转型实现客户体验的提升。

当然，实现数字化转型是一个复杂的过程，企业在这一过程中面临着多重挑战。

首先是技术投资的挑战。数字化转型通常需要显著的初始投资，包括购买新的软硬件、升级现有系统以及引入高级的数据分析和云计算服务。这对许多企业而言是一笔不小的开支，尤其是对于中小型企业来说，这种投资可能会对其财务状况产生较大压力。企业需要精心规划，确保投资能够带来预期的回报，并在必要时寻求外部资金支持。

其次，员工培训也是实现数字化转型的一个关键挑战。随着新技术的引入，员工需要掌握新的技能和知识，以适应数字化的工作环境。这不仅涉及技术操作技能的培训，还包括对数据驱动决策和数字化工作流程的理解和适应。许多企业发现，缺乏足够的培训资源和员工对新技术的抵触是实现数字化转型的主要障碍。因此，企业需要投入相应的资源进行系统性的员工培训和文化转型，以确保员工能够顺利过渡到新的工作模式。

再次，数据安全是另一个关键挑战。随着企业越来越多地依赖数字技术和数据分析，保护敏感数据免受黑客攻击和泄露变得更加重要。这需要企业建立强大的数据安全体系，包括数据加密、访问控制和定期的安全审查。同时，企业还需要应对日益严格的数据保护法规，如欧盟的《通用数据保护条例》，确保合规性并保护客户数据的隐私。

实现数字化转型需要企业克服技术、财务、人力和法律等多方面的挑战。这要求企业不仅在技术上进行创新，还需要在组织管理和文化建设上做出相应的调整。在制造业的数字化转型过程中，企业面临着多种挑战，其中包括必要的技术投资、员工培训需求以及数据安全问题。为了克服这些挑战，制造企业正在采取一系列措施。首先，对于技术的投资，企业正在集中资源于数字采纳平台（DAP），以确保员工能够有效地利用新的数字系统和技术。其次，制造企业还在建立变革领导团队，由不同部门的领导人组成，共同推动数字化转型的愿景。再次，企业也开始雇佣数字化转型顾问，以获得专业的指导和成功框架。

面对员工培训的需求，企业正在投入资源进行系统性的员工培训，以帮助员工适应新的工作模式。这些培训不仅关注技术操作技能，还包括对数据驱动决策和数字化工作流程的理解。在数据安全方面，企业正在建立强大的数据安全体系，包括数据加密、访问控制和定期的安全审查，以保护敏感数据免受黑客攻击和泄露。此外，企业还在确保数字化转型与整体业务目标的一致性，通过分析客户需求和痛点来优化现有流程。企业的敏捷性也被视为关键因素，随着技术的持续进步，企业需要保持开放和适应性，随时准备调整策略。员工的反馈和参与也被大力鼓励，作为识别潜在障碍和创造有效解决方案的重要途径。最后，企业正在建立系统以持续监控、测量和评估数字化举措，确保其与业务目标保持一致，并有效利用资源。

灵活与高速的制造业转型未来模式

在未来2—3年内，制造业的数字化转型和客户体验优化预计将朝着更加智能化、个性化和互联互通的方向发展。随着人工智能、机器学习和物联网技术的不断进步，制造企业将能够更精准地分析和预测客户需求，实现更高程度的产品定制化和服务个性化。此外，云计算和大数据技术的进一步应用将使企业能够更有效地处理和分析大量数据，为客户提供更快速、更准确的响应，同时优化供应链管理和生产效率。

数字化转型还将推动制造业朝着更加灵活和响应迅速的生产模式发展，例如采用数字孪生技术和模块化设计，以更快速地适应市场变化。企业对客户体验的关注将不仅限于产品质量，还将扩展到整个客户旅程的优化，包括购买体验、售后服务和客户互动。这种全面的客户体验管理将进一步增强品牌忠诚度和市场竞争力。转型将更加注重实现智能化操作、个性化服务和全面优化客户体验，以适应日益变化的市场需求和技术进步。

随着市场和技术的快速发展，企业面临着持续的挑战，以适应未来的变化并保持竞争力。为此，企业需要采取一系列策略。首先，企业应不断关注并采用新技术，如人工智能、大数据分析和云计算等，以提高运营效率和创新能力。其次，企业需要重视客户体验和需求，通过提供高质量的产品和服务来满足客户的期望。再次，强化员工技能和知识的培训也至关重要，确保员工能够适应新技术和变化的市场环境。企业还需加强灵活性和适应性，能够迅速响应市场变化和挑战。通过实施这些策略，企业可以有效应对未来的变化，保持并增强其市场竞争力。

制造业的数字化正在根本性地重塑客户体验。通过集成先进的技术如人工智能、物联网、大数据分析和云计算，制造企业能够提供更加定制化和响应迅速的产品和服务。数字化不仅提高了生产效率和灵活性，还使企业能够更准确地洞察和预测客户需求，从而提供更加个性化的解决方案。此外，数字化还带来了更高效的客户服务，例如通过在线平台和自动化客服系统，提高了服务速度和质量。总之，制造业的数字化转型正在为客户带来前所未有的个性化体验和更高的满意度，从而加强了品牌忠诚度和市场竞争力。

在制造业的数字化转型过程中，持续创新和适应变化的能力是成功的关键。随着技术不断进步和市场需求的快速变化，仅依靠传统的运营模式和技术已无法满足现代市场的复杂需求。因此，制造企业必须不断探索新技术，如人工智能、物联网和大数据，以提高生产效率、优化产品质量和增强客户体验。同时，企业还需要灵活适应市场和技术的变化，快速响应客户需求和行业趋势。只有不断创新和适应变化，制造业才能在数字化转型的道路上取得成功，保持竞争力和可持续发展。

2. 定制化与云服务：服务业的新纪元

未来3—5年，制造业的发展将重点聚焦于定制化和云服务，这两大趋势将引领行业进入一个新的时代。定制化的兴起源于消费者需求日益多样化，人们不再满足于大规模生产的标准化产品，而是越来越青睐于能体现个人风格和需求的定制化商品。这一转变要求制造业采用更灵活的生产方式，如模块化设计和灵活制造，以及更高效的数据处理技术，以快速响应市场的多变需求。

与此同时，云服务在制造业的应用日益增多，它通过强大的数据存储和处理能力，为制造企业提供了更高效、更灵活的生产和运营方式。云计算的引入不仅提高了数据处理的速度和效率，还通过云端协作平台促进了全球范围内的资源共享和协作。这为制造企业提供了新的增长机会，尤其是在全球供应链管理和远程运营方面。

此外，随着物联网、人工智能和机器学习等技术的发展，制造业将能够实现更高级别的自动化和智能化。这些技术不仅可以优化生产流程，提高生产效率，还能通过智能数据分析为企业带来更深入的市场洞察，帮助企业更好地理解和满足客户需求。

然而，这些变革也带来了挑战，特别是在技术适应、员工培训和数据安全方面。制造企业需要不断投资于新技术，并确保员工能够适应这些变化。同时，随着大量敏感数据的产生和处理，数据安全和隐私保护也变得至关重要。

未来几年制造业的发展将更加注重技术创新和客户需求的满足。通过采用先进的制造技术和云服务，制造业将能够提供更个性化的产品和服务，同时提高运营效率和市场竞争力。然而，成功实现这一转型也需要企业在技术、人力和策略上做出相应的调整和投入。制造业的数字化转型和定制化趋势预示着服务业进入了一个新的纪元。在这个时代，服务不再是单一、标准化的附属产品，而是变成了一种更加重要的竞争力。数字化和定制化使得制造业能够更加紧密地与服务业融合，提供更加全面和个性化的客户体验。

首先，随着定制化的兴起，客户对于个性化服务的需求不断增长。在制造业中，这意味着企业需要不仅关注产品本身，还要关注提供与产品相关的增值服务。例如，通过数字技术实现的个性化设计服务、定制化的售后维护和客户支持，这些都成为增强客户体验、提升品牌价值的重要方面。其次，云服务的应用在制造业中带来的变革同样影响了服务业。通过云计算，制造企业能够提供基于云的服务，如远程监控、性能分析以及基于数据驱动的咨询服务等。这些服务不仅增加了客户的便利性，还提升了服务的效率和质量。再次，随着制造业的数字化，收集和分析客户数据变得更为容易，这使得企业能够更好地理解客户需求，提供更加精准的定制服务。这种基于数据的服务创新不仅提升了客户满意度，也为企业带来了新的增长机会。

制造业的数字化和定制化趋势正推动服务业进入一个新的纪元，这个时代的服务更加个性化、智能化和高效。这不仅改变了客户的体验方式，也为企业带来了新的商业模式和竞争策略。随着这些趋势的发展，预计服务业将继续演化，为客户和企业带来更多的价值。

定制化在制造业中的兴起

在现代制造业中，定制化已经成为一个重要的发展趋势，它代表了从传统的大规模生产模式向更加灵活和客户导向的生产方式的转变。在过去的几十年里，随着消费者需求的日益个性化和市场竞争的加剧，制造业开始寻求新的方法来满足这些变化。定制化的概念因此应运而生，它允许企业根据每位客户的特定需求定制产品，从而提供更多个性化的选择。

早期的定制化尝试通常面临着成本和效率的挑战，因为传统的生产线和供应链系统并不适应快速变化的个性化需求。然而，随着技术的发展，特别是数字化技术的进步，定制化在制造业中的应用变得更加可行。例如，计算机辅助设计和数字制造技术如3D打印，使得快速生产定制化产品成为可能。同时，数据分析和客户关系管理系统的应用也使得企业能够更有效地收集和分析客户需求。

近年来，随着工业4.0和智能制造的兴起，定制化的概念得到了进一步的扩展。智能工厂通过集成物联网、人工智能和机器学习等技术，能够实现更高度的自动化和数据驱动的决策。这些技术使得制造企业不仅能够提供定制化的产品，还能够提供与之相关的定制化服务，如预测性维护和个性化的客户体验。定制化在现代制造业中的重要性日益凸显。它不仅是企业响应市场变化和满足客户需求的一种方式，也是企业提升竞争力和创新能力的关键。随着技术的不断进步，预计定制化将继续在制造业中发挥重要作用，并可能推动行业朝着更加灵活和智能化的方向发展。

在现代制造业中，定制化的趋势正在迅速兴起，预示着消费者需求和市场竞争力的新局面。随着消费者对个性化和定制产品的需求日益增长，制造业正面临着从大规模、统一生产转向更加灵活和客户导向的生产方式的挑战。2019年，德勤报告指出，超过50%的消费者对个性化或定制产品感兴趣。

在这样的背景下，大规模定制化（mass customization）应运而生，它既保持了大规模生产的低成本优势，又实现了定制化产品的灵活性。这一过程通过集成3D打印、增材制造（AM）、网络化生产和高速数据传输等技术，使得制造企业能够快速响应个性化客户需求，而不会显著增加成本或交付时间。例如，食品和饮料行业中的奥利奥（Oreo）就创造了一个"定制饼干体验"，允许消费者选择不同的颜色、蘸料和糖霜，甚至可以上传照片或文字来个性化他们的饼干。

这种大规模定制化的核心在于赋予消费者参与产品创造过程的能力，并将这种输入整合到大规模生产中。这是通过设计多种可供客户选择添加的功能，或使用客户通过手机测量应用提交的完全原创设计规格来实现的。对制造商而言，大规模定制化正在发挥越来越重要的作用，他们必须制定长期业务策略来应对大规模定制化的需求增长。

随着未来3—5年内的发展，我们可以预见定制化将继续深化制造业的变革。它将结合更先进的技术，如人工智能和物联网，实现更加精细和快速的定制生产。这不仅会提升消费者体验，增强品牌忠诚度和市场认知，还将为制造商提供更高的利润空间。正如Formlabs所述，"大规模定制化将定制产品的灵活性与大规模生产的低单价成本相结合"。通过这样的转变，制造企业能够在保持成本效益的同时，为消费者提供更高价值的产品，从而在竞争激烈的市场中保持竞争力。

云服务在制造业的作用和影响

云服务，作为现代信息技术的核心组成部分，正在深刻地改变着制造业的运作方式。它指的是通过互联网提供的各种服务和资源，包括数据存储、服务器、数据库、网络、软件等。这些服务通常由第三方提供商在远程数据中心中维护，用户可以根据需求通过网络访问。在制造业中，云服务的应用正变得日益重要。它为企业提供了一种更加灵活和成本效益高的方式来管理和处理数据。例如，通过云服务，制造商可以无需昂贵的硬件投资即可快速扩展其IT资源，实现更高效的数据处理和存储。云服务还促进了制造业中的协作和信息共享，使得供应链管理更加透明和高效。

展望未来3—5年，云服务在制造业中的应用预计将更加广泛和深入。随着工业物联网和智能制造的兴起，云服务将成为连接各种生产设备、传感器和系统的重要平台。这将促进实时数据的收集和分析，帮助企业实现更高效的生产过程和更好的决策支持。此外，未来的云服务还将更加注重安全和合规性，特别是在数据安全和隐私保护方面。随着制造业对云服务的依赖日益增加，确保数据安全将成为企业面临的主要挑战之一。因此，云服务提供商将不断提升其安全技术，以满足企业对安全性的高标准要求。云服务将继续在制造业中扮演关键角色，帮助企业提高效率、降低成本并实现更快的市场响应。它将与其他先进技术如人工智能、大数据分析和机器学习相结合，推动制造业向更加智能化和自动化的方向发展。随着技术的不断进步，预计云服务将为制造业带来更多的创新机会和竞争优势。

云服务正在以其独特的方式重塑制造业的运营模式，对成本、效率和灵活性产生显著影响。云制造（CMfg）是工业4.0如何改善资源利用、降低产品成本和增加灵活性的一个典型示例。它通过使资源能够在设施和组织之间高效共享，减少了资本支出，转向按需付费的制造服务。云制造的核心目标是使资源和能力可供按需使用，从而实现共享和高利用率。这是通过智能感测和将资源连接到互联网来实现的。物联网技术将允许资源（如机器、软件和系统）被自动管理和控制，这些资源和能力被有效地虚拟化，因此可以作为制造云服务（MCS）进行访问。用户可以根据自己的精确需求（包括成本、质量和交付时间）搜索服务，并选择不同的制造服务。

从消费者的角度来看，云制造意味着即时报价和无忧供应零部件。例如，可以将CAD模型上传到网站上，几秒钟内就能得到制造它的价格。云计算的一个令人兴奋的方面是，它将更多的制造资源用于原型制作和小批量生产。这将允许设计师和创业者迭代、改进和尝试新想法，这对创造力只会有好处。它还意味着小型企业不会有规模经济的劣势，这应该会驱动更高效的工业经济。虽然云制造仍是一项新兴技术，但一些公司如Protolabs已经提供高度虚拟化的制造服务。我们距离能够访问全球工业共享资源仍然有很长的路要走。但未来，随着技术的进一步发展和应用，预计云服务将在制造业中发挥更大的作用，为企业提供更多的创新机会和竞争优势。

定制化和工业云服务的结合

定制化的兴起源于市场需求的日益多样化。消费者越来越倾向于寻求符合个人喜好和需求的产品，而不再满足于大规模生产的标准化商品。这一趋势迫使制造业从传统的生产方式转变，采用更加灵活的生产策略来适应个性化市场的需求。在这一过程中，云服务发挥了重要作用。它通过提供灵活的数据存储和处理能力，使得制造企业能够高效地管理复杂的订单和生产流程，实现定制化生产的高效率和低成本。

云服务还促进了供应链的整合和优化。在传统的制造模式中，供应链往往是碎片化和难以管理的。而云服务通过提供集中化的平台，使得企业能够实时监控供应链的每一个环节，及时调整生产计划和库存，从而提高供应链的效率和响应能力。此外，云服务还为制造企业提供了大量的数据分析工具。通过分析来自市场和生产过程的大数据，企业能够更准确地预测市场趋势，优化产品设计和生产流程。例如，通过分析消费者的购买行为和反馈，企业可以不断改进产品，更好地满足市场需求。

在实际应用中，许多制造企业已经开始采用定制化和云服务的结合模式。例如，汽车制造商特斯拉就是一个典型的案例。特斯拉通过其云平台收集和分析消费者的使用数据，不断优化其电动车的性能和服务。此外，特斯拉还通过云服务提供个性化的软件更新和维护服务，提高了客户满意度和品牌忠诚度。另一个案例是耐克。作为运动服饰的制造商，耐克通过其在线平台提供定制化的运动鞋和服装。消费者可以通过云平台选择不同的颜色、材料和设计，打造独一无二的产品。耐克还利用云服务收集消费者的反馈和数据，不断改进产品设计和生产流程。

当前，定制化和云服务的结合正在为制造业带来革命性的变革。这一趋势不仅优化了生产流程，还重塑了企业与客户的互动方式。定制化和云服务的结合为制造业带来了巨大的优势。它不仅提高了生产效率和灵活性，还增强了企业对市场变化的响应能力。随着技术的不断进步，预计未来这一趋势将进一步加强，为制造业带来更多的创新机会和竞争优势。定制化与云服务的结合不仅在制造业中带来了变革，也正在推动服务业模式的创新。这种结合通过提供更加个性化和高效的服务，改变了企业与客户之间的互动方式，开辟了服务业新的增长路径。

首先，定制化和云服务的结合使得服务更加个性化和客户导向。云平台可以收集和分析大量的客户数据，包括购买历史、偏好设置和行为模式，从而帮助企业更好地理解每位客户的独特需求。基于这些洞察，服务提供商能够提供量身定制的解决方案，无论是在零售、金融服务还是健康护理等行业。例如，金融服务行业中，银行和保险公司正在利用云服务提供更加个性化的财务规划和风险管理咨询，使得客户能够享受更加私人定制化的服务体验。

其次，云服务的引入大大提高了服务交付的效率和灵活性。云计算的高速数据处理和存储能力使得服务供应商能够快速响应客户需求，同时降低了运营成本。例如，在零售行业中，云服务使得零售商能够实时跟踪库存和销售趋势，快速调整供应链，以更有效地满足客户需求。此外，云服务还支持远程工作和虚拟服务的提供，这在疫情期间尤为重要，帮助服务业在保持社交距离的同时继续运营。

再次，定制化和云服务的结合还促进了新的服务模式和商业模型的创新。例如，健康护理行业中的远程医疗服务就是一个典型例子。通过云平台，医疗提供商能够提供远程诊断和咨询服务，患者可以在家中通过智能设备接受医疗服务。这种模式不仅提高了医疗服务的可及性，还降低了成本，同时提供了更加个性化的医疗体验。

定制化和云服务通过提供更加个性化、高效和灵活的服务，定制化和云服务的结合为服务业带来了深刻的影响，不仅满足了客户日益增长的需求，也推动了服务业模式的创新。随着技术的持续发展，预计这种结合将继续推动服务业的变革，为企业和客户带来更多的价值。

技术驱动的服务业模式

技术的进步正在推动服务业的深刻转型，特别是在客户体验和服务提供方面。在这个以技术驱动的时代，各种创新技术，如人工智能、大数据、云计算、物联网和移动技术，正在重塑服务业的运作方式和服务模式。人工智能和机器学习的应用正在改变客户体验的本质。人工智能技术使得企业能够通过数据分析和学习算法提供更加个性化的服务。例如，在零售业中，人工智能可以帮助企业通过分析消费者的购买历史和偏好，提供定制化的购物建议和个性化的营销信息。在金融服务业中，人工智能正在被用于提供个性化的财务建议和风险评估。这种高度个性化的服务不仅提升了客户满意度，还增强了品牌忠诚度。

大数据和云计算的结合为服务业提供了强大的数据处理能力。通过收集和分析来自各种渠道的大量数据，服务提供商能够获得深入的市场洞察和消费者行为理解。这些洞察使得企业能够更好地预测市场趋势，优化服务设计和交付，从而提供更高质量的服务。云计算还为企业提供了灵活的数据存储和处理能力，使得企业能够快速扩展或调整服务，以适应市场变化。物联网技术正在改变服务行业的服务交付方式。在健康护理行业中，物联网设备使得远程监控和远程医疗成为可能，患者可以在家中接受持续的健康监测和医疗咨询。在零售业中，物联网技术正在被用于优化库存管理和物流，确保商品及时补充和快速交付。

移动技术的广泛应用也在推动服务业的转型。智能手机和移动应用使得消费者能够随时随地访问服务，提高了服务的可及性和便利性。这种"随需应变"的服务模式使得企业能够更快地响应客户需求，提供更加及时和方便的服务。技术正在推动服务业的转型，特别是在客户体验和服务提供方面。通过采用先进的技术，服务业不仅能够提供更加个性化和高质量的服务，还能够更快速和灵活地响应市场变化。随着技术的持续发展，预计服务业将继续经历深刻的变革，为客户带来更多的价值。

随着技术的发展和新服务模式的兴起，传统服务业正面临着前所未有的影响和挑战。这些变化不仅在推动服务业向更高效、更智能的方向发展，同时也为传统服务提供商带来了一系列的适应和转型的压力。其中最大影响之一是客户期望的提升。随着人工智能、大数据、物联网等技术的应用，客户开始期待更高水平的个性化和便捷性。例如，在零售行业中，消费者现在期望能够随时随地通过移动设备浏览和购买产品，并希望获得与在线购物体验类似的个性化推荐和服务。这种变化迫使传统零售商不仅要优化线下购物体验，还需要建立有效的在线平台和数据分析能力。

新服务模式肯定是会加剧了市场竞争。随着技术的普及，越来越多的初创企业和非传统服务提供商进入市场，提供创新的服务和解决方案。这些新兴企业通常具有更强的技术驱动和更快的创新速度，为消费者提供了更多选择。这对传统服务提供商而言是一个巨大的挑战，他们不仅要应对来自新兴竞争者的压力，还需要不断创新和改进，以维持市场竞争力。

同时，技术的发展也给传统服务业带来了一系列运营和管理上的挑战。例如，云服务和物联网技术的应用需要企业拥有相应的技术能力和基础设施。这可能需要企业进行大规模的技术升级和员工培训，以确保能够有效利用新技术。同时，数据安全和隐私保护也成为一个重要问题。随着大量敏感数据的产生和处理，保护这些数据免受泄露和滥用是企业面临的重要挑战。总而言之，技术驱动的新服务模式正在深刻影响传统服务业。它不仅提升了客户期望，加剧了市场竞争，还给企业运营和管理带来了新的挑战。传统服务提供商需要不断适应和创新，才能在这个快速变化的市场中保持竞争力。随着技术的持续发展，预计这种影响和挑战将继续存在，甚至可能加剧。

在当前的商业环境中，制造企业通过实施定制化和云服务创新来提升运营效率和客户体验的案例不少。一个著名的案例是德国的汽车制造商宝马公司。宝马公司利用云技术和高度定制化的生产流程来满足消费者对个性化汽车的需求。通过其在线配置工具，客户可以从数百种选项中选择，定制他们的汽车，从车身颜色到内饰设计。这些信息随后被上传至宝马的云平台，在那里数据被分析并用于指导生产过程。通过这种方式，宝马不仅提高了生产效率，还能够提供独特的客户体验，加强品牌忠诚度。还有另一个案例是耐克，这家运动鞋和服装制造商通过其"NIKEiD"服务提供定制化产品。消费者可以在网上设计自己的运动鞋，选择不同的样式、颜色和材料。耐克利用云计算技术来处理这些定制订单，并确保生产过程的高效运行。这种个性化服务不仅加强了耐克与消费者之间的互动，也增加了产品的附加值。

在家具行业，宜家也在尝试通过云服务和定制化来提升客户体验。宜家的在线规划工具允许客户在虚拟环境中设计他们的房间布局，并根据个人喜好选择家具。这些数据被存储在云端，以便在宜家的实体店中为客户提供更加个性化的购物体验。这种整合线上线下的体验，不仅为宜家创造了新的销售机会，也提升了客户满意度。在较小规模的企业中，如定制化礼品制造商，云服务和定制化同样发挥着重要作用。这些企业通过云平台收集客户的定制需求，如刻字、特殊设计或独特材料的选择，然后将这些需求快速转化为生产指令。云技术的应用使得这些小企业能够以低成本高效地管理订单和生产过程，同时提供高度个性化的产品。

这些案例展示了定制化和云服务如何帮助制造企业在竞争激烈的市场中脱颖而出。通过这些技术的应用，企业不仅能够更好地满足消费者的个性化需求，还能提高生产效率和降低成本。随着技术的不断进步，预计越来越多的制造企业将采用类似的策略，以适应不断变化的市场需求。

从业务流程的角度来看，定制化和云服务的结合为这些企业带来了显著的流程优化和效率提升。宝马通过云平台的应用，能够更有效地处理客户的个性化需求，将这些需求快速转化为生产指令，显著缩短了从设计到生产的周期。同样，耐克的"NIKEiD"服务通过数字化的定制流程，简化了从订单接收到生产的过程，提高了运营效率。宜家则通过整合在线规划工具和实体店体验，优化了客户购物流程，提高了整体运营效率。

在客户满意度方面，定制化和云服务的应用同样取得了显著成效。这些企业通过提供个性化的产品和服务，成功地满足了消费者对独特性和个性化的需求，从而增强了客户的购买体验和满意度。例如，耐克的定制鞋服务允许消费者参与到设计过程中，增加了产品的附加价值和吸引力。宜家的在线规划工具则为消费者提供了更加便捷和个性化的购物体验，增强了客户对品牌的好感和忠诚度。从市场影响的角度来看，这些企业通过定制化和云服务的应用，在市场上取得了显著的竞争优势。定制化产品的提供使得这些品牌能够更好地区分于竞争对手，吸引更多寻求独特体验的消费者。云服务的运用则提高了企业的市场响应速度和灵活性，使它们能够更快速地适应市场变化和客户需求，从而在竞争激烈的市场中保持领先地位。

定制化和云服务的结合为这些制造企业带来了业务流程的显著优化、客户满意度的大幅提升和市场竞争力的增强。随着技术的持续发展和消费者需求的不断变化，预计这种趋势将继续在制造业中发挥重要作用，为企业带来更多的创新机会和竞争优势。

未来趋势与挑战：定制化、云服务引领的制造业与服务业革新

制造业与服务业的未来图景

在未来3—5年中，定制化和云服务在制造业和服务业中的应用预计将继续增长，推动这两个行业的重大变革。这些变革将不仅影响产品的生产和交付方式，还将改变企业与客户之间的互动和服务提供模式。

在制造业中，定制化将继续扩大其影响范围。随着消费者对个性化产品的需求日益增长，制造商将更加注重利用数字技术来满足这些需求。这意味着从设计和原型制作到最终生产的整个流程将变得更加灵活和快速。技术如3D打印和机器人自动化将在实现高效、低成本的个性化生产方面发挥关键作用。同时，随着大数据和人工智能技术的进一步发展，制造企业将能够更准确地预测市场趋势和消费者偏

好，从而提前调整生产计划和产品设计。

云服务在制造业中的应用也将进一步深化。云平台将成为支持制造业数字化的主要工具，帮助企业有效管理供应链、优化生产流程、降低成本并提高市场响应速度。特别是在工业物联网的推动下，云服务将成为连接设备、收集数据和实施智能分析的关键平台。这将使制造商能够实时监控生产过程，及时发现和解决问题，从而提高生产效率和产品质量。

在服务业中，定制化和云服务的结合将引领新一轮的服务创新。随着云技术的发展，服务提供商将能够提供更加多样化和个性化的服务。例如，在零售和医疗行业中，企业将利用云服务收集和分析客户数据，以提供更加精准和个性化的服务。此外，随着移动技术和社交媒体的发展，服务业将越来越多地采用线上线下结合的服务模式，提供无缝的客户体验。

面临的挑战与应对策略

未来几年中，定制化和云服务将成为驱动制造业和服务业发展的主要趋势。这些趋势不仅会提高生产效率和服务质量，还将为企业和客户带来更多的价值。随着技术的不断进步和市场需求的变化，预计制造业和服务业将继续经历深刻的变革，以适应这个快速发展的数字化时代。面对定制化和云服务在制造业与服务业中的快速发展，企业同时也面临着一系列挑战，这些挑战需要通过创新和策略调整来应对。

技术更新本身是一个重大挑战。随着技术的快速发展，企业需要不断更新其技术基础设施以保持竞争力。这涉及大量的资本投资和持续的技术学习。例如，在制造业中，采用最新的3D打印技术和自动化设备需要昂贵的前期投资以及对工作流程的重大调整。同时，企业还必须确保员工能够掌握这些新技术，这需要系统性的培训和教育。技术更新不仅是资金和资源的问题，更是企业文化和组织结构的挑战。数据安全成为另一个关键挑战。随着云服务的普及，企业越来越多地依赖于云平台来存储和处理数据。这使得数据安全问题变得尤为重要。企业需要确保其云服务提供商能够提供强大的数据保护措施，以防止数据泄露和黑客攻击。同时，随着数据隐私法规的日益严格，企业还必须确保其数据处理活动符合相关法律法规。这不仅涉及技术措施，还包括合规性管理和风险评估。

行业规范也是一个重要挑战。随着定制化和云服务的应用日益广泛，行业内对这些新服务模式的规范和标准还不够成熟。企业需要在没有明确标准的情况下探索和实践，这增加了业务运营的不确定性和风险。企业需要与行业协会、政府机构和其他利益相关者合作，共同制定行业标准和最佳实践，以促进整个行业的健康发展。尽管定制化和云服务为制造业和服务业带来了巨大的机遇，但企业在享受这些技术红利的同时，也需要应对技术更新、数据安全和行业规范等一系列挑战。这些挑战需要企业采取综合性的策略来应对，包括投资于新技术、加强数据安全和隐私保护措施，以及积极参与行业规范的制定。只有这样，企业才能在这个快速变化的时代中保持竞争力并实现可持续发展。

定制化和云服务的结合正共同开启着服务业的新纪元，这一纪元的核心在于提供更加个性化、高效和灵活的服务。这些技术的融合不仅改变了服务的提供方式，也重塑了消费者的期望和体验。在个性化方面，定制化为消费者带来了前所未有的服务体验。消费者现在可以根据个人的需求和偏好定制服务，从而获得更加满意和贴合个人需求的体验。例如，定制化的健康护理计划、个人化的金融投资建议、甚至是按照个人口味定制的饮食服务，这些都是定制化在服务业中应用的实例。消费者的这些个性化需求通过云服务得以实现，云平台的强大数据处理和分析能力使得服务提供商能够更准确地理解和满足个别客户的需求。

云服务在提高服务效率和灵活性方面也起到了关键作用。云计算提供的强大数据存储和处理能力，使得服务提供商能够快速响应市场变化和客户需求。此外，云平台支持的远程服务模式，使得服务不再受地理位置的限制，消费者可以随时随地享受到高质量的服务。这在疫情期间尤其显著，许多服务业务如在线教育、远程医疗和在线娱乐等，都依赖于云服务实现远程服务的提供。

此外，定制化和云服务的结合还推动了服务业模式的创新。在这个新纪元中，服务业不再仅仅是提供标准化的服务，而是变得更加动态和创新。服务提供商正在利用这些技术探索新的商业模型和服务模式，如基于订阅的服务、按需服务和集成化服务等。这些新模式不仅为消费者带来了更多选择和便利，也为服务提供商创造了新的增长机会。定制化和云服务的结合正在开启服务业的新纪元。在这个新纪元中，服务变得更加个性化、高效和灵活，服务提供模式也更加多样化和创新。随着技术的不断发展和消费者需求的不断变化，预计这些趋势将继续推动服务业的发展，为消费者和企业带来更多的价值。

适应与创新：持续成功的关键

在实现长期成功的道路上，持续创新和适应市场变化是至关重要的。随着全球经济环境的快速变化和技术的不断进步，企业面临着前所未有的挑战和机遇。在这样的环境中，只有那些能够不断创新和迅速适应市场变化的企业才能保持竞争力，并实现持续的增长和发展。

持续创新不仅意味着开发新产品或服务，更关键的是要不断改进现有的业务流程、管理方式和市场策略。这种创新可以来自对新技术的应用，也可以来自对市场需求和消费者行为的深入理解。例如，数字化和数据驱动的决策正在变得越来越重要，企业需要利用这些新技术来优化运营效率，提升产品质量，同时提供更加个性化的客户体验。

同时，适应市场变化也是实现长期成功的关键。市场环境和消费者需求是不断变化的，企业需要快速响应这些变化，调整其产品、服务和战略。这不仅要求企业具有灵活的运营模式，还需要具有前瞻性的市场洞察力。例如，随着环境保护和可持续发展成为全球趋势，那些能够提供绿色和可持续产品的企业将更有可能获得市场青睐。

总之，持续创新和适应市场变化是实现长期成功的两大关键因素。在这个快速变化的时代，企业需要不断寻求创新，同时保持对市场趋势的敏感和响应能力。通过这种方式，企业不仅能够在激烈的市场竞争中保持领先地位，还能够驱动行业的持续发展和进步。

3. 数字营销：触达客户的新途径

制造业的传统营销方式，长期以来一直是企业与市场之间沟通的主要手段。这些传统方法包括广告、销售代表推广、参加贸易展会、直邮营销等。虽然这些方式曾在某个时期非常有效，但随着市场环境和消费者行为的变化，它们的局限性逐渐显现。

传统营销方式往往依赖于广泛的市场推广和一般化的信息传播。例如，通过电视、广播或印刷媒体发布的广告，旨在触及尽可能多的潜在客户。然而，这种方式缺乏针对性，很难满足市场日益个性化的需求。广告信息往往是标准化的，不能有效地针对不同客户群体的具体需求和偏好进行定制化沟通。其次，传统的营销方式通常成本较高，尤其是对中小型制造企业来说。例如，参加国内外的贸易展会不仅需要昂贵的参展费用，还包括旅行、住宿和物料制作等成本。而且，展会的效果往往难以量化，投资回报率（ROI）不明确。

随着数字化时代的到来，消费者获取信息的方式发生了巨大变化。越来越多的消费者倾向于在线获取产品信息和做出购买决策。这使得传统营销方式，如直邮和电话直销，越来越难以触及目标客户。这些方式不仅效果逐渐下降，而且可能对品牌形象产生负面影响。传统营销方式在反馈和数据分析方面存在局限。这些方法很难提供关于市场反应和消费者行为的即时和精确数据，这对于企业及时调整市场策略和优化产品开发至关重要。缺乏有效的数据分析，使得企业难以准确评估营销活动的效果，从而影响决策的制定。

尽管传统营销方式曾在制造业中发挥重要作用，但在当前的市场环境中，它们正面临着日益增长的局限性。随着消费者行为的变化和数字技术的发展，制造业需要探索更加现代化和高效的营销策略，以适应不断变化的市场需求。随着数字技术的迅猛发展，数字营销为制造业带来了新的机遇和挑战。这种营销方式利用互联网、社交媒体、大数据分析等现代技术，为企业提供了与传统营销截然不同的市场接触和客户互动方式。

数字营销的最大机遇在于其精准性和可度量性。通过在线广告、搜索引擎优化（SEO）、社交媒体营销等方式，制造企业能够精准地定位目标客户群体，根据用户的在线行为和偏好提供个性化的营销信息。例如，利用社交媒体广告，企业可以根据用户的年龄、兴趣、地理位置等因素，向特定的受众群体展示其产品和服务。这种精准的市场定位不仅提高了营销活动的效果，也显著降低了营销成本。另一个重要优势是其互动性和即时性。通过社交媒体和电子邮件营销等渠道，企业可以与客户进行实时互动，及时回应客户的查询和反馈，从而建立更紧密的客户关系。这种即时反馈机制还为企业提供了宝贵的市场洞察，帮助企业及时调整产品和营销策略。

然而，数字营销也带来了一系列挑战。首先是技术挑战。数字营销需要企业掌握一系列数字技术和工具，如内容管理系统、数据分析软件和在线广告平台等。对于那些缺乏这些技术能力的企业来说，这是一个不小的挑战。其次，数字营销领域的快速变化也要求企业不断学习和适应新的趋势和工具。数据安全和隐私保护是另一个重要挑战。在收集和分析客户数据的过程中，企业必须确保遵守数据保护法规，保护客户的隐私。任何数据泄露或隐私侵犯事件都可能严重损害企业的声誉和客户信任。

面对日益激烈的数字营销竞争，企业需要不断创新和差异化。在信息过载的数字环境中，如何让品牌和信息脱颖而出，成为制造企业面临的一大挑战。这不仅需要创意的营销策略，还需要持续的内容创新和优质的客户服务。数字营销为制造业带来了前所未有的市场机遇，同时也提出了新的挑战。制造企业需要不断适应数字时代的变化，有效利用数字技术提升营销效果，同时确保数据安全和隐私保护，以实现在数字时代的长期成功。

制造业的市场环境变化

随着数字化时代的到来，制造业的市场环境正在经历深刻的变化。这些变化不仅影响了企业的运营方式，也重塑了市场竞争的格局。未来几年，我们可以预见这些趋势将继续发展，进一步影响制造业的市场环境。

数字化技术的发展正在改变制造业的生产和运营模式。过去，制造业依赖于大规模、标准化的生产流程。然而，随着数字化技术的应用，如工业物联网、大数据分析和人工智能，制造过程变得更加智能和灵活。这些技术使得企业能够实时监控生产过程，快速响应市场变化，提高生产效率和产品质量。未来，我们可以预见，数字化技术将进一步融入制造业的各个环节，推动行业向智能制造和个性化生产的方向发展。

消费者行为的变化也正在影响制造业的市场环境。随着消费者越来越多地利用数字渠道获取信息和进行购买决策，他们对产品的要求也越来越高。消费者不仅期望获得高质量的产品,还希望获得个性化和定制化的服务。这种变化迫使制造企业不仅要关注产品的质量和成本,还要关注如何通过数字渠道与消费者互动,提供个性化的服务体验。

数字化也带来了新的市场竞争形式。随着数字技术的普及,越来越多的初创企业和非传统竞争者进入制造业市场。这些企业通常具有较强的数字化能力,能够快速推出创新的产品和服务,对传统制造企业形成挑战。未来,市场竞争将更加激烈,创新能力将成为企业竞争的关键因素。随着全球化和数字化的深入发展,制造业的供应链也变得更加复杂和动态。企业需要管理来自全球的供应商和合作伙伴,同时应对各种市场风险和不确定性。数字化技术,如云计算和区块链,将在供应链管理中发挥重要作用,帮助企业提高供应链的透明度和效率。

随着数字化技术的发展,制造业的市场环境正在发生深刻变化。企业需要适应这些变化,利用数字化技术提高运营效率,提供个性化的服务,同时加强创新能力和供应链管理,以应对日益激烈的市场竞争。

制造业的市场环境随着数字化的演变正面临前所未有的转型,这些变化正促使制造业企业转向数字营销。在数字化时代,传统的营销方法已不足以满足市场的需求,数字营销成为企业连接消费者、提升市场竞争力的关键策略。消费者行为的变化是驱动制造业企业转向数字营销的主要因素之一。随着互联网和移动设备的普及,消费者越来越倾向于在线搜索产品信息、阅读用户评价、比较价格并进行在线购买。这种行为的改变要求制造业企业建立强大的在线存在感,利用数字平台如公司网站、社交媒体和电子商务渠道与消费者互动,推广产品和服务。

数字化技术的发展为制造业提供了更高效和成本效益的营销工具。通过数字营销，如搜索引擎优化（SEO）、内容营销、社交媒体广告和电子邮件营销等，企业可以更精准地定位目标客户群体，根据用户的在线行为和偏好提供定制化的营销信息和互动体验。与传统营销相比，这些方法不仅成本更低，而且效果更易于量化和优化。市场竞争的加剧也迫使制造业企业采用数字营销策略。随着更多创新和敏捷的竞争者进入市场，传统制造业企业面临着日益激烈的竞争。数字营销允许企业快速响应市场变化，灵活调整营销策略，有效地与竞争对手进行竞争。通过数字化工具和平台，企业可以更快地推出营销活动，迅速反应市场反馈，持续优化营销策略。同时，数字化的发展还带来了更多的数据和洞察，帮助企业做出更加数据驱动的决策。通过收集和分析来自数字营销活动的数据，制造业企业可以更好地了解消费者需求和行为，优化产品开发和市场策略，提升营销投资的回报率。

市场环境的数字化演变不仅改变了消费者行为，也提供了新的营销工具和策略，这些变化正促使制造业企业从传统营销转向数字营销。通过采用数字营销策略，制造业企业能够更有效地与消费者沟通，提升市场竞争力，实现长期的商业成功。随着数字技术的不断进步和市场的持续变化，数字营销将成为制造业企业不可或缺的营销策略。

数字营销在制造业的应用

适应数字化时代的制造业面临着重新定义其营销策略和工具的挑

战。在未来3—5年内，预计会有一系列创新的数字营销工具和方法的出现，这些将为制造业提供新的机遇。

B2B营销平台正成为制造业中的一个重要工具。这类平台允许制造企业直接与其他企业客户进行互动，展示他们的产品和服务。这些平台通常提供高度定制化的内容和个性化的用户体验，使得企业能够更有效地传达其价值主张和解决方案。例如，平台如阿里巴巴的1688和亚马逊商业等，提供了一个广阔的市场，供制造商展示他们的产品，同时还提供数据分析和客户关系管理工具。工业产品在线展示正变得越来越重要。随着虚拟现实和增强现实技术的发展，制造企业可以创建互动和沉浸式的产品展示。这些技术使潜在客户能够在虚拟环境中体验产品，了解其功能和优势，甚至在购买前进行定制。这种展示方式不仅更具吸引力，而且提供了一种更加深入和个性化的了解产品的方式。

内容营销也是制造业数字营销的关键组成部分。通过创建有价值的内容，如技术白皮书、案例研究、博客文章和教育视频，企业可以展示其专业知识和行业领导地位。这种策略不仅有助于建立品牌权威，也有助于在搜索引擎中获得更高的排名，吸引更多潜在客户。社交媒体营销正在为制造业提供新的机会。通过利用LinkedIn（领英）、Facebook和X等平台，制造企业可以与目标受众建立联系，分享行业洞察和公司新闻，同时参与行业对话。随着社交媒体算法的进步和人工智能的应用，未来这些平台将提供更多个性化的营销机会。

未来几年，我们还可以预期看到基于人工智能的营销自动化工具的兴起。这些工具将使制造企业能够更精准地定位目标市场，自动化个性化的营销活动，并实时调整策略以优化营销效果。数字营销策略和工具的发展正在为制造业带来新的机遇。从B2B营销平台到虚拟现实/增强现实产品展示，再到内容营销和社交媒体策略，制造业正在逐步适应数字时代的需求。随着技术的不断发展，预计未来将出现更多创新的工具和方法，帮助制造业企业在竞争激烈的市场中取得成功。

定制化和客户关系管理

在当前的商业环境中，数字技术正在彻底改变制造企业的运营方式。特别是在实现产品定制化和提升客户关系管理方面，数字技术发挥着至关重要的作用。主流咨询公司如麦肯锡、德勤和波士顿咨询集团等，都对这一转变提供了深入的见解和分析。

数字技术使得产品定制化成为可能，甚至在传统的批量生产型制造业中也是如此。通过运用先进的数据分析和生产技术，如3D打印和自动化机器人，企业能够在保持高效生产的同时，灵活应对个性化的市场需求。这种技术的应用使得从设计到生产的过程变得更加快速和成本效率，允许制造商提供更广泛的产品定制选项。例如，麦肯锡的报告指出，通过集成数字技术，制造企业能够缩短产品开发周期，提升对市场变化的响应速度。在客户关系管理方面，数字技术提供了强大的工具，帮助企业更好地理解和满足客户需求。客户关系管理系统（CRM）能够收集和分析大量的客户数据，包括购买历史、偏好和反馈信息。这些信息可以用来定制营销信息，改进产品设计，甚至预测未来的市场趋势。德勤在其报告中强调，数字化CRM系统是构建长期客户关系和提高客户满意度的关键。

此外，社交媒体和在线平台的兴起也为制造企业提供了新的客户互动和服务渠道。这些平台不仅是推广产品的工具，更是与客户进行沟通和建立关系的渠道。通过社交媒体监听和在线客服，企业能够及时回应客户的问题和需求，从而增强客户忠诚度和品牌声誉。波士顿咨询集团的研究指出，社交媒体为制造企业提供了一种低成本且高效的方式，以增加品牌可见性和改善客户体验。数字技术正成为推动制造企业实现产品定制化和改善客户关系管理的重要驱动力。主流咨询公司的研究和报告表明，通过有效利用这些技术，企业不仅能够提供更符合市场需求的产品，还能够建立更紧密的客户关系，提高市场竞争力。随着数字化时代的深入发展，这些技术和策略将继续对制造业产生深远的影响。

在数字化时代，制造企业正通过数字渠道来推广和销售定制化产品，这种做法正在重塑传统的营销和销售策略。数字渠道的使用不仅提升了产品的市场可见性，还增强了客户参与和互动，为定制化产品创造了新的销售机遇。社交媒体平台成为推广定制化产品的重要工具。通过在社交媒体上发布定制产品的案例、客户评价和互动内容，企业能够吸引潜在客户的注意，并建立品牌的情感联系。例如，企业可以在 Instagram、Pinterest 或 Facebook 上展示其定制化产品的独特性和应用案例，利用视觉效果吸引目标客户群体。此外，社交媒体还提供了与客户直接互动的机会，企业可以通过这些平台回答客户的询问，收集反馈，甚至直接进行销售。

公司网站和电子商务平台是定制化产品销售的重要渠道。通过整合配置工具和在线订单系统，制造企业能够提供个性化的购物体验。客户可以在企业的网站上根据自己的需求和偏好设计产品，并直接下单购买。这种直接的在线销售模式不仅方便了客户，也减少了企业的销售成本。例如，一些高端制造企业通过其网站提供完全定制化的产品设计和订购服务，允许客户从材料选择到设计细节进行个性化定制。数字营销工具如搜索引擎优化和在线广告也在定制化产品的推广中扮演重要角色。通过优化网站内容和使用关键词策略，企业能够提高其网站在搜索引擎中的排名，吸引更多潜在客户的访问。同时，通过在线广告平台，如谷歌广告和Facebook广告，企业可以将其定制化产品推广给特定的目标客户群体。电子邮件营销仍然是一个有效的工具，尤其是在维护客户关系和推广新产品方面。通过发送定制化的邮件内容，企业可以向现有客户推介新的定制化产品，提供特别优惠和更新信息。这种直接的沟通方式有助于提高客户忠诚度，并刺激重复购买。

通过利用社交媒体、公司网站、在线广告和电子邮件等数字渠道，制造企业能够有效地推广和销售定制化产品。这些渠道不仅提高了产品的市场可见性，还增强了与客户的互动和参与度，为定制化产品创造了新的销售机会。随着技术的发展和消费者行为的变化，预计数字渠道在推广和销售定制化产品方面将继续发挥重要作用。

制造业数字营销案例研究

制造业在实施数字营销方面的成功案例提供了值得学习的经验。这些案例展示了如何通过创新的数字策略，结合行业特点，实现品牌形象提升和销售增长。卡特彼勒（Caterpillar）作为一家重型机械和工程设备制造商，卡特彼勒采用了一系列数字营销策略来提升其品牌形象和市场占有率。公司通过其官方YouTube频道发布了一系列创意视频，展示其产品的强大性能和多样化应用场景。这些视频以讲故事的方式呈现，既有趣又信息丰富，成功吸引了大量观众，并通过社交媒体分享迅速传播。此外，卡特彼勒还利用社交媒体平台与客户互动，发布最新产品信息，收集客户反馈，增强品牌的互动性与亲和力。

再来看看博世（Bosch），这家全球领先的工程和电子产品制造商，通过数字化转型，实现了与客户的更紧密联系。博世利用增强现实技术为其产品提供互动式的演示，使客户能够在虚拟环境中体验产品的功能。这种创新的展示方式不仅提高了客户的参与度，也帮助客户更好地理解产品的优势。此外，博世还运用大数据和人工智能技术来分析市场趋势和消费者行为，优化其产品和营销策略。通用电气也是数字营销的一个成功案例。通用电气通过其"GE Reports"博客分享行业洞察、技术创新和公司新闻，吸引了大量行业专业人士和技术爱好者的关注。这个平台不仅展示了通用电器在技术和创新方面的领导地位，还为公司与潜在客户和合作伙伴建立了一个沟通渠道。此外，通用电器在Instagram等社交媒体平台上的活动也非常活跃，通过分享高质量的图片和视频，展示其产品和服务的广泛应用，提升了品牌的可见性和吸引力。

这些案例表明，制造业企业通过利用数字营销工具和策略，能够有效地提升品牌形象，增强与客户的互动，同时推动销售增长。随着数字技术的不断发展和市场竞争的加剧，数字营销将继续成为制造业企业实现商业成功的关键策略。

从卡特彼勒、博世到通用电气的数字营销案例中，我们可以看到一系列共通的策略、面临的挑战以及实现成功的关键因素。策略方面，这些公司都充分利用了数字媒体的力量来提升品牌形象和市场影响力。卡特彼勒通过YouTube频道的创意视频，成功展示了产品的性能和应用，同时以讲故事的形式吸引观众，这种策略既增加了品牌的可见性，也提升了产品的吸引力。博世利用增强现实技术提供互动式产品展示，通过技术创新强化客户体验。通用电气的"GE Reports"

博客则展示了公司在技术和创新方面的深度，同时建立了与行业专业人士和技术爱好者的联系。

挑战方面，这些公司在实施数字营销策略时面临着多方面的挑战。首先是内容的创造和维护。制造业的产品和服务通常是技术性较强，因此创造吸引人且易于理解的内容是一大挑战。此外，保持与快速发展的数字营销趋势同步，也是企业必须应对的挑战。最后，量化数字营销的效果和投资回报率，对于很多企业来说也是一项挑战。

成功因素方面，首先是创新性和创意。无论是通过视频、增强现实技术还是博客，这些公司都在寻找新颖的方式来展示他们的产品和品牌故事。其次是目标定位的准确性。这些企业都能精准地识别并定位到他们的目标受众，确保营销信息的相关性和吸引力。再次，强大的品牌故事和情感联结也是成功的关键。通过讲述品牌故事，这些企业成功地与消费者建立了情感联系，提升了品牌忠诚度。通过创新性的内容、精准的目标定位和强大的品牌故事，卡特彼勒、博世和通用电气在数字营销领域取得了成功。这些案例为制造业提供了宝贵的经验，显示出在数字时代，创新和对目标受众的深刻理解是实现营销成功的关键。同时，它们也展示了面对技术变革和市场竞争，不断适应和创新的重要性。

面临的挑战和策略

在实施数字营销的过程中，制造业面临着一系列特殊的挑战，这些挑战源自行业的特点和数字营销环境的复杂性。技术整合是一个重大的挑战。制造业企业通常已有一套成熟的生产和运营系统，将这些系统与最新的数字营销技术整合起来，往往需要克服技术兼容性和数据整合的难题。例如，企业需要确保其生产系统中的数据能够无缝地与客户关系管理系统、电子商务平台和其他数字营销工具相结合。这种整合不仅涉及技术层面的挑战，还包括组织流程和管理的调整。

产业特定的法规遵守也是一个挑战。制造业中的某些领域，如医疗设备、航空航天和汽车，受到严格的行业规范和法律法规的约束。这些规定可能会限制数字营销活动的范围，特别是在产品信息披露和广告内容方面。企业在设计和实施数字营销策略时，需要确保所有的活动都符合行业标准和法规要求。制造业产品的复杂性和技术性也给数字营销带来挑战。相较于消费品，制造业的产品往往更加复杂，涉及专业知识和技术细节。在数字平台上有效地展示这些产品的特点和优势，同时确保信息的准确性和易于理解，是一个不小的挑战。企业需要找到恰当的方式，将技术性内容转化为吸引普通消费者或非专业买家的营销信息。

面对全球化市场，文化差异和多语言问题也是制造业在实施数字营销时需要考虑的。企业需要制定符合不同市场和文化背景的营销策略，同时提供多语言支持，以确保在不同地区的有效沟通和营销。衡量数字营销效果和投资回报率也是一个挑战。由于制造业的销售周期往往较长，且影响购买决策的因素较多，因此确定数字营销活动的具体效果和对销售的直接贡献往往较为困难。企业需要建立一套有效的数据分析和评估体系，以准确衡量数字营销的成效。制造业在实施数字营销过程中所面临的特殊挑战，要求企业在技术整合、法规遵守、内容传递、文化适应和效果评估等方面进行创新和调整。只有通过综合考虑这些因素，制造企业才能在数字时代成功实施有效的营销策略。

面对数字营销过程中的特殊挑战，制造业企业可以采取一系列有效策略来应对这些问题,确保数字营销活动的成功。

第一,针对技术整合的挑战,企业应该寻求专业的技术支持和咨询服务。可以考虑与有经验的IT和数字营销服务提供商合作,利用他们的专业知识和经验,来帮助解决技术整合中的问题。同时,企业应建立跨部门的协作团队,包括IT、营销、销售和产品开发部门,确保技术整合过程中不同部门的需求和目标得到充分考虑和协调。

第二,在面对产业特定法规的挑战时,企业应该加强对相关法规的了解和遵守。可以考虑聘请行业法规专家,或与法律顾问合作,确保所有的数字营销活动都符合行业规范和法律要求。此外,企业还应定期对员工进行培训,提高他们对行业法规的认识和遵守意识。

第三,对于产品复杂性和技术性的问题,制造业企业可以采用简化和可视化的方法来传递信息。例如,通过制作高质量的视频、图表和动画,将复杂的技术信息转化为易于理解的内容。同时,企业还可以利用案例研究和客户故事,来展示产品的实际应用和价值,使内容更加生动和有说服力。

第四,在应对全球化市场的挑战时,企业应该考虑到不同市场的文化差异和语言需求。这意味着企业需要制定定制化的营销策略,以满足不同市场的特定需求。同时,企业应提供多语言版本的营销材料和网站内容,确保在不同地区的有效沟通。

最后,为了更好地衡量数字营销的效果,企业应建立一套全面的数据分析和评估体系。这包括追踪和分析关键绩效指标(KPIs),如网站流量、点击率、转化率和社交媒体互动情况等。同时,企业还应定期进行市场调研和客户反馈收集,以评估数字营销活动对品牌认知和客户满意度的影响。

总之,通过采取上述策略,制造业企业可以有效地应对数字营销过程中的挑战，提升数字营销活动的效果，加强与客户的互动和联系，从而在数字时代取得成功。

未来展望与趋势

随着数字技术的不断进步，数字营销在制造业中的发展趋势正向着更加智能化和数据驱动的方向发展。未来，大数据和人工智能将在优化营销效果方面发挥关键作用。大数据正在改变制造业企业如何理解和互动与市场。通过收集和分析来自市场、客户和竞争对手的大量数据，企业能够获得深刻的洞察，从而制定更精准的营销策略。例如，通过分析消费者的购买历史、在线行为和反馈，企业可以识别出特定的市场细分和消费者需求，然后定制相应的营销活动。此外，大数据还使得企业能够实时追踪和评估其营销活动的效果，从而快速调整策略以应对市场变化。

人工智能技术正逐步成为制造业数字营销的核心工具。人工智能技术能够帮助企业自动化和优化营销决策过程。例如，通过使用机器学习算法，企业可以自动化地对客户进行分群和定位，提供个性化的营销信息和推荐。此外，人工智能还可以用于预测市场趋势和消费者行为，帮助企业提前制定营销策略。人工智能技术还可以应用于聊天机器人和虚拟助手，为客户提供24/7的在线服务，增强客户体验。

未来的数字营销还将更加侧重于个性化和客户体验。随着技术的发展，企业将能够提供更加定制化的产品和服务。数字营销活动将更加关注如何根据每个客户的独特需求和偏好来设计和传递信息。这种个性化的方法不仅能够提高营销的有效性，还能够增强客户的忠诚度。社交媒体和影响者营销将继续在制造业中扮演重要角色。随着社交媒体平台的用户基数不断增长，企业将更多地利用这些平台来建立品牌意识、推广产品和与客户互动。同时，与行业影响者的合作也将成为提升品牌可见性和信誉的有效方式。未来的数字营销将更加智能化、数据驱动和个性化。大数据和人工智能技术的应用将帮助制造业企业更有效地理解市场和客户，优化营销策略，提升客户体验。在这个快速变化的数字化时代，制造业企业需要不断适应新的技术和市场趋势，以保持竞争优势。

为了适应数字营销的新趋势并维持竞争优势，制造企业需要采取一系列主动举措。这些举措包括投资新技术、培养数字技能、强化数据驱动决策，以及不断创新和调整营销策略。投资于新技术是制造企业适应数字营销趋势的基础。这意味着企业需要投入资源来获取和整合最新的数字营销工具和平台，如人工智能、大数据分析工具、客户关系管理系统等。利用这些技术，企业可以更有效地管理客户数据，实施精准营销，并优化客户体验。例如，通过使用人工智能驱动的分析工具，企业可以预测市场趋势和消费者行为，从而更精准地定位其营销活动。

培养数字技能和文化对于适应这些趋势至关重要。制造企业需要确保其员工具备必要的数字技能，以有效使用新的营销工具和理解数据分析。这可能意味着对现有员工进行培训，或者招聘具有数字专长的新员工。此外，培养一种以数据为中心的企业文化也非常重要，鼓励员工依据数据做出决策，而不是仅凭直觉或经验。进一步来说，制造企业需要将数据驱动决策融入其营销策略中。这意味着企业不仅要收集大量数据，更重要的是要能够分析这些数据，从中获取洞察，并据此制定或调整营销策略。企业应利用数据来识别目标客户群体、定制营销信息、优化产品供应，甚至预测未来的市场需求。

同时，不断的创新和策略调整也是必不可少的。数字营销领域变化迅速，企业需要不断探索新的营销渠道和策略，如社交媒体营销、内容营销、视频营销等。此外，企业还需要密切关注市场和技术的最新动态，以便及时调整其营销策略以适应这些变化。企业需要关注客户体验的整体优化。在数字时代，客户体验成为品牌忠诚度和市场成功的关键因素。企业应通过各种数字渠道提供一致和高质量的客户体验，从而提升品牌声誉和吸引更多的客户。

制造企业通过投资新技术、培养数字技能、强化数据驱动决策、不断创新和关注客户体验的整体优化，可以有效适应数字营销的新趋势，并在竞争激烈的市场中保持优势。这些举措将帮助企业更好地理解和满足客户需求，提升市场竞争力。在数字化时代，制造业不再仅依赖传统的营销方法，而是通过融入新兴的数字技术和平台，实现了营销策略的革新和优化。

数字营销使得制造业企业能够更精准地定位和理解其目标市场和客户。利用大数据和人工智能技术，企业可以收集和分析海量的客户数据，从而深入了解客户的需求和行为模式。这种数据驱动的方法使得企业能够制定更加个性化和有效的营销策略，提高营销活动的转化率和投资回报率。数字营销提高了企业与客户互动和沟通的效率和质量。通过社交媒体平台、电子邮件营销和在线广告等方式，企业可以与客户进行更直接和即时的沟通。这种双向互动不仅增强了客户的参与感和忠诚度，也为企业提供了即时的市场反馈和客户洞察，帮助企业及时调整产品和服务。

数字营销为制造企业提供了更多元化和创新的营销渠道。例如，通过视频营销、内容营销、社交媒体营销等方式，企业可以以更生动和吸引人的方式展示其产品和品牌故事。这些创新的营销方式不仅增强了品牌形象，也扩大了企业的市场影响力。数字营销还带来了成本效益和灵活性的提升。相比传统的营销方式，数字营销通常具有更低的成本和更高的可量化性。企业可以根据实时数据和市场反馈，快速调整其营销策略和预算分配，确保营销投入的最大效益。数字营销为制造业企业带来了精准定位、高效沟通、多元化渠道和成本效益等多方面的价值。这些变化不仅优化了企业的营销策略，也增强了其在竞争日益激烈的市场中的竞争力。随着数字技术的不断发展，数字营销将继续深刻影响制造业的营销策略和实践。

4. 新型服务业模式：共享与平台经济

我国"十四五"规划和2035年远景目标纲要提出促进数字技术与实体经济深度融合，赋能传统产业转型升级，打造数字经济新优势。制造业是实体经济的主体，是振兴实体经济的主战场，同时也是供给侧结构性改革的重要领域。

平台经济：从传统市场到数字化交易的历史与背景

平台经济的发展历史与背景是一个复杂且多维的过程，它与技术进步、经济全球化以及消费者行为的改变紧密相连。要深入理解平台经济，我们需要从早期的交易市场到今天的数字化平台，追溯它的演变历程。

在早期，市场交易通常在物理空间中进行，例如市集和商场。这些是最初的"平台"，它们提供了供应商和消费者进行交易的场所。随着时间的推移，交易市场开始逐渐演变，出现了邮购目录、电视购物等新形式。这些都是平台经济早期形态的体现，它们扩大了市场的范围，使得买卖双方不再受地理位置的限制。

进入20世纪末，随着互联网的出现和普及，平台经济迎来了革命性的变化。互联网的出现打破了传统市场的界限，使得交易可以跨越时间和空间。早期的电子商务网站，如eBay（亿贝）和亚马逊，成为新一代的交易平台，它们通过提供在线市场，使得个人和企业能够更广泛、更便捷地买卖商品和服务。

21世纪初，智能手机和移动互联网的兴起为平台经济带来了新的增长点。移动互联网使得平台服务可以随时随地访问，极大地提高了平台的可用性和便利性。这一时期，出现了一批以共享经济为代表的新平台，如Uber（优步）和Airbnb（爱彼迎），它们通过提供共享出行和住宿服务，彻底改变了相应行业的商业模式。

随着技术的进一步发展，大数据、云计算、人工智能等新兴技术开始被广泛应用于平台经济中。这些技术使得平台能够处理海量的数据，提供个性化的服务，并不断优化用户体验。平台经济因此能够更好地满足消费者的需求，同时也为企业带来了前所未有的增长机会。

然而，平台经济的迅猛发展也带来了一系列挑战和问题。数据隐私和安全问题、平台垄断、劳动权益保护等问题逐渐凸显，引发了公众、政府和企业的广泛关注。这些问题的出现，要求我们在享受平台经济带来的便利的同时，也需要对其进行适当的监管和引导，确保其健康、可持续地发展。

总的来说，平台经济的发展历史与背景反映了技术进步、经济全球化和社会文化变迁的综合影响。从最初的物理市场到今天的数字化平台，平台经济经历了翻天覆地的变化，对经济、社会和文化产生了深远的影响。未来，随着技术的不断进步和市场环境的变化，平台经济还将继续演化，带来更多的机遇和挑战。要充分把握数字技术与实体经济融合的战略机遇，实现传统产业的转型升级，并构建数字经济的新优势。特别是在制造业这一实体经济的核心领域，需要深化供给侧结构性改革，发挥其在振兴实体经济中的关键作用。

平台经济作为一种基于数字技术的新经济模式，正在重塑供需关系和市场运作方式。它利用互联网、移动通信、云计算等技术手段，创建高效便捷的交易平台，从而促进市场和商业模式的创新。这种以平台为核心的数字化转型不仅改变了企业运营模式，也为基于数据的决策、客户关系管理和个性化服务提供了可能。

在促进全球化的同时，平台经济优化了资源配置，跨越地理界限，提高了全球资源利用效率。通过聚合大数据，平台能够更精准地匹配供需，减少资源浪费。此外，平台经济也促进了文化多样性，加快了不同文化和社会的交流与融合。

然而，平台经济的发展也带来了隐私、数据安全和反垄断等挑战。因此，需要在保障个人隐私和数据安全的基础上，推动平台经济的健康发展。深入理解和适应平台经济的发展趋势，对于把握经济发展脉搏和预见社会变化具有重要意义。

数字化转型：构建数据生态以优化生产性服务业

在数字经济的时代背景下，数据已成为数字化与服务化的核心要素，推动服务业与制造业的融合发展。企业需要将内部和外部数据充分整合，以实现全流程的数据化，这对于优化资产、跟踪价值链、交换数字产品特性和验证出处至关重要。

构建健全的"数据生态"是实现这一目标的关键。这个生态系统不仅包括数据本身，还涵盖了数据处理和利用所需的各种技术、工具、平台，以及相关的政策、规范和组织结构。企业、政府、科研机构和个人等各类参与者在这一生态中通过数据的交换和共享，共同实现价值创造。

数据生态的核心在于其多样性、技术支撑、参与者互动、创新促进和健康发展的政策保障。这些特性在制造业、金融业、医疗等多个行业中发挥关键作用，如通过数据分析优化制造业运营、提升金融服务质量、改善医疗治疗效果等。

为了建立良好的数据生态，从实践角度来看，与生产相关的数据主要来源于研发、设计、仿真、采购、生产、销售、供应链、金融、物流等多个过程。这些数据应作为数据共享的试点，如在工业企业生产中产生的大量数据，对于设备维护、产品质量提升和生产稳定性增加具有重要作用。

数字经济时代的"数据要素"作为基础资源，具有驱动创新、优化决策和提升效率的能力。数据的价值不仅在于所携带的信息，还在于分析和处理后转化为的知识，对决策制定和市场研究至关重要。

在多个领域中，数据要素的应用显著，如在商业决策、政府政策制定、科学研究等方面。然而，工业生产网络中的数据来源多元，缺少统一的数据标准，形成了大量的"数据孤岛"，导致数据价值难以发挥。

因此，在政策层面，需要建立适应数字化与服务化发展的数据权利、数据交易、数据共享的政策法规，构建良好的数据治理环境。建议在国家层面建立工业大数据中心，打通数据来源，统一规范数据格式与接口，集中收集数据，形成可用的数据集和资源目录，供各方共享使用。

在制造业生产性服务业中，加速构建数据生态和数据要素的建设对企业具有重大意义。首先，这能显著优化企业的决策过程，提高市场定位、产品开发和运营管理的准确性。其次，数据应用能提升运营效率，通过优化生产流程减少资源浪费，提升成本效益。再次，数据分析还能提升客户关系管理，加强市场竞争力。在供应链管理方面，数据的运用有助于预测需求和优化库存，提高供应链的响应速度和灵活性。

对于产业本身，数据生态的构建带来显著的经济效益，包括降低成本、增强市场竞争优势、提升产品质量和风险管理，以及深入客户洞察和个性化服务。例如，数据监控和分析可以帮助企业更有效地控制成本，减少生产缺陷，同时提供更符合客户需求的服务。综上所述，数据生态和数据要素的建设不仅提高了内部运作效率，还为企业在市场竞争中获得优势，带来实质性的商业价值和市场竞争力的提升。

平台经济：走向技术革新与全球融合

平台经济是当今社会中最具活力和影响力的经济模式之一，其以数字化技术为核心，重新定义了市场和产业的运作方式。随着技术的不断进步和消费者需求的日益多样化，预计到2024年，平台经济将进入一个新的发展阶段，展现出更加多元化和深入的趋势。

技术革新将继续推动平台经济的发展。云计算、大数据、人工智能和物联网等技术的进步，将使平台更加智能化和自动化。例如，人工智能技术可以帮助平台更精确地分析用户数据，提供更个性化的服务和推荐，同时也能提高操作效率和降低成本。物联网技术则将使得更多的设备和服务连接到平台上，为用户提供更加丰富和便捷的体验。平台经济将促进产业的深度融合。不仅仅是零售、交通和住宿业，更多的传统行业如制造、医疗和教育也将与平台经济深度结合。通过平台，传统行业可以实现数字化转型，提高生产效率和服务质量，同时也能拓展新的市场和客户群体。此外，跨行业的平台将成为新的趋势，例如，结合医疗和保险的平台、结合教育和就业的平台等，这些平台通过整合不同行业的资源和服务，为用户提供一站式解决方案。平台经济还将进一步推动全球化发展。随着数字技术的普及和国际贸易的便利，平台经济不再受地理位置的限制，可以连接全球的资源和市场。这不仅使得小型企业和创业者能够更容易地进入国际市场，也促进了全球资源的高效配置和文化的交流与融合。同时，跨国平台也将面临更加复杂和多元的监管环境，如何在保护用户隐私和数据安全的同时，促进跨境交易和合作，将是一个重要的挑战。平台经济的社会影响将变得更加显著。平台不仅改变了商业模式和市场结构，也对就业、收入分配、消费者权益等方面产生了深远的影响。例如，共享经济平台提供了灵活的工作机会，但也引发了关于劳动权益和社会保障的讨论。消费者通过平台获得了更多的选择和便利，但也面临着隐私泄露和网络欺诈的风险。因此，如何平衡创新和监管，确保平台经济的健康和可持续发展，将是政府、企业和社会各界需要共同努力的课题。

在未来几年，平台经济预计将展现出更高的智能化水平、更深度的产业融合、更广泛的全球化影响和更显著的社会影响。在这一过程中，技术创新、产业政策、国际合作和社会责任将是推动平台经济健康发展的关键因素。

共享经济的历程解析

共享经济是一个创新的经济模式，它通过最大化利用闲置资源，让人们以租借或共享的方式使用商品和服务。这种模式源于人们对资源利用效率的追求和对可持续生活方式的向往。它改变了传统的拥有与消费模式，促使人们从"拥有"转向"使用"，从而实现资源的有效分配和环境的可持续发展。共享经济的概念最早可以追溯到21世纪初期。随着互联网技术的发展和普及，特别是移动互联网和社交网络的兴起，共享经济迎来了快速发展的机遇。这种技术背景为共享经济提供了一个强大的平台，使得信息交流更加便捷，交易成本大幅降低，从而促进了共享经济模式的普及和发展。

共享经济的发展历程可以分为几个阶段。最初阶段，它主要是基于社区和个人之间的小规模共享，如工具借用、拼车等。随着时间的推移，共享经济开始扩展到更广泛的领域，涵盖了住宿、交通、办公空间、财务服务等多个行业，并逐步形成了以Airbnb、Uber、WeWork（一家提供共享办公的企业）等为代表的一批知名共享经济企业。共享经济的背景和发展不仅受到技术进步的影响，还与经济环境、文化趋势和政策法规等因素密切相关。经济危机和不确定性增加了人们对成本节约和资源有效利用的需求，推动了共享经济的发展。同时，人们对环境保护和社会责任的关注也促使共享经济成为一种更可持续的生活方式选择。

然而，共享经济的发展也面临一系列挑战和问题，包括监管滞后、市场混乱、用户信任缺失和权益保护不足等。为了应对这些挑战，很多国家和地区开始制定相关的政策和法规，试图为共享经济提供一个更加健康和有序的发展环境。总的来说，共享经济作为一种创新的经济模式，正逐步改变我们的生活和工作方式。它不仅提供了更多的选择和便利，还促进了资源的高效利用和环境的可持续发展。随着技术的进步和社会的发展，共享经济仍然有着巨大的发展潜力和空间。

塑造先进制造业的新未来

共享经济与平台经济是当代经济发展的两个重要趋势，它们对先进制造业的影响深远且多方面。它们不仅改变了制造业的运作模式，还为制造业的创新和成长提供了新的机遇。

共享经济是一种基于共享资源和服务的经济模式，其核心是通过互联网平台使资源的所有者能够将闲置资源（如设备、空间或技能）出租给需要的人。这种模式减少了资源的浪费，增加了资源利用效率，并鼓励了创新。在先进制造业中，共享经济可以帮助企业降低成本，提高生产灵活性，并促进技术和知识的共享。例如，通过共享平台，小型制造企业可以按需租用昂贵的设备，而无需承担购买成本。这种灵活性使得企业能够快速适应市场变化，并试验新技术，从而提高其竞争力。

平台经济则是基于数字技术，尤其是互联网和移动通信技术的经济模式。它通过创建连接供应和需求的在线平台，促进了商品、服务或信息的高效交换。对于先进制造业而言，平台经济提供了连接生产者、供应商、分销商和消费者的有效途径，优化了供应链管理，降低了交易成本，并提供了更大的市场访问机会。例如，通过电子商务平台，制造商可以直接接触到全球消费者，快速响应市场需求，同时收集大量数据以指导生产决策和产品创新。

共享经济与平台经济对先进制造业的作用不仅限于运营效率的提升。它们还鼓励了一种更为开放和协作的创新文化。在这种文化中，制造商、供应商、研发机构和客户可以在平台上协作，共同开发和改进产品。这种协作创新模式加速了技术进步，推动了产品和服务的多样化，并提高了整个制造业的创新能力和活力。

然而，共享经济和平台经济也带来了挑战。例如，它们可能会导致行业标准化问题，增加知识产权保护的难度，以及加剧市场竞争。此外，随着数字化程度的加深，数据安全和隐私保护成为企业和政府不得不面对的重大问题。

总的来说，共享经济和平台经济为先进制造业提供了增强竞争力、促进创新和拓展市场的新机遇。通过有效利用这些新兴经济模式，先进制造业可以在全球市场中取得更大的成功。然而，同时也需要制定相应的策略和规范，以应对由此带来的挑战和风险，确保可持续和健康的发展。

数字化时代的新经济模式

共享经济和平台经济是数字化时代最具代表性的经济模式之一，它们与数字化之间的关系密不可分，彼此相互促进和深化。这些经济模式不仅改变了传统的商业运作方式，而且在全球范围内创造了新的经济价值和社会影响。

共享经济和平台经济的兴起基于一系列数字化要素。互联网技术的普及和移动通信技术的发展为这些新模式提供了基础平台。云计算、大数据、物联网和人工智能等先进技术的应用，使得资源的分享和分配更加高效、灵活。这些技术不仅提高了运营效率，还增强了用户体验和参与感。

在必要的要素方面，一个健全的法律和监管框架是共享和平台经济健康发展的基础。它确保交易安全、保护用户隐私和知识产权，同时鼓励创新和竞争。此外，信任机制也至关重要，用户评价、信誉系统和透明的交易记录为共享和平台经济的顺利运作提供了支撑。

共享经济和平台经济产生的经济价值体现在多个层面。首先，它们优化了资源的利用效率，减少了浪费，使得闲置资源得到有效利用。例如，共享住宿平台让私人住所变成临时的住宿选项，共享出行平台提高了汽车的使用率。其次，它们创造了新的就业机会和收入来源，人们可以通过共享自己的房屋、汽车或其他物品来赚取额外收入。此外，这些模式还促进了创新和竞争，为消费者提供了更多的选择和更好的服务。

未来，共享经济和平台经济的趋势可能会朝着更加细分化和个性化的方向发展。随着技术的进步，我们可能会看到更多创新的共享和平台模式出现，它们将服务于更具体的市场需求和用户偏好。同时，随着全球化的深入，这些经济模式将进一步跨越国界，形成更加广泛的国际网络。然而，这些经济模式也面临着挑战，包括如何在保护消费者权益和鼓励创新之间找到平衡，如何管理跨境交易的监管问题，以及如何应对潜在的市场垄断情况。这些问题的解决将需要政策制定者、行业参与者和消费者的共同努力。

总的来说，共享经济和平台经济与数字化之间的关联是深入且复杂的。它们依托于数字化的基础设施和技术，通过优化资源配置和创新商业模式，为全球经济贡献了巨大的价值。未来，随着技术的不断进步和市场的进一步发展，我们将继续见证这些经济模式在创造经济和社会价值方面的潜力。

高质量发展

发力制造业与服务业融合

在全球经济舞台上,生产性服务业如同一颗璀璨的明星,引领着新时代的增长浪潮。过去二十年,它迅速崛起为全球经济增长的重要引擎,并在多个国家超越制造业成为经济支柱。这些服务不仅支撑制造业,还深度参与全球价值链,创造价值。中国生产性服务业规模不断扩大,对提升全球价值链参与度至关重要。但服务业与全球价值链关系复杂,需技术创新和政策支持以推动中国经济高质量发展。这个板块明确指出,生产性服务业就是先进制造的价值源泉,在比较了国内外生产性服务业的发展情况以后,具体阐述了生产性服务业如何发力制造业与服务业的融合。

1. 生产性服务业是先进制造的价值源泉

生产性服务业已成为先进制造业的价值源泉，这一趋势在国民经济的发展中愈发明显。随着数字化和服务化成为制造业发展的主要趋势，发达国家普遍呈现出"双70%"现象：服务业在GDP中的占比超过70%，同时制造业内部的服务含量也超过70%。就产出而言，全球顶级制造企业的收入中，服务部分的比重不断上升。

在中国，服务化的趋势尤为显著。2012年，中国服务业增加值首次超过工业，占GDP的比重达到45.5%，成为第一大产业。此后，服务业在经济中的占比持续增长，2015年首次突破50%。在2015至2019年间，服务业对中国经济增长的贡献率接近60%，位居各产业之首。到了2022年，中国服务业增加值达到了638 698亿元，占GDP的比重为52.8%。除了在经济总量上的显著贡献，服务业还成为吸纳农业和工业就业的主要行业。即便在制造业内部，服务元素的比重也在不断增加，体现了生产性服务业在制造业转型和升级中的关键作用。

制造业与服务业的数字化发展的差异

在过去的二十年中，中国的制造业和服务业经历了显著的发展转变，其中数字化的推进在两个领域发挥了关键作用，但它们的发展路径和成果却大相径庭。

制造业的发展历程可以追溯到改革开放之初，当时中国主要采取了优先发展重工业的战略，迅速建立起重要的重工业体系。随着市场经济的扩展和市场机制的作用不断增强，轻工业的增长开始超过重工业，制造业迎来了快速增长期。在工业化的中期阶段，市场对制造产品的需求迅猛增长，推动了制造业的投资、生产和消费扩张，制造业实现了高速增长。进入工业化后期，制造业的高速增长期基本结束，技术水平和生产体系具备了升级的基础和空间，大部分制造业产业进入了高质量发展阶段。

与此同时，服务业的发展则表现出不同的特点。在改革开放前的工业化阶段，服务业被视为"非生产部门"，主要局限于基本的生活类服务行业。但随着中国特色社会主义工业化的推进，服务业开始进入探索和启动阶段，政府开始逐步重视服务业市场化。到了工业化中后期，服务业发展加快，成为经济增长的重要推动力。2012年，服务业成为中国第一大产业，2015年其增加值占比首次超过50%，就业占比超过60%，显示了其在经济增长中的主导地位。

在新发展阶段，中国经济面临着质量和速度的双重挑战。制造业对经济发展质量具有带动作用，而服务业则对经济增长速度有更大影响。数字化技术如物联网、云计算、大数据和工业互联网正引领新一轮科技和产业革命，成为新技术革命背景下经济发展的核心内容。数字经济分为数字产业化和产业数字化两部分。尽管数字产业化发展迅速，但产业数字化作为推动经济稳定增长和高质量发展的重要途径，仍面临许多挑战和限制。

制造业和服务业是中国产业数字化改造的主要领域，但两者在数字化改造中的机制和路径存在显著差异。制造业的数字化主要是提升生产效率，而服务业的数字化可能会重塑其发展模式。在新技术革命的大背景下，制造业将更快实现数字化、网络化和智能化改造，这不仅促进了技术进步，还推动了新产业、新业态、新产品和新模式的发展。服务业在现阶段对经济增长具有更大的拉动作用，仍有较快增长的条件和空间，为经济稳定增长作出了重要贡献。

总之，制造业与服务业作为中国经济的两大支柱，在数字化改造中扮演着不同但互补的角色。制造业的数字化转型主要侧重于政府支持和推动，而服务业的数字化改造则主要以市场为导向。两者的有效结合和协同发展将为中国经济的高质量增长提供强有力的支撑。

数字化推动制造业与服务业融合发展

工业化并不仅仅意味着工业的发展，而是工业与服务业共同发展、相辅相成。在过去的二十年里，中国的制造业和服务业在经历了数字化推动的融合发展过程中表现出了显著的变化。这种变化不仅是工业化的标志，而且体现了工业与服务业共同发展、相辅相成的趋势。

党的二十大报告强调了现代服务业与先进制造业、现代农业深度融合的重要性。生产性服务业作为现代服务业的重要组成部分，通过不断渗透到制造业的生产环节中，持续注入制造技术的研发动力和创新活力，有效提高了制造业的生产率。制造业的数字化和服务化并不是孤立的趋势，而是相互交织在一起。制造业的数字化转型不仅涉及内部生产流程的改造，更关乎整个发展逻辑、商业模式和成长路径的重构。

从政策层面看，中央高度重视制造业的融合发展。《十四五规划和2035年远景目标》中提出了加快发展现代服务业、推动服务业与先进制造业和现代农业的深度融合。数字化是推动这一融合的关键驱动力，制造业的数字化不仅仅是对企业内部流程的数字化，而是涉及整个商业模式的转换。

中国信通院发布的《中国数字经济发展研究报告（2023年）》显示，中国数字经济在2022年达到50.2万亿元，占GDP的比重为41.5%，增长率连续11年显著高于GDP增长率。全球范围内，数字经济也表现出强劲增长，美国等主要发达国家的数字经济总量占其GDP比重为58%，比2016年提升了11个百分点。

数字化的概念包含数据化、数字化和数字化转型三方面含义。数据化是指信息从物理格式转换为数字版本的过程。数字化是运用技术增强企业流程的实践。而数字化转型是利用数字技术改变商业模式，提供新的收入和价值创造机会的过程。数字化转型是多个数字化项目的综合效应，涉及企业的技术、文化、生产、经营、组织和人等多方面因素，带来根本性的变革。

数字化推动制造业与服务业深度融合，意味着数字化模式的重大转变。传统的数字化模式主要是由服务商提供解决方案，以消除企业运营中的非效率。然而，这种模式通常不考虑数字化给企业带来的组织模式、供应链、管理等方面的影响。相比之下，现代的数字化方案需要平台、服务商、企业、消费者的协同推进，从单一流程向全方位、全角度、全链条转变，实现数字化的高效益与高价值。

数字化不仅是技术改革，也是组织和商业模式的转型。制造业的数字化主要提升生产效率，而服务业的数字化可能重塑发展模式。数字化改造应加强政府支持和推动，包括加强技术创新、发展数字装备和软件、推动供给端标准化、推进数据流通和共享等。同时，服务业的数字化改造以市场为导向，包括发挥市场和企业作用、完善数字化基础设施、推动服务模式和业态创新等。

总的来说，数字化推动制造业与服务业深度融合的过程是复杂而多维的，涉及技术、组织和商业模式的全面变革。这不仅是提升生产效率的技术改革，也是推动产业升级和经济高质量发展的关键途径。

在当前的经济发展阶段，制造业与服务业的融合发展，特别是在数字化推动下的服务化转型，显得尤为重要。这一转型过程涉及多个组态路径，分别为技术-组织-环境协同主导型、技术-环境主导组织协同型和组织-环境主导技术协同型。这三种类型的组态路径均能有效实现制造业的服务化转型。其中，"技术-组织-环境"三个方面的有机整合导致了影响制造业服务化转型的六个二级影响因素，包括产品技术升级、数字平台搭建、企业战略转型、人才体系建设、企业竞争压力和客户需求变化。

服务业的发展是现代经济的显著特征，它不仅是经济社会发展的必然趋势，更是衡量经济发展现代化、国际化、高端化的重要标志。生产性服务业和生活性服务业作为服务业的重要组成部分，在中国经济中具有极大的活力和潜力。生产性服务业主要为各类市场主体的生产活动提供服务，而生活性服务业主要用于居民最终消费。

生产性服务业的范围涉及交通运输、现代物流、金融服务、信息服务和商务服务等多个方面。它依附于制造业而存在，通过引入专业化的人力资本和知识资本，加速了服务业和制造业的融合。随着信息技术和网络技术的引入，生产性服务业打破了制造业生产结构的空间和资源限制，促进了经济结构的优化和转型升级。

在发达国家，经济结构转型升级的过程伴随着生产性服务业成为国民经济支柱产业的过程。例如，美国的跨国公司在全球范围内控制着制造业和各种行业，主导着生产性服务业，因此能从中获得大量利润，这些利润计入当地国家的GDP。反观中国，尽管GDP巨大，但许多利润通过跨国公司的专利、服务和资本运作被转移到国外。

当前，制造业服务化发展迫切需要培育与制造业升级相匹配的生产性服务业，强化生产性服务对制造业各环节的渗透。随着大数据、云计算、物联网等新技术在服务业中的应用，以高技术服务业、电子商务为代表的生产性服务业呈现出快速发展趋势，在支撑制造业转型升级、农业现代化建设、引领产业向价值链中高端延伸方面发挥着越来越重要的作用。

以5G、物联网、人工智能等为代表的数字化发展正在深刻影响产业生产的组织方式。数字化赋能产业自组织过程，有效促进生产性服务业与制造业的深度融合，显著提高制造业的生产率。通过推进大数据、物联网等数字技术的应用，有利于构建生产性服务业和制造业之间的多元对接载体，如工业物流、运营平台、电商平台等。这些对接载体的有效推进与组织创新不断深化两业协同合作新路径，并扩展两业组织融合发展新联系。

此外，成立数据交易中心、完善数据交易平台、规范数据交易行为等措施增强数据要素的科学管理与安全保护，完善交易市场的层次体系与运行机制。这不仅促进了传统要素资源的整合和生产方式的革新，也推动了两业的全产业链融合，促进传统制造业向数字化、智能化转型升级。

综上所述，数字化不仅是技术变革的过程，也是组织和商业模式的转型。制造业与服务业的数字化改造既是提升效率的技术革新，也是推动产业升级和经济高质量发展的关键途径。通过数字化推动制造业和服务业的深度融合，将使企业发展进入新阶段，为经济发展注入新的活力。

推动制造业和服务业深度融合的链主多元模式

在数字化时代的背景下，推动制造业与服务业深度融合成为经济发展的重要方向。这种融合不仅仅体现在生产技术的转换上，更体现在企业运营模式的转型上。在这个过程中，企业需要考虑制造业与服务业融合发展的实际情况，以及如何在数字化驱动下实现有效的融合。

在推动制造业与服务业融合的过程中，可以识别出几种不同的组态路径，这些路径形成了一种多元生态系统。首先是"链主"模式，即企业在供应链上游对接多层级供应商，在下游对接仓储、物流、渠道，甚至在售后端链接客户。这种模式下的企业将建立一个能够实现信息共享、资源共享、利益分担、共同决策的平台，以更好地服务终端客户。其次是"盟主"模式，这种模式下的企业或组织，通常会在见证新兴技术在运营中的应用后，起到领导者的作用，将研究院、大学、技术供应商链接起来，形成一个涵盖"产、学、研、用"的生态体系，以此孵化、试点和落地先进技术，使其快速产生效益和价值。最后是"平台主"模式，其中企业普遍需要工业互联网平台来打通端到端的价值链。在构建工业互联网平台的过程中，企业不仅能在自身主营业务之外找到新的价值池，还可以赋能其他企业，从而实现双赢局面。

生产性服务业作为现代服务业的重要组成部分，为制造生产活动提供支撑、配套或中间投入品。在社会分工不断深化和科技进步的推动下，现代生产性服务业普遍具有高知识技术含量和明显的规模经济特征。它不仅具有支撑市场流通和促进经济循环的传统功能，而且已成为全球价值链分工中创造价值的重要来源。随着中国经济总量的增长和对外开放步伐的加快，产业结构不断优化升级，生产性服务业的规模也在不断扩大。依托中国构建的"双循环"新发展格局，从制造业全球价值链分工地位的角度出发，探讨通过生产性服务业提高中国参与国际循环水平的机制和途径，具有重要的理论价值和现实意义。

生产性服务业的开放对制造业全球价值链的升级发挥着重要作用。在数字化和绿色化时代背景下，生产性服务业基于全球数字科技的创新发展及虚实产业结合的视角，对制造业全球价值链的升级产生显著影响。这种影响主要体现在通过数字化和绿色化推动制造业的全球价值链升级，强化制造业的数字化转型和绿色发展。

中国生产性服务业的数字化和绿色化转型，为制造业全球价值链的升级提供了新的动能。这种转型涵盖了从技术创新到商业模式的全方位变革。通过大数据、云计算、物联网等新技术在服务业场景中的应用，生产性服务业如高技术服务业、电子商务等领域正在快速发展，这些领域在支撑制造业转型升级、农业现代化建设、引领产业向价值链中高端延伸方面的作用日益凸显。

当前，以5G、物联网、人工智能等为代表的数字化发展正在深刻改变产业生产的组织方式。数字化赋能产业自组织过程，能够有效促进生产性服务业与制造业的深度融合，提高制造业的生产率。通过推动大数据、物联网等数字技术在区域内的发展应用，有利于打造生产性服务业和制造业之间的多元对接载体，如工业物流、运营平台、电商平台等。这些对接载体的有效推进与组织创新有利于拓展两业互动的复杂网络联系空间，加速生产性服务业中间投入品与制造业生产需求的匹配关联，从而助力制造业的高效发展。同时，成立数据交易中心、完善数据交易平台、规范数据交易行为等具体措施，能够增强数据要素的科学管理与安全保护，完善交易市场的层次体系与运行机制。这不仅促进了传统要素资源的整合和生产方式的革新，也推动了两业的全产业链融合，助推传统制造业向数字化、智能化转型升级。

制造业生产性服务业的着眼点

在当前的全球经济格局中，生产性服务业的发展对于促进制造业转型升级至关重要。它涉及农业、工业、服务业等多个环节，具有专业性强、创新活跃、产业融合度高、带动作用显著等特点。加快发展生产性服务业，不仅能有效激发内需潜力、带动扩大社会就业、持续改善人民生活，还有利于引导企业打破传统的产业模式，实现向价值链中高端的延伸，促进产业逐步由生产制造型向生产服务型转变。

生产性服务业的发展并非孤立于其他产业，而是与之紧密相连。这一领域涉及多个行业，且标准化程度相对较低。在发达国家，生产性服务业的发展不是完全自由市场化运营的结果，而是在政府管制和产业政策的引导下进行的。发达国家的发展经验表明，除了具有国际趋同性的财税政策、研发政策、管制政策外，还有许多具有借鉴意义的经验。

在发达国家，生产性服务业的发展经历了一个对内放松管制和对外引入竞争的双开放过程。随着电子通信信息技术的发展，现代生产性服务业的可贸易性和生产消费上的可分离性越来越明显，服务业全球化已经成为经济全球化的新主导力量。此外，健全的法律法规体系是生产性服务业发展的重要保障。例如，美国通过了《金融服务现代化法》，英国颁布了《2000年金融服务和市场法》等，这些法律法规为生产性服务业的稳健发展提供了坚实的法律基础。

加强行业协会的建设在促进生产性服务业发展方面也起到了关键作用。发达国家通过建立行业协会，制定并执行行规行约和各类标准，加强和完善生产性服务业的市场管理。例如，日本和美国在信息服务和商务服务方面的行业协会，不仅作为政府与企业之间的桥梁，还在促进服务业发展方面发挥了积极作用。

对于中小企业，发达国家的支持政策在生产性服务业发展中起到了重要作用。这些政策包括融资支持、税收优惠和创新支持等。美国政府为中小企业提供了多种支持，如设立中小企业管理局，鼓励金融机构为中小企业提供资金支持。德国则通过建立免税准备金制度和免税投资补助政策，鼓励中小企业扩大投资。

制造业与服务业的融合已经成为发达国家经济结构转型的重要趋势。服务化已成为制造业发展的新方向，如工业设计服务、定制化服务、协同共享制造、信息增值或智能服务等。德国的"工业4.0"战略和美国的"国家制造业创新网络"计划，都是制造业与服务业融合发展的典型案例。

此外，人力资源的有效利用对于生产性服务业的高质量发展至关重要。21世纪以来，美国、英国等发达国家通过对发展中国家的离岸服务外包，成功地填补了国内合格生产性服务业工人的短缺并实现了劳动力套利，这些国家开始广泛开展离岸服务外包活动，通过"创新全球化"战略，在全球范围内争夺科技工程人才。

为了促进生产性服务业与制造业的良性发展，需要形成"分离"与"融合"相结合的产业生态系统。所谓"分离"，是指生产性服务环节与制造环节相互独立，成为市场上的独立主体，以提升生产性服务业的规模经济优势。而"融合"则是指服务过程与制造过程的结合，包括发展服务型制造和制造业服务化。

在构建生产性服务业与制造业融合互促的创新体系方面，重点应从加强人才队伍建设、优化双创体系、建立技术攻关团队、使用金融工具等方面入手。通过这些措施，可以为生产性服务业与制造业的融合发展提供坚实的支撑。

数字化转型在推动生产性服务业发展中起到关键作用。以大数据、物联网、移动互联网、云计算、人工智能、区块链等技术的应用，可以克服信息不对称带来的问题，促使生产性服务业为实体经济提供更专业化、个性化、低风险和低成本的服务。

最后，扩大服务业对内开放，构建统一和有序竞争的生产性服务业市场是提升该领域发展水平的关键。此外，结合服务业的"引进来"与"走出去"策略，积极利用国际资源发展高端生产性服务业，提升中国在全球产业链中的地位，是实现经济高质量发展的重要途径。

2. 生产性服务业发展的国际态势

服务业的重要性不仅体现在其为制造业提供必要的中间投入和创造有价值的服务活动上，更在于它对全球价值链（GVC）的有效衔接与协调作出贡献。尤其是生产性服务业，它是推动产业向GVC高端发展、解决低端锁定问题的关键环节。随着全球数字经济的加速发展，新兴的生产性服务业正在逆势增长。在发达国家中，生产性服务业占据了国民经济的半壁江山，成为西方国家经济增长的主要推动力和创新源泉。值得注意的是，逆全球化趋势和新冠疫情并未阻碍生产性服务业的增长，反而促进了其在数字化和智能化方面的发展，催生了远程办公、在线教育、网络娱乐和在线健康医疗等新型服务需求。

自20世纪80年代起，制造业服务外包的兴起使生产性服务业日益向外部化、专业化和市场化转型，从而提高了服务外包的效率和规模。更重要的是，过去20多年间，离岸服务外包迅速成长为一个充满活力的部门，推动经济全球化进入了创新阶段。在发达国家，商务服务成为生产性服务业的主要组成部分，特别是知识和技术密集型的商务服务业成为增长最快的领域。

在全球服务贸易中，生产性服务贸易的比重稳步增长，目前已稳定在大约75%左右。其中，新兴的生产性服务贸易自1980年起比重显著提升，从27%增长到2019年的50%。美国、德国和日本在生产性服务贸易领域均表现突出。

生产性服务业是指提供保障性服务以维持工业生产的连续性、促进工业技术进步、推动产业升级和提高生产效率的服务行业。它是与制造业直接相关的配套服务业，起源于制造业内部的生产服务部门，是一种新兴产业，其服务不直接面向消费者，而是支持生产活动。根据国家统计局发布的《生产性服务业统计分类（2019）》，生产性服务业覆盖的领域包括研发设计、货物运输、通用航空生产、仓储和邮政快递服务、信息服务、金融服务、节能与环保服务、生产性租赁服务、商务服务、人力资源管理与职业教育培训服务、批发与贸易经纪代理服务以及其他生产性支持服务。

生产性服务业对于提升制造业的生产率发挥着显著作用，因此深入探究其与制造业生产率提升的相互影响，是理解和促进这一领域发展的关键。通过对现有文献的梳理，可以看出，当前的研究主要是在控制外部因素（例如人力资本、市场开放、基础设施等）的基础上，进一步探讨生产性服务业集聚与制造业生产率提升之间的具体关系。

生产性服务业参与全球价值链

在全球化和数字化时代，服务业的重要性不断提升，特别是在全球价值链（GVC）中的作用。中共十九届四中全会强调建设更高水平开放型经济新体制的重要性，并提出了实施更广泛、更深入的全面开放策略，特别是推动服务业的扩大开放。随后的十九届六中全会进一步强调了顺应经济全球化趋势，采取更加积极主动的开放战略，进一步将扩大服务业开放置于更加突出的位置。尽管服务业在全球价值链的巩固与重构中扮演着不可或缺的角色，但之前的研究大多"重制造轻服务",或者仅将服务业视作制造业的补充或中间投入,忽视了服务业参与全球价值链的现状及其在提升全球价值链地位方面的潜力。

在全球价值链分工体系中,生产性服务业尤其是研发和市场相关的服务,处于更为高端的位置。针对这一现象,本节内容将重点放在生产性服务业在全球价值链中的参与度和嵌入位置,通过纵横时空的演化分析,探寻中国生产性服务细分行业与主要经济体之间的差异。此外,本节内容还将研究影响生产性服务业在全球价值链中嵌入位置和参与度的关键因素,以提出在高水平开放框架下,中国生产性服务业提升在全球价值链地位的策略。

在2017年之前,国内关于服务业参与全球价值链的研究几乎处于空白。其中一个主要原因是对服务业参与全球价值链的重要性认识不足,许多学者认为服务业仅作为制造业参与全球价值链竞争的中间投入,扮演辅助性角色。生产性服务业以其知识密集的特征为经济体中的生产者提供中间投入,对于提升全球价值链,尤其是制造业在全球价值链中的参与度和分工地位,具有深远的影响。这一观点已被广泛论证。生产性服务业的集聚和发展对区域经济增长、人均收入提高、知识与技术扩散、绿色创新和降低碳排放有直接或间接的影响。也有研究探讨了生产性服务业与制造业深度融合对提升全球价值链嵌入位置的作用机制。

然而,现有研究存在一定的局限性。首先,针对生产性服务业参与全球价值链的研究视角较为单一,大多数研究将生产性服务业视作制造业服务化的中间投入环节,关注其对制造业的全球价值链嵌入位置的影响,而缺乏对生产性服务业整体和局部的综合性研究。其次,现有研究样本国家数量有限,且受WIOD数据库(世界投入产出数据库）的局限性，难以探究2015年以后生产性服务业参与全球价值链的情况。最后，关于服务业的全球价值链分工地位的影响因素，现有研究多集中在某一特定要素的分析，缺乏系统性的分析框架。

因此，为了更好地理解和推动中国生产性服务业在全球价值链中的地位提升，需要更加全面的国别比较研究、对不同细分行业的深入分析，以及更为系统的分析框架。这将有助于全面理解并促进中国在全球价值链中的地位提升。

生产性服务业的认知

生产性服务业，随着技术进步和社会分工的深化，逐渐从传统的生产环节中分离出来，形成了一个独特的产业领域。这一领域的核心特征在于它不直接参与实物产品或服务产品的生产，而是通过提供中间服务，直接或间接地支持生产或服务过程，从而提高整体的生产效率。这些服务在产品生产的不同阶段发挥着"中间投入服务产品"的关键作用。

生产性服务业是第一、第二产业向第三产业延伸和融合的关键环节，它不仅是全球产业竞争的战略高地，也是产业向价值链高端化迈进的重要一步。在当今全球经济环境中，生产性服务业的发展对提升国家或地区在全球价值链中的地位至关重要。

与其他类型的服务业相比，生产性服务业展现出"三强两高"的显著特征。

强功能支撑性：生产性服务业不仅在本地市场发挥作用，还通过对外扩散和输出，寻求更广泛的市场机会。这种拓展动力使得生产性服务业成为推动城市发展成为全球链接和区域服务平台的关键力量，进而促进城市功能级别的提升和影响范围的扩大。

强中间投入性：作为一种提供中间产品或服务的行业，生产性服务业参与到企业生产的上游、中游和下游的整个过程，对提升实物产品或服务产品的附加值起到关键作用。

强产业关联性：生产性服务业通常是从工业企业的"主辅分离"中发展而来，因此与工业有着密切的关联。随着社会分工的深化以及工业化和信息化程度的提升，生产性服务业与农业及其他服务业之间的联系也在不断增强。

高空间集聚性：生产性服务业具有显著的空间集聚特性，这不仅因为其服务与实物产品或服务产品生产地的空间可分性，还因为各行业内的集聚效应及对知识和技术人才的偏好。

高知识和技术性：生产性服务企业在提供专业化服务的过程中，将大量的人力资本、知识资本和技术资本融入实物产品和服务产品的生产过程中，从而显著提升了整体的创新能力和效率。

总的来说，生产性服务业不仅是现代服务业的重要组成部分，也是推动经济发展、增强产业竞争力和促进产业结构升级的关键力量。随着全球经济的进一步发展和全球价值链的不断演化，生产性服务业的角色和影响力预计将进一步增强，成为推动国家和地区经济增长的重要驱动力。

3. 中国生产性服务业发展空间

在结合了国内外学术界和政府相关部门对生产性服务业的分类研究，以及参照《国家统计局关于印发〈生产性服务业分类（2019）〉的通知》（国统字〔2019〕43号）中对生产性服务业的统计分类标准后，我们提出生产性服务业应涵盖以下八大行业领域：科技服务、金融服务、人力资源服务、商务服务、流通服务、服务贸易、信息服务以及节能环保服务。这一分类体系综合了多方面的专业见解和官方指导，为深入理解和研究生产性服务业提供了一个清晰的框架。

制造业与生产性服务业耦合度不高

中国制造业与生产性服务业之间耦合度不高的问题，是我国经济发展中的一个重要议题。耦合发展不仅意味着技术和知识上的共享融合，也包括市场、生产要素、研发和技术创新等方面的相互渗透和相互影响。在理想状态下，两类产业通过耦合将专业化流程分解为相辅相成的价值节点，通过一系列物理和信息反应形成紧密的子系统网络，以完成高效率的生产组织。然而，实际情况并不理想，中国制造业和生产性服务业之间的耦合程度较低，且存在显著的地区发展不平衡现象。

分析造成这一现象的原因主要有四个。

首先，产业要素融合程度不足。产业要素耦合是实现两产业协同发展的关键动力机制。然而，目前中国制造业和生产性服务业之间的要素融合程度不高，影响了两产业的深度耦合。特别是在知识、技术、人力资源等方面的交互共享和利用上存在明显的障碍。

其次，技术创新能力不足。技术创新是推动产业耦合和升级的核心动力。中国不同地区和行业之间的技术发展不均衡，特别是在某些高端制造和服务领域，技术创新能力与发达国家相比还有较大的差距。技术创新能力的不足限制了两产业融合的深度和质量。

第三，人力资本和技术水平有待提升。高质量的产业耦合发展要求较高的技术水平和人力资本水平。当前中国在这两方面仍有较大的提升空间，这直接影响到制造业和生产性服务业能否高效、紧密地融合。

第四，产业集聚效应不明显。产业集聚可以产生正向外部经济效应，促进产业间的资源共享和技术传播。然而，中国各地区和行业的产业集聚水平参差不齐，甚至有些行业并未显现出明显的集聚现象，这影响了产业间的有效联系和资源配置。

为了解决这些问题，中国需要从提升产业要素融合度、加强技术创新、提升人力资本水平以及促进产业集聚等方面着手。此外，工业互联网作为一种新兴的解决方案，通过大数据分析和互联网技术，可以实现信息技术与实体经济的深度融合，为解决制造业和生产性服务业的融合问题提供有力支撑。通过这些措施，可以有效促进中国制造业与生产性服务业的深度耦合，进而推动经济由高速增长转向高质量发展。

中国的生产性服务业近年来发展迅猛，特别是自2013年以来，家庭服务的外部化和市场化变得日益明显，共享经济等新兴服务业蓬勃发展。在这一过程中，信息传输、软件和信息技术服务业等新兴生产性服务业的市场主体数量急剧增加，这些行业为中国服务业的发展迈上新台阶提供了动力。到2015年，中国服务业的比重首次超过50%，标志着中国正从世界的加工厂向服务型经济国家转型。其中，软件和信息技术服务业的收入在GDP中所占的比重持续上升，到2019年达到了7.24%。

根据国家统计局的数据，从增加值角度看，2019年末，交通运输、仓储和邮政业的增加值达到42 802亿元，同比增长7.1%；金融业的增加值为77 077亿元，增长7.2%；信息传输、软件和信息技术服务业的增加值为32 690亿元，增长18.7%；租赁和商务服务业的增加值为32 933亿元，增长8.7%。就业方面，2019年末，交通运输、仓储和邮政业就业人员为815.5万人，略有下降；信息传输、软件和信息技术服务业的就业人数为455.3万人，增长7.3%；金融业就业人数为826.1万人，增长18.1%；租赁和商务服务业就业人数为660.3万人，增长24.7%；科学研究和技术服务业就业人数为434.3万人，增长5.5%。固定资产投资方面，2019年末，交通运输、仓储和邮政业固定资产投资额为65 733.5亿元，增长3.4%；信息传输、软件和信息技术服务业固定资产投资额为7 891.9亿元，增长8.6%；金融业固定资产投资额为1 075.9亿元，增长10.4%；租赁和商务服务业固定资产投资额为17 593.9亿元，增长15.8%；科学研究和技术服务业固定资产投资额为7 945.6亿元，增长17.9%。

在生产性服务业的各个细分行业中，科技服务、金融服务和人力资源服务分别为经济或产业发展提供了技术、资本和人才等要素支撑，增强了城市在国际和国内高端要素运筹的能力。这些行业属于先进要素运筹型服务业。而商务服务、流通服务和服务贸易则有效促进了国际和国内货物及服务的高效流动和双向循环，增强了城市在全球资源链接及高效配置方面的能力，属于全球资源链接型服务业。信息服务行业有效整合了国际和国内的高端资源要素，为产业的数字化、智能化发展提供了支撑服务。节能环保服务则加速了产业的绿色化转型。因此，信息服务和节能环保服务可以被视为智慧绿色赋能型服务业。

尽管中国生产性服务业的产值每年都在增加，各细分行业共同发展，但与发达国家和中国工业制造业的发展相比，其增长速度仍相对较慢，且存在一些问题。服务业的重要性不仅体现在创造有价值的服务活动和为制造业提供中间投入上，还在于能促进全球价值链的衔接与协调。在这个过程中，生产性服务业是引领产业向全球价值链高端延伸、解决低端锁定困局的关键环节。

历史上，美国、日本等发达国家利用其先发优势，发展了研发、设计、品牌等全球价值链上游服务；印度则依托服务外包产业，不断缩小与发达国家在人力资本方面的差距，积极攀升服务业全球价值链；中国则通过全球价值链导向型产业政策，寻求抢占价值链高端位置的机会。但由于中国服务业的开放程度不高，且起步较晚，因此长期处于全球价值链的中下游位置，难以实现从"中国制造"向"中国服务"的转型。因此，进一步推动服务业的发展和开放，特别是加速生产性服务业的成长和创新，对于中国经济转型和提升在全球价值链中的地位至关重要。

稳步提升下的挑战与四个问题

在当前阶段，中国在发展生产性服务业方面面临多重挑战：市场需求不匹配、发展不协调、供给模式不够主动，以及国际竞争力不强等。尽管如此，中国生产性服务贸易的占比稳步提升，特别是新兴生产性服务贸易的迅速发展。近年来，中国服务贸易总额逐年增加，出口增速已超过进口。自2019年以来，服务贸易逆差明显减少。中国连续多年成为全球第二大服务外包接包国，占全球离岸服务外包总量的约33%。在服务贸易结构上，生产性服务贸易持续发展，占比逐渐增加，2019年已达到61%，其中新兴生产性服务贸易的发展速度尤为显著，近十年年均增速约为8%，其规模已占服务贸易总规模的35%。

尽管取得了一定成绩，中国生产性服务业的发展短板依然突出。

首先，总体实力相对较弱、规模偏小，其占GDP的比重约不到20%，供给还无法完全满足消费升级和产业转型的需求。

其次，内部结构不合理，房地产业和金融业所占比重偏高，而信息服务、科技服务、商务服务等行业的比重较小。

第三，开放度不足，贸易竞争力不强，高技术生产性服务业对外依赖度高。

第四，缺乏人才，创新能力不足。

第五，制造业与服务业的融合程度仍不够高，制造业的服务化水平有待提升。

为了更好地监测和推动生产性服务业及生活性服务业的发展，国家统计局正在研究制定相应的统计监测方法。在普查年度，将以普查数据为基础，确定生产性服务业、生活性服务业名录库，并开展全产业统计监测；在常规年度，将以国家统计局的"一套表"调查数据为依托，对重点生产性服务业、生活性服务业企业进行监测。从国际角度看，西方发达国家服务业增加值通常占GDP的70%以上，其中生产性服务业增加值占GDP的比重为40%—50%。2019年，中国服务业增加值占GDP的比重为53.9%，显示出生产性服务业和生活性服务业发展的巨大空间。

生产性服务业是实体经济重要的基础，其发展是在制造业和农业的基础上逐步演变而来。最初，生产性服务业的很多环节都是置于制造业内部，还未成为独立的产业。随着市场竞争的加剧和社会分工的深化，生产性服务业开始与制造业和农业分离，主要分为两种类型：一是制造业企业为提高生产效率，将通用性的生产性服务如人力资源管理、财务管理、营销服务、研发设计等逐渐分离出来，形成独立行业；二是制造业企业凭借与自身产品相关的独特优势，分离出能为下游产业提供专业化服务的企业，如围绕维修、安装、整体解决方案、金融、租赁等业务形成的独立企业。值得注意的是，生产性服务业在从制造业分离并专业化发展之后，也出现了自身的裂变，不同生产性服务行业之间形成了上下游关系。

实现实体经济的高质量发展，需要专业化、高端化的生产性服务业作为支撑。生产性服务业的发展水平决定着产业结构、生产规模和生产效率。高质量的经济发展需要重点发展战略性新兴产业、先进制造业，而生产性服务业应专注于为这些领域提供服务。中国面临的"卡脖子"技术问题大多集中在制造业，但掌握这些技术的往往是独立的技术服务提供商，如研发中心，这些机构属于生产性服务行业。因此，专业化和高端化的生产性服务业对于高端制造业的发展至关重要。当前，中国在发展专业化和高端化的生产性服务业方面仍有不足，这在一定程度上限制了高端制造业的发展。2022年中央经济工作会议提出"推动制造业高质量发展"作为2023年的重点工作之一，特别强调推动先进制造业和现代服务业的深度融合，这反映了生产性服务业在推动高端制造业发展、实现实体经济高质量发展中的重要作用。

多元化制造业市场需求难以满足

虽然生产性服务业在总体规模上实现了显著发展，但其内部各细分行业的贡献率却呈现出结构性的不均衡。在2005年至2018年间，生产性服务业在服务业总增加值中的比重从36.12%升至49.90%。然而，这种增长并未在各细分行业中均等体现。例如，金融业的贡献率从19.11%上升至37.68%，而科学研究和技术服务业、信息传输、计算机服务和软件业的贡献率却分别从11.15%、19.11%下降到9.23%和17.68%。这表明传统生产性服务业（如金融业）的贡献率较高，而代表先进生产性服务业的行业（如科技服务业）的贡献率却相对较低，这在一定程度上阻碍了高端制造业的发展。

与此同时，随着"走出去"战略和"一带一路"倡议的实施，中国的制造业和服务业企业在国际市场上面临新的机遇。尽管如此，目前中国的生产性服务业仍处于发展的初期阶段，难以在国际市场上提供高水平的国际化服务。这种现状限制了中国生产性服务业的国际竞争力，也影响了其对制造业特别是高端制造业的有效支持。因此，为了更好地利用国际市场的机遇，提高高端制造业的竞争力，中国需要加大对先进生产性服务业的投入和发展，尤其是在科学研究和技术服务业等领域。

生产性服务业内部结构发展不协调

虽然中国的生产性服务业在总体规模上取得了显著进展，但深入分析其内部结构却揭示了发展的不平衡性，这在实现产业融合发展方面尤为明显。从各细分行业的增加值来看，2018年金融业的增加值占生产性服务业总增加值的37.3%，而交通运输、仓储和邮政业的比重为21.3%。相比之下，以信息传输、软件和信息技术服务业以及科学研究和技术服务业为代表的知识密集型新兴生产性服务业所占的比重分别仅为15%和10%。

进一步观察生产性服务业各细分行业的固定资产投资额，2019年传统生产性服务业如交通运输、仓储和邮政业的固定资产投资额占生产性服务业总投资的超过65%，而金融业、信息传输、计算机和软件业以及科学研究和技术服务业的投资额虽然有所增加，但在生产性服务业固定资产总投资额中的比例不足20%。这种投资差距反映出中国对传统生产性服务业的重视程度远超过知识密集型的新兴先进生产性服务行业。

生产性服务业内部各行业的发展不均衡导致了供应链和产业链中的"断层"和"缺失"，这些问题阻碍了全面的解决方案、网络化协同制造、全生命周期管理等高度融合的新产业模式的有效推进。因此，为实现产业的高质量发展和创新，迫切需要对生产性服务业的发展策略进行调整，增加对知识密集型新兴生产性服务业的投资和支持，从而平衡行业内部的结构，加强各行业间的协调和融合。这不仅是实现产业升级的关键，也是推动中国经济高质量发展的必要条件。

被动供给模式突出，品牌意识薄弱

目前，中国的生产性服务业多采用被动的供给模式，且普遍缺乏强烈的品牌意识。作为一种为制造业提供中间投入品和服务的现代新兴服务业，生产性服务业本应具备显著的服务型特征。然而，在中国制造业的发展中，生产性服务业企业通常只是起到降低成本、提升效率的基本角色。生产性服务的提供大多依赖于制造业的需求，缺乏主动性和创新性，这限制了生产性服务业向专业化和高端化服务的转型，并对制造业价值链的提升构成障碍。

此外，中国生产性服务业的发展模式往往偏向粗放型，缺乏专业化和高端化的服务能力。知识密集型的生产性服务业企业相对较少，且多数企业在提供高品质服务和品牌建设方面意识不强。这种情况导致了在全球价值链中占据更高位置的潜力未能得到充分发挥，同时也影响了生产性服务业对制造业及整个经济的贡献度。因此，提升生产性服务业的主动创新能力、加强品牌意识和建设，以及推动向高知识密集型服务的转型，对于加快中国制造业和整个经济的高质量发展至关重要。

生产性服务业国际竞争力较弱

在中国积极推进的"一带一路"倡议和"走出去"战略下，国内企业正面临着前所未有的历史性机遇。然而，针对当前中国生产性服务业的发展状况，该行业还未能形成具有国际影响力的知名服务品牌。尽管中国制造业正在从劳动密集型阶段向结构升级转变，但支撑制造业高质量发展的生产性服务业仍然处于供应链的较低端。这一现状限制了中国生产性服务贸易在国际市场上的竞争力。代表高知识密集度的生产性服务业主要依赖于进口，与发达国家相比，中国的服务贸易RCA（相对贸易优势）指数存在显著差距。这表明中国生产性服务业的国际竞争力较弱，需要进一步提升其在全球市场的影响力和竞争能力。

制造业生产性服务业驱动产业升级

随着信息技术的广泛应用和全球价值链的深度重组，我们正见证着制造业与服务业之间的界限逐渐模糊。全球范围内，制造业的服务化趋势变得日益显著，这不仅是一种产业趋势，更是经济发展的新动力。制造业生产活动越来越依赖于生产性服务业所提供的中间投入品和其他服务，这种依赖不仅保证了生产环节的连续性，还有助于提高全要素生产率，促进技术进步，实现经济的高质量发展。

在全球范围内，制造业与服务业的融合已成为提高竞争力的关键。发达国家产品最终价格中，制造环节的增值往往不到40%，而服务环节的增值约占60%。这种融合，特别是在支撑制造业数字化、网络化、智能化转型方面，显示出其不可替代的作用。例如，苹果公司在中国的制造活动，虽然在生产线和固定资产投资上没有直接投入，却能通过掌握产业链上的生产性服务业，如研发、物流、金融清算等，获取大部分的利润。这清楚地表明了生产性服务业在产业链中的核心地位和价值。

尽管近十年来中国生产性服务业的规模和比重取得了显著提升，但仍存在一系列问题和挑战。市场需求的多元化难以满足、内部发展结构的不协调、国际竞争力不强，以及生产性服务业品牌意识薄弱等问题，都亟须解决。此外，与发达国家相比，我国生产性服务业在GDP中的比重仍然偏低，这不仅限制了服务业的发展，也影响了实体经济的质量和效率。

要实现高质量的制造业发展，充分发达的生产性服务业是必不可少的。这涵盖了研发创新、物流配送、金融服务等多个领域，直接服务于制造业的各个环节。郑州富士康工厂利润的案例清楚地表明了掌握产业链上游的重要性。如果中国能在生产性服务业的关键环节实现突破，便能为国内制造业创造更多的价值。

未来，如果一个城市的制造业规模庞大，但生产性服务业比重很低，那么这座城市的制造业很可能是低附加值的。而如果产品在全球市场上能够卖得好，并且附加值高，那么这座城市产品中的服务业绝非仅仅是本地制造的，而是包含了其他地区企业提供的大量生产性服务业专利技术等。这凸显了提升生产性服务业，特别是在技术、金融、物流等关键环节的重要性，以及对制造业及整体经济高质量发展的推动作用。因此，分析和解决生产性服务业存在的问题，并制定相应的发展对策，对于推进我国制造业强国战略，实现经济高质量发展具有重要意义。

4. 新质生产力的显现：生产性服务业驱动制造业与服务业的融合

生产性服务业：数字技术与制造业的服务化转型

在数字经济时代，数字技术成为推动制造业服务化转型的关键力量。这种转型不仅涉及技术层面的更新，更关乎企业运营模式的根本变革。数字技术的特点在于其"数字"属性和自我增长的特性，使其能够在数据的采集、储存、价值挖掘和应用等各个阶段全面赋能制造业服务化的转型过程。

《中国制造2025》战略已明确提出加速制造业与服务业的协同发展，推动商业模式和业态创新，助力从生产型制造向服务型制造的转变。这种融合不仅有利于制造业延伸其价值链，也提升了差异化竞争力。制造业服务化的起源可以追溯到服务型制造，意指制造业企业从传统的低价值环节向设计、研发和服务等高价值环节的过渡，最终实现差异化竞争优势。这种转变本质上是制造和服务两种价值链活动的有机结合，更是生产和服务的深度融合。

制造业和服务业的数字化改造正在重塑产业结构，并展示出不同的动力和发展机制。在这一过程中，制造业的自我革命成为数字化改造的关键驱动力。经历了三次工业革命的推动后，制造业已经成为代表高效生产力和先进效率的象征,创造了前所未有的物质财富。然而,面对快速变化的产业结构和经济环境,传统制造业的吸引力和创新动力正在减弱。因此,只有通过真正意义上的生产方式和组织方式变革,即第四次工业革命,制造业才能重新获得创新活力。这一革命以数字技术为核心,通过人工智能、云计算和大数据等技术的交叉融合重塑产业形态和全球格局。

制造业的自然特性和发展阶段使其在数字化改造中扮演了特殊角色。从历史来看,制造业具有强大的抗击韧性和自我恢复能力,这为数字化改造提供了坚实的基础。同时,制造业一直是技术进步和创新的主要载体,它的快速技术进步和创新为数字化改造提供了必要的技术条件。而服务业的数字化改造则在很大程度上依赖于制造业的支撑。制造业的产品结构复杂和产业链较长,使其成为服务业发展的重要基础。同时,服务业所依赖的许多数字技术和基础设施,如物联网、云计算和大数据,都源自制造业的自我革新。此外,制造业的服务化也越来越需要服务业的投入和支持,从而进一步推动了服务业的发展和升级。

虽然制造业和服务业在数字化改造中具有不同的产业特点和发展阶段,但两者之间存在着密切的联系和互动。制造业的自我革命不仅推动了自身的数字化转型,也为服务业的数字化改造提供了技术、基础设施和市场需求等多方面的支撑。未来,随着数字化技术的不断发展和应用,制造业和服务业的融合和协同将更加紧密,共同推动经济和社会的全面数字化转型。

数字技术对制造业服务化转型的影响不容小觑。云计算、人工智能、物联网等前沿数字技术为企业提供了丰富的技术应用场景,如个性化定制和综合解决方案等高附加值活动。通过"产品+服务"的融合模式,这些技术赋能制造业服务化转型。它们不仅从技术角度推动服务化转型，还挑战了传统管理理论，并为未来管理的数字技术创新开启了新的视角。

制造业与服务业融合的数字化模式创新需围绕几个关键方面展开：首先是将企业的投入更加服务化，其次是使企业的产出更服务化，然后是使企业的运营模式更服务化，最后是推动制造企业与服务企业的深度融合，共同构建价值网络。

历史上，制造业服务化转型的动力和障碍主要基于"内外双驱"的框架，涵盖企业内部的战略变革、绩效提升、发展方式转变、商业模式创新等内部驱动力，以及客户需求响应、外部经营风险规避、技术变革等外部驱动力。然而，服务化转型也面临诸如组织变革惰性、资源依赖性、市场环境复杂性、行业技术迭代性等多重因素的挑战，可能导致资金投入、业务拓展风险和跨界搜寻成本等服务化悖论，威胁到企业服务化转型的成功。

在数字经济时代，这些挑战变得更加新颖和复杂。数字技术自身的自生长性和与其他载体和平台的融合程度加大了这些挑战。企业在数字化技术层面的制约因素，如技术水平、数字化战略、数字化人才、数字生态系统的角色定位等内部条件，以及社会经济的数字基础设施建设、数字产业生态、数据要素流通和交易法规等外部条件，都对数字技术赋能制造业服务化转型提出了更高要求。因此，要实现有效的数字化赋能，必须克服这些新颖和复杂的挑战，以实现制造业与服务业的深度融合和共同发展。

数据赋能协同体系建设价值共创

在数字经济时代，数据赋能成为推动制造业服务化融合和价值共创的重要战略。这一过程涉及政府、产业和制造业企业三方的协同合作。通过明确各自的角色定位和数字生态位,可以构建一个完善且高效的数字化生态体系。在探讨制造业和服务业数字化改造对各自发展的改变特点时,关键要认识到这两类产业各自的独特性质。制造业以实物形态产出为特征,其生产和消费可以在不同时间、不同地点进行,其产品可储存且可进行远距离贸易,同时,制造业通常具有较快的技术进步速度和较高的劳动生产率。相反,服务业的产出一般不具有实物形态,其生产和消费通常同时发生在同一地点,服务业产品不可储存,一般不可进行远距离贸易,而且由于服务业通常较少使用机器设备和缺少规模经济,其技术进步相对缓慢,劳动生产率相对较低。

数字化改造为制造业带来了生产效率的提升,这是因为制造业本身已拥有相对较高的生产率,数字化提供的数据驱动和技术创新可以进一步提高这一效率。数字化不仅使数据成为关键生产要素,优化生产要素组合,还改变了生产函数,使得产出增长源动力更加多元。通过激发创新、优化人力资本,数字化改造提高了全要素生产率。同时,通过促进产业关联和融合,以及推动产业结构升级,数字化改造进一步提升了制造业的生产效率。在生产过程中,制造业利用物联网、云计算等新一代数字技术来优化产品设计、改进生产流程、提高管理效率,从而达到提高生产率、降低成本的目的。

对服务业而言,数字化改造带来的则是颠覆性的变化。它在一定程度上打破了服务业相对低生产率的规律,实现了从低效到高效的变化,重塑了服务业的发展模式。数字化改造使得服务业能够更好地利用数据和技术,提供更加多样化、个性化的服务,提高服务效率和质量。同时,数字化技术如物联网、云计算等,最初来源于制造业的自我革新,现在成为服务业发展的重要支撑。此外,随着制造业向服务化发展，服务业的投入需求日益增加，这进一步推动了服务业的发展和升级。

总体来看，虽然制造业和服务业在数字化改造方面具有不同的机制和影响特点，但两者之间存在着紧密的联系和相互作用。制造业的数字化改造不仅提高了自身的生产效率，也为服务业的发展提供了技术和市场的支撑。而服务业的数字化改造则通过提供更优质的服务，进一步推动了制造业的服务化和高质量发展。未来，随着数字化技术的不断发展和应用，制造业和服务业的融合和协同将更加紧密，共同推动经济和社会的全面数字化转型。

政府在这个体系中扮演着至关重要的角色。一方面，政府需要投资建设新型数字基础设施，如数据中心和云计算平台，为数字经济发展提供必要的支撑；另一方面，政府还需要作为规则制定者，确保数据安全和隐私保护，通过建立完善的数据要素市场机制和监管体系，保障数据使用的公平性和效率。

对于产业而言，数字化的关键生产要素和先进的信息网络是推动产业发展的重要载体。产业主体应探索建立以工业互联网为核心的产业平台，通过整合和利用大数据提高产业数据资源的整合能力和利用效率。工业互联网的本质是通过全球化的工业级网络平台，将各种要素资源高效共享，实现自动化、智能化的生产方式，从而降低成本、提高效率，并促进制造业向网络化、服务化和智能化的转型。

制造企业在这个体系中应摒弃孤岛式思维，通过集成和分析企业各部门的日常运营数据，形成全面的运营全景图。这样的数据全生命周期管理，不仅能够提高工作效率，还能够为产品研发、服务流程改善等提供有力的支持。

数字化涉及多方主体，并在创造共享价值方面发挥着关键作用。

基于服务主导逻辑的三个要素——服务生态系统、服务平台和价值共同创造——服务创新可以得到有效概念化。在中国的数字化转型中，平台中心化的协同价值共创生态是关键，它构建了一个包含多方参与、优势互补、分工合作、利益共享的价值共同体。

此外，优化关联产业布局，推动生产要素在不同部门间的有序流动，是畅通国内大循环的关键。通过建立国家级承接产业转移示范区、形成区域间的两业转移合作，能有效促进要素资源在产业部门间的多维有序流通。这有助于构建生产性服务业与制造业之间的匹配联动生态系统，拓展制造业的发展空间，进而推动生产性服务业与制造业的深度融合和共同成长。

数字化推动制造企业更加服务化

随着数字化的深入融合，制造业正经历一场根本性的变革。传统制造业模式，特点是大规模、标准化生产，重点在于如何以较低成本生产高质量产品。然而，这种模式往往忽视了消费者的实际需求，依赖于广告系统推送产品给消费者。

数字化的引入为制造业带来了转变。利用数字化技术，企业可以从消费者行为数据中挖掘出真实需求，生产出更符合消费者期望的产品。这种模式转变要求企业利用先进的信息技术，重构研发、生产、流通等各环节，实现全产业链的智能化和数字化。数字化推动了从设计、产品、营销、渠道等各方面的贯通，使信息流引领其他流动，精准反映客户需求。在这个过程中，数据、数字技术等服务性、软性要素在生产投入中占据了更重要的地位。

在研发方面，数字化推动了从直线式研发生产模式向平台型生产研发模式的转变。采用"大设计、小试验"的模式替代传统的"试错研发"模式，加速产业升级，扩展产品品类。平台化和共享化的新模式使用户能够实现个性化定制，生产者实现柔性化生产，提高企业的灵活性和响应速度。

在生产过程中，数据、算法和数字技术服务成为关键的投入要素。这些无形的投入具有可重复利用的特性，促使企业用平台化思维构建产业服务生态圈，通过共享为企业发展赋能，形成多元主体共生的生态系统。数字技术与生产制造的交叉融合，提升了全产业链的智能化和敏捷化水平，满足消费者多样化需求，实现供需动态平衡。

这一过程不仅促进了产业互联网与消费互联网的深度融合，也推动企业对生产设备和工艺流程的数字化、网络化、智能化改造。具有产业互联网元素的企业将进行更深度的数字化转型，采取更智能化的生产方式，减少对人工的依赖，提高生产的柔性化程度。同时，消费端的数据和线上渠道等资源与产业互联网要素的深度融合，将进一步提升整个产业链的效率和敏捷性。

数字化推动制造企业运营模式更加服务化

随着数字化时代的到来，制造业正在经历一场根本性的变革，从传统的以生产为中心转变为以服务为中心的运营模式。这一转型不仅代表着技术的进步，更是商业模式和运营方式的全面创新。在数字化的推动下，制造业的服务化正在从初级阶段向更高级的形态发展，即从1.0阶段进化到2.0阶段，标志着企业运营模式的深刻转变。

在这个新的服务化时代，制造业企业不再仅仅是简单的物品提供者，而是转变为综合性的服务提供者。这种服务化模式要求企业在提供物理产品的同时，还要提供包括服务、支持、自助服务和知识等在内的全面价值包。这样的转变意味着企业需要更加关注客户的全生命周期体验，从而提升客户满意度和忠诚度。

制造业服务化的各种模式，包括产品延伸服务模式、产品功能服务模式、整合性解决方案服务模式、去制造化模式以及服务型制造模式，各自有着独特的特点和优势。在产品延伸服务模式中，企业不仅仅销售产品，还提供与之相关的全方位服务，强化与顾客的关系。而在产品功能服务模式中，消费者实际上购买的是产品的功能，而非产品本身，这种模式允许消费者按需付费，享受更加灵活的服务。

整合性解决方案服务模式则更加注重提供全面的解决方案，这包括服务、产品和系统的有机结合，满足顾客对高价值产品的需求。在去制造化模式下，企业则更加专注于高附加值的服务环节，而非传统的制造环节。总的来说，服务型制造模式则是制造业与服务业深度融合的产物，它利用数字化技术，如大数据和人工智能，打造适应消费者需求的智能化产品系统。

随着互联网、大数据、人工智能等技术的发展，数字化不仅改变了制造企业的生产方式，更重要的是推动了企业运营模式的根本性转变。在这种转变中，企业需要整合技术、产品和服务，创造新的价值提供方式，以适应日益多元化和个性化的市场需求。数字化为制造业带来了前所未有的机遇，但同时也带来了挑战，包括如何找到合适的商业模式、如何培养数字化人才、如何克服技术限制等。

综上所述，数字化正推动制造企业的运营模式变得更为服务化。在这个过程中，制造企业不仅需要关注产品的制造和技术的应用，更需要关注如何通过服务为客户创造更大的价值。这种服务化不仅是一种趋势，更是制造业持续竞争和发展的关键。随着技术的不断进步和市场需求的多样化，制造业服务化的前景将变得越来越广阔。

数字化推动工业互联网价值化

数字化时代正在塑造工业互联网的新价值。随着《中共中央、国务院关于构建更加完善的要素市场化配置体制机制的意见》发布，数据已成为新的关键要素，与土地、劳动力、资本、技术等传统要素并列。与传统要素不同，数据要素具有迭代速度快、可复制性、无限供给等特点，成为发现和创造新知识的重要路径。在这一背景下，数字化制造和智能制造的融合创新成为制造业转型升级的关键。

数据要素的价值化需要关注其核心价值链活动，包括数据的采集、组织、使用、流转和应用。数据采集涉及将各种信息转化为数字格式，而数据组织则是对原始数据的处理和整合，通过分析生成行动洞见。基于数字化的智能制造，便是利用数字技术在制造业企业中全面应用的实例。数字化改造推动企业体系重构、流程再造，形成新的数字化场景、车间和企业。

在传统工业化生产模式下，企业间合作主要基于产业链分工。数字化时代则推动制造业与服务业的深度融合，促使企业运营模式由价值链向价值网络转变。制造企业利用数字技术构建更具柔性的生产线，实现生产能力的平台化，与外部服务企业的合作日益加强。数字化支撑下的制造业不再局限于传统的模块化生产，而是向服务和技术的深度融合转型。

企业内部生产过程实现数据化后，将变成一个创新的内部平台，提高与外部服务商的联系紧密度。这种紧密的合作模式，通过共享生产能力，实现企业的快速转型。智能化生产平台的建立，不仅提高研发、设计、营销、售后服务的一体化，还能更快速地响应客户需求。例如，企业与供应链服务商的合作，能够通过数据采集和分析优化供应链，同时降低成本。大数据技术在智能补货系统、智能采购系统的应用，为企业降低库存作出重要贡献。这些进步意味着制造企业与外部服务企业的合作变得更加紧密，形成价值创造的网络。

数字化推动制造业与服务业的深度融合，其根本在于企业运营模式的变化。企业由以生产、流程为中心，转向以客户为中心的模式。这种转型导致企业投入和产出更加服务化，生产流程的价值链向基于产业生态的价值网络转型。如此，数字化不仅是技术进步的象征，更是企业文化和运营理念的根本变革。在未来，随着产品服务化的不断发展，我们可以预期，在数字化的浪潮下，工业互联网将继续发挥其价值化的巨大潜力。

工业互联网作为实体工业经济与互联网深度结合的产物，在推动中国制造业与生产性服务业耦合发展方面发挥着至关重要的作用。在人工智能、大数据和5G等新兴信息技术的助力下，工业互联网不仅实现了人机物三者的互联互通，而且优化了资源配置效率，促进了两大产业的耦合共生。

工业互联网通过实现智能化发展的平台，成为推动两产业耦合发展的关键机制。这个平台有效连接了制造业和生产性服务业的几乎所有生产要素，实现了制造业和生产性服务业之间人、机器和物的智能交互，以及上下游企业间资源要素的实时连接。特别是在5G通信新技术的支持下，网络时延大大降低，为解决两产业间要素未深度融合的问题提供了新解。

工业互联网不仅是促进要素深度融合的基础设施，而且是推动技术创新的新业态和应用模式。构建在5G、人工智能和大数据技术基础上的网络、平台和安全三大功能体系，不仅为产业各要素有效配置提供了有力支撑，而且提升了制造业和生产性服务业的创新能力，为两产业的技术创新与进步提供了新动力。

此外，工业互联网还加速了制造业和生产性服务业内外部产业链和价值链的双向深度分解与整合。通过降低交易成本，工业互联网实现了生产要素在不同地区、不同企业间的高效流通，打破了地理局限，推动了产业优势互补。这不仅延伸了两产业的价值链链条，而且使两产业的价值链关系性、结构性地紧密结合，模糊了两产业之间的边界，促进了两产业的深度耦合。

综上所述，工业互联网通过其先进的技术平台和功能体系，有效地推动了中国制造业与生产性服务业的耦合发展。它不仅提供了智能化的交互和资源优化，还加速了产业链的分解与整合，打破了地理限制，促进了产业优势互补，实现了两产业的深度融合。随着工业互联网技术的不断发展和应用，预期未来两产业的耦合将更加紧密，为中国经济的高质量发展提供新的动力。

数字化推动制造业供应链净零化

数字化正推动制造业供应链向净零化发展，这一过程深受区块链和物联网技术的影响。原先的供应链概念，起源于物流，涉及核心企业对商流、物流、信息流、资金流的控制，从原材料采购到最终产品交付消费者的整个流程。现代社会的分工细化和信息技术的进步，尤其是互联网和物联网的广泛应用，使供应链不再仅限于企业内部和企业间的组织协同，而是在宏观层面推动产业和地区间的协同，涉及产业供应链和城市供应链。

国务院关于积极推进供应链创新与应用的指导意见将供应链定义为以客户需求为导向、以整合资源为手段、以提高质量和效率为目标的组织形态。这一定义扩展了供应链的应用范围，将其由最初以企业为核心推广至以主导产业或中心城市为核心，且通过对科技流、商流、物流、信息流、资金流等核心要素的控制来实现。

生产性服务业与供应链核心要素的相互作用是显而易见的。一方面，生产性服务业的各大行业领域直接或间接影响或服务于供应链的核心要素，成为供应链体系建设的推动力。科技服务、金融服务、商务服务、流通服务、信息服务等直接推动相应要素的高效循环，而人力资源服务、服务贸易、节能环保服务则间接服务于供应链的关键要素；另一方面，供应链体系的建设需要这些核心要素的高效循环和配置，从而对生产性服务业的发展产生巨大需求。

数字化的推动使得供应链从传统的线性模式转变为更加动态和互联的网络。数字技术，如物联网和区块链，使得企业可以更有效地管理供应链，提高透明度，减少供应链中断的风险，并优化库存管理。数字化不仅提高了供应链的效率和适应性，而且还使其更加环保和可持续。

特别是在城市发展至辐射和引领区域高质量发展的阶段，生产性服务业的发展对于提升城市在国际供应链中的地位至关重要。通过加强对国际供应链中科技流、资金流、商流、物流、信息流的配置力和影响力，城市可以更有效地融入国际大循环，同时引领构建区域供应链体系，促进国内大循环。

综上所述，数字化正在深刻改变传统的供应链模式，使其向一个更加动态、互联且净零化的方向发展。在这一过程中，生产性服务业起到了关键作用，不仅支持供应链的高效运作，还助力城市和产业在全球供应链体系中提升战略地位。这种转型不仅对企业至关重要，而且对整个城市和产业的可持续发展战略具有重要意义。

新质业态与发展策略

从"新质业态与发展策略"这个板块开始，制造业与服务业以数字化为枢轴融合成生产性服务业这一新质业态，在这一新质业态之下，传统的制造业和服务业被彻底改变了：运营效率得到了提高，生产方式被彻底改造，发展模式完全重塑。这个板块从路径和模式分析入手，提出了融合发展、政策导航和人才战略三大发展策略，并指出，发展的关键要素在可持续发展与社会责任，同时必须加快构建先进的生产性服务业标准化体系。

1. 新质业态的路径分析：
融合的成功故事

智能化服务

智能化服务的兴起正在改变企业运营和市场服务的方式，特别是在制造业和服务业的融合方面。基于数据的服务是这一变革的核心，它涉及利用数据分析和大数据技术为客户提供定制化服务。这种服务模式依赖于从产品使用、客户互动、市场趋势等方面收集的大量数据。通过这些数据，公司能够提供个性化的产品和服务，更好地满足客户需求。

在优化运营方面，数据分析对提高生产流程、库存管理和供应链运营效率至关重要。此外，预测性维护通过监测设备数据，可以预测并预防设备故障，减少停机时间，从而提高整体效率。远程服务则通过数字技术，如物联网和云计算，远程监控、诊断和维护产品或设备。例如，通用电气的 Predix 平台利用基于云的数据分析服务，帮助客户监测设备健康、预测维护需求并优化运营。实时监控、远程故障诊断和增强现实技术的支持，都是远程服务的关键要素，提升了整体服务体验。

这些服务模式反映了服务科学（Service Science）的理论，该理论强调通过整合技术、商业和社会科学创新服务。数字化在此框架下被视为连接和转换产品与服务的关键工具。制造业服务化（Servitization）理论也支持了这种融合，强调制造业企业提供与产品相关的服务来增加价值。

智能化服务对经济增长、效率提升和就业市场产生了深远影响。它直接增加产业产出，为GDP做出积极贡献，同时，技术创新和新产品开发驱动经济增长。在就业方面，尽管智能化服务可能减少一些传统低技能工作岗位，它也为数据分析、系统设计、维护和客户支持等领域创造了新的就业机会。劳动力市场因此需要技能升级和终身学习。

总体来看，智能化服务在促进制造业与服务业的融合过程中起到关键作用，使企业能够提供更高效、个性化且响应迅速的服务。这些服务模式不仅增强了企业的竞争力，也推动了整个产业的创新和转型。随着技术的不断发展，智能化服务在经济和社会领域的贡献将变得更加显著。

服务型制造

服务型制造（Servitization）正在深刻改变传统制造业的业务模式，其中PaaS（产品即服务）的概念扮演着重要角色。在这种新兴模式下，客户的购买焦点转移，不再是简单地购买一个产品，而是购买产品提供的效果或相关服务。这种变化密切联系着制造业与数字化的结合，数字化的引入对此起到了至关重要的作用。

从制造业的角度来看，PaaS模式要求制造商不仅仅聚焦于物理产品的生产，更要关注如何在产品的整个生命周期中提供持续的服务。这就意味着，制造商必须在产品设计时就考虑到其耐用性、维护性和升级性，因为他们将承担起产品整个使用周期的责任。

数字化技术，如物联网、云计算和大数据，是实现PaaS模式的关键因素。通过这些技术，制造商可以远程监控、维护和优化产品性能。更重要的是，数字化转型使制造商能够从产品使用中收集和分析数据，深入理解客户需求和行为模式，从而提供更加个性化、高效的服务。

简而言之，服务型制造和PaaS模式不仅为制造商带来了新的业务机会，也为客户提供了更加丰富和高质量的体验。这种模式的推广和应用，预示着制造业未来的发展方向，将引领行业向着更加智能化、个性化和服务化的新时代迈进。

在当今数字化浪潮下，PaaS的模式正在制造业中迅速崛起，彻底改变了传统的产品销售模式。在这个新模式中，数字化技术不再只是辅助工具，而是成了核心驱动力。通过物联网、云计算、大数据等技术，制造商不仅能够对产品进行实时监控，确保服务的连续性和可靠性，还能实现预测性维护，通过数据分析提前预测并解决潜在问题，从而显著提高产品的运行效率和客户的使用体验。

在这个新模式下，制造商收集和分析了大量关于产品使用的数据，这些数据不仅用于监控和维护，还用于为客户提供个性化的服务和深入的使用洞察。数字化技术使得客户体验得以优化，用户可以通过数字接口，如移动应用，轻松访问服务、提出需求和反馈，这大大提升了客户满意度和忠诚度。同时，这种模式还提供了灵活的服务模型，包括基于订阅、使用量计费等多种定价模式，通过云服务等技术快速部署和扩展，以应对市场的快速变化和客户的多样化需求。

更重要的是，这种模式鼓励制造商不断创新和开发新服务。他们利用从产品使用中收集的数据来驱动服务创新，能够基于客户反馈和市场趋势进行快速调整和改进，从而持续保持市场竞争优势。总的来说，数字化技术在"产品即服务"模式中的应用，使得制造商能够从单纯的产品销售转变为提供更加全面和高效的服务解决方案，不仅增强了企业的竞争力，也为客户提供了更加优质的服务体验。

在当前的商业环境中，结合产品与服务的PaaS模式正日益受到重视。这种模式通过融合数字化技术，不仅提高了服务的效率和效果，而且显著提升了客户体验，为企业创造了新的收入渠道和竞争优势。

"产品即服务"模式通常提供基于订阅或使用的收入流，与传统的一次性销售相比，这为企业带来更加稳定和可预测的收益。例如，罗罗公司的TotalCare服务（该模式是一种基于按飞行小时付费的新模式，即航空公司按照航空发动机实际飞行时间和推力付费，以取代传统的收费模式）和飞利浦公司的Light as a Service（照明即服务，LaaS）。这种模式将照明产品与服务深度结合，提供定制化的照明解决方案，旨在满足客户的个性化需求）模式，不仅增加了稳定的收入来源，还提升了客户忠诚度，加强了客户关系。此外，数据驱动的服务模式优化了运营效率，减少了维护成本，如卡特彼勒公司的Cat Connect（卡特智能系统，这个系统利用出厂传感器和物联网，集数据于平台，智控设备，优化性能，含故障预测等增值服务，助客户提效降本）服务通过预测性维护减少了设备故障。同时，西门子公司的MindSphere平台（基于云的开放式物联网系统）等提供的综合解决方案增强了市场竞争力。

尽管"产品即服务"模式为企业带来了诸多益处，包括稳定的收入、增强的客户忠诚度、提升的运营效率和加强的市场竞争力，但企业也需面对转型过程中的挑战。转型通常需要显著的前期投资，包括技术开发和市场推广。同时，与一次性销售相比，订阅或基于使用的收入模式可能在短期内导致收入减少，尽管长期收益更为可观。因此，企业在采用这种模式时需要仔细评估和规划，以确保其可持续性和长期成功。

"基于结果的服务模型"（Outcome-Based Service Models）是一种革新性的商业模式，其核心理念在于客户为实现的业务成果支付费用，而非单纯购买产品或服务。此模式着重于价值的交付，而不是单纯的产品交易。在这种模式下，供应商承诺达到特定的业务成果或性能标准，客户则根据这些成果来支付服务费用。这激励供应商持续改进其产品和服务，确保客户获得最佳结果。

此商业模型的几个关键方面包括：首先是性能合同，即服务提供商与客户签订明确的合同，规定服务应达到的预期结果和性能指标；其次是结果驱动的定价策略，这种定价方式基于服务的实际成果而非传统的产品定价（例如，定价可能会基于节约的能源成本、提升的生产效率或达成的运营效率）；最后是持续的客户支持，供应商提供不间断的监测、维护和优化服务，以确保满足约定的业绩指标。

这种服务模式为供应商与客户创造了共赢的局面：供应商能够通过不断的优化和创新提高其服务质量，而客户则受益于与具体成果紧密相关的定制化服务。此模式不仅提升了服务的整体价值，也加强了客户与供应商之间的合作关系，促进了长期稳定的商业合作。例如施耐德电气的能源管理服务。施耐德电气提供基于结果的服务，帮助企业提高能源效率。他们通过安装智能监控系统和实施能效改进措施，承诺达到一定的能源节省目标。客户根据实际节省的能源成本支付服务费用。这案例展示了基于结果的服务模型如何在实际业务中应用，特别是在追求可持续发展和提高能源效率方面。这种模式不仅有助于客户节省成本，还鼓励供应商持续创新和优化服务，以确保实现最佳结果。

服务型制造（Servitization）正在全球范围内成为制造业发展的关键趋势。这种转型不仅挑战了传统的业务模式，也为企业带来了前所未有的新机遇。主要体现在技术驱动方面，随着物联网、大数据、云计算和人工智能等数字化技术的快速发展，全球制造业企业正日益转向提供综合性的产品和服务解决方案。市场需求的变化，特别是对个性化和高附加值服务的需求增长，推动了制造企业从单纯的产品生产商转变为服务提供商。同时，全球对可持续性和环境友好型服务的重视程度日益提高，这也促使企业将这些因素融入它们的服务型制造模式中。为了提高产品的生命周期价值并与客户建立长期关系，制造企业开始提供更多增值服务，如维护、升级和数据分析等。

中国作为全球最大的制造国之一，面对着巨大的市场潜力和转型升级的压力。中国政府支持制造业的升级和服务型制造的发展，视其为经济转型的重要方向。例如，"中国制造2025"计划便明确提出了加快制造业与服务业融合的目标。中国的制造企业在转型中面临诸多挑战，如技术升级的投资需求、激烈的市场竞争、需要改善的服务意识和能力等。许多中国制造企业正通过采用数字化技术，如物联网优化产品服务、数据分析提供定制化解决方案等方法来推动服务型制造的发展。

为了突破"产品即服务"模式中的限制和挑战，企业需要采取一系列战略和操作上的调整。这包括渐进式的转型策略，即在全面转型前先实施小规模的试点项目，以评估效果并调整策略；精明的投资和成本管理，以确保资金的有效利用和长期收益；投资于云计算、大数据、物联网等技术的数据基础设施建设；加强客户关系管理，包括客户教育和建立有效的反馈机制；商业模式的创新，如开发灵活的定价模型和增值服务；培养适应性强的组织文化和技能培训；以及与技术供应商和服务提供商等建立合作伙伴关系。

中国虽然在服务型制造领域起步较晚，但得益于庞大的市场规模、政策支持和数字化转型的推进，正展现出巨大的发展潜力和市场机会。这种新的商业模式正在全球范围内逐渐成为制造业发展的主流趋势。

制造业产品服务化

在当今时代，数字化正成为推动制造业转型的关键动力。这种转型不仅优化了产销流程，提升了经营效率，还帮助企业快速连接市场并挖掘潜在需求。然而，数字化过程中的挑战，如技术掌握、数据处理以及未来发展模式的确立，也不容忽视。

全球权威信息技术研究和分析机构Gartner将产品服务化定义为一种创新的商业模式，其中制造商和服务提供商通过在产品中嵌入连接技术，实现持续的价值创造。这种模式被视为未来5—10年制造商的重要机遇。

数字化的推动下，C2B（从消费者到企业，即顾客对商家）/C2M（从消费者到生产者，即顾客对工厂）等新型生产经营模式正在成为主流。这些模式依托互联网和大数据技术，从消费者需求出发，实现大规模的定制生产。与工业化时代的标准化大批量生产相比，C2B/C2M模式更注重个性化需求的满足，并实现了生产者与消费者之间的有效对接。这种模式通过整合电子商务、柔性生产技术、信息化管理、高效供应链等多种经营手段，推动了从大规模标准化生产向个性化、柔性化、多样化生产的转型。

产品服务化的类型多样，包括使用类（如订阅服务）、结果提供商（如根据使用时间收费的产品）和产品支持（如提供预防性维护和远程服务的产品）。这些服务化形式为企业带来了数据变现、新的营业收入来源和以客户为中心的服务模式等诸多优势。

然而，根据Gartner的研究，大多数制造商在实施数字化营业收入时面临诸如商业模式、人才缺乏、技术限制和管理关注不足等挑战。尽管如此，预计未来五年内将有73%的制造商提供产品服务化，预示着这一领域的巨大潜力。

"产品服务化"的成功案例，如特斯拉和SKF（斯凯孚集团，其总部设立于瑞典哥德堡，是全球轴承科技与制造的领导者之一），为制造业提供了宝贵的经验。特斯拉通过将软件作为产品的一部分，将汽车重新定义为"电子消费品"，而SKF则提供了全生命周期的旋转服务，突破了传统轴承行业的经营模式。

为成功部署产品服务化，制造商需要全局视野，考虑如商业模式、数字文化、人才以及广泛的生态系统等多方面因素。产品服务化要求企业在技术和生态系统上的高度融合，但每个企业都需量体裁衣，寻找适合自己的路径。

预计，随着市场逐渐开放，产品服务化将在制造业中越来越普及。为了适应这一趋势，制造商需不断创新，寻找合适的商业模式，并结合自身的核心竞争力，积极参与到这一转型浪潮中。未来，随着更多企业开始实施产品服务化，这一领域将成为新的增长点，为整个制造业带来深远的影响。

技术咨询和知识服务

在制造业的生产性服务中，技术咨询和知识服务构成了核心内容，对于企业的发展至关重要。技术咨询方面，专业的建议和指导帮助企业解决特定的技术问题，优化技术方案，使得企业能够更有效地应对技术挑战和市场变化。此外，技术咨询还包括协助企业进行技术规划和实施，这涵盖了新技术的引入、旧系统的升级和优化等多个方面，以确保企业在技术上保持领先地位。

在知识服务方面，对企业员工的专业培训和教育是一个关键环节，它不仅提升员工的技能和知识水平，还直接提高了企业的整体运营效率和创新能力。同时，通过提供市场和行业趋势的分析，企业可以更好地把握市场动态，制定有效的市场策略。知识服务还包括研发支持，如协助企业进行新产品的开发、技术创新和改进，从而加速企业的产品更新和技术进步。

在制造业生产性服务中，技术咨询和知识服务的提供通过一系列环节产生显著的价值。专业的技术咨询能使企业快速解决技术难题，有效提高技术能力，同时减少了在实验和错误过程中可能产生的成本。此外，通过培训和教育服务，企业员工的技能和知识得到显著提升，这直接影响到企业的生产力和创新能力，为企业带来内在的增长动力。

技术咨询和知识服务还能加速企业的创新和产品开发过程。通过研发支持，企业能够更快地开发新产品和技术，迅速响应市场变化和客户需求。同时，市场和行业趋势的分析为企业提供了宝贵的信息，帮助企业做出更明智的战略决策，有效地应对市场竞争。最终，这些服务的综合作用显著提升了企业的市场竞争力。企业不仅能够提高产品质量和减少生产成本，还能够提升市场响应速度，增强对市场变化的适应能力。通过这些方式，技术咨询和知识服务为制造业企业提供了一个全面的支持体系，帮助它们在激烈的市场竞争中保持领先地位。

在制造业生产性服务业中，咨询知识服务与传统行业资讯在几个关键方面有显著的区别。首先，咨询知识服务通常是高度定制化和针对性的，专注于解决特定企业的具体问题或需求。服务提供商会根据每个企业的特定情况、市场定位和技术需求提供个性化的解决方案和建议。与之相比，传统行业资讯更倾向于提供通用的行业动态、趋势分析和市场研究报告，主要用于提供行业背景和市场概况，并不涉及针对特定企业的定制化建议。

咨询知识服务的服务深度和范围也较广，涵盖从技术咨询、市场策略到操作执行的各个层面，可以包括培训、技术实施指导、产品开发支持等。相对而言，传统行业资讯的服务深度相对有限，主要集中在提供信息和分析。此外，咨询知识服务通常涉及高度的互动性，包括与客户的持续沟通、反馈和调整，甚至可能包括在实施过程中的协助，而传统行业资讯更多是单向的信息提供，缺乏针对具体实施过程的深入参与和支持。

在价值创造方面，咨询知识服务直接针对提升企业的运营效率、创新能力和市场竞争力，助力企业实现具体的业务目标和技术升级。而传统行业资讯更多用于帮助企业理解大环境和市场态势，辅助决策制定，但不直接涉及企业内部运营的优化。

数字化在制造业生产性服务业中的咨询和知识服务方面提供了多方面的贡献。它利用大数据和分析工具提供深入的市场趋势和消费者行为洞察，帮助企业制定更有效的市场策略，并通过分析竞争对手的数据，帮助企业了解行业内的竞争格局和潜在机会。数字化还能够快速处理和分析大量数据，为咨询提供即时、准确的支持，并根据企业特定的数据和情况提供定制化的建议和解决方案。

在加强知识传递和培训方面，数字化通过在线培训平台和交互式学习工具提供灵活的在线学习和培训资源，使企业员工能够方便地获取最新知识和技能。此外，数字化在支持研发和创新方面也发挥重要作用，利用数据分析工具预测技术发展趋势，并通过数字化协作工具促进团队成员之间的沟通和协作，加速研发过程。

在优化决策制定方面，数字化将复杂的数据转化为直观的图表和报告，帮助企业领导更好地理解信息，做出明智的决策，并构建预测模型，为企业的长期规划和战略决策提供支持。同时，通过分析客户数据并提供更加精准和个性化的客户服务和支持，数字化加强了客户关系管理，并通过数字化平台如客户门户网站和移动应用与客户互动，提升服务体验。

制造业咨询和知识服务作为一个细分行业，近年来随着技术进步和市场需求的变化而展现出显著的增长。技术的发展，特别是数字化、物联网和人工智能的进步，使得制造业越来越依赖于专业的咨询和知识服务来应对这些技术的集成和应用。同时，全球化和市场竞争的加剧也迫使制造企业寻求专业咨询服务，以提升运营效率、降低成本和增强创新能力。

在服务需求方面，制造业正逐渐追求更加定制化和个性化的解决方案，以满足其独特的业务需求和应对特定的市场挑战。因此，除了技术咨询之外，市场研究、战略规划、人力资源培训等全方位的知识服务需求也在增长。

就竞争格局而言，这一领域目前由大型综合咨询公司如德勤、麦肯锡等占据主导地位，但同时也见证了专注于特定技术或市场领域的中小型咨询公司的崛起，这些公司提供更为专业化的服务。

技术融合是这一行业的另一个显著特点，咨询和知识服务领域正在日益融合数字化工具和技术，如数据分析、云计算、AI等，以提供更高效、更精准的服务。同时，随着技术和市场的快速变化，咨询和知识服务提供商需要不断地学习和创新，以保持其服务的时效性和有效性。

然而，这一行业也面临着一系列挑战，包括客户需求的日益复杂化和定价压力的加剧。客户不仅期望服务提供商具有深厚的行业知识，还要求其具备跨学科的整合能力。在市场竞争日益激烈的背景下，咨询服务提供商面临着更大的定价压力和成本挑战。

总之，制造业咨询和知识服务行业正处于一个快速发展和转型的阶段。服务提供商需要不断适应新的技术发展和市场需求，以保持其在市场上的竞争力和地位。

中国的制造业咨询行业目前正面临着由信息技术发展和数字化带来的新机遇和挑战。这一行业正在努力回应整体形势、加强自身能力建设，以及顺应和满足未来发展趋势的需求。近期的研究表明，中国咨询行业已经出现了一批初具规模的前沿本土咨询企业，这些企业开始聚焦前沿应用领域，如多源数据研究和算法模型研究等新型技术研究方法。

大多数中国咨询企业对未来一年的业务前景持谨慎乐观态度，其中78.2%的受访企业预期未来一年业务额将有所增长。规模较大的企业预期未来一年业务额增长的比例高于小型企业。此外，数字化技术的应用对咨询业务产生了一定影响，那些能够适应数字化技术应用趋势、向数字化转型并提供数字化产品服务的企业预期业务额将增长。相反，那些认为大数据及相关领域的发展冲击了传统咨询服务的企业则预期业务额下降。制造业咨询和知识服务市场的规模取决于多种因素，包括行业发展水平、企业对专业服务的需求以及市场上现有咨询服务提供商的数量和质量。随着全球化和技术创新的加速，制造业的复杂性和竞争压力不断增加，导致对专业咨询和知识服务的需求增长。这些服务包括市场研究、技术咨询、操作优化、人力资源培训等多个方面。虽然很难精确估算全球或特定国家制造业咨询和知识服务市场的具体规模，但可以肯定的是，随着制造业的数字化转型和全球市场的变化，这一市场的潜在规模正不断扩大。企业越来越依赖这些服务来提升自身的技术能力、优化运营效率，以及应对快速变化的市场需求。因此，制造业咨询和知识服务市场是一个持续增长的领域。

全球服务网络

制造业的全球服务网络是一个跨国界的服务和支持系统，其主要目的是为了更好地服务于全球市场。它包括在不同国家和地区建立的供应链、生产基地、销售网络、客户服务中心以及研发设施。这个网络使制造业企业能够在全球范围内提供产品和服务，同时有效地管理其全球运营。通过这种网络，制造业企业能够更接近目标市场，优化成本结构，提高运营效率，加强全球竞争力，并迅速响应市场变化。

制造业构建全球服务网络的目的是为了更好地适应全球化市场的需求和挑战。通过在不同地区建立生产和服务设施，企业可以更接近目标市场，从而更有效地满足当地消费者的需求和偏好。此外，这样的网络布局还有助于企业利用各地区的成本优势，如较低的劳动力和原材料成本，从而优化整体的成本结构。同时，全球服务网络还使企业能够分散地理和市场风险，增加业务的稳定性。此外，这种网络还促进了跨国的技术和知识共享，加速了企业的创新步伐。最后，它还使企业能够快速响应全球市场的变化，包括消费趋势的变动、政策调整和竞争压力的变化，从而提升全球竞争力，实现可持续增长。

在制造业全球服务网络的建设中，数字化发挥着至关重要的作用。通过利用大数据分析，企业能够更准确地进行市场预测和战略规划。数字化的供应链管理系统，如ERP（企业资源计划）和CRM（客户关系管理），提高了全球供应链的透明度和运营效率。同时，数字化的客户关系管理平台帮助企业在全球范围内更有效地管理客户关系。此外，物联网和人工智能等先进技术的应用推动了产品和服务的创新，增强了企业的全球竞争力。数字化还使得企业能够远程监控和管理遍布全球的生产基地，提高了运营效率和灵活性。这些数字化策略和工具共同推动了制造业全球服务网络的高效运作和持续发展。

2. 新质业态的模式分析：多元融合的商业智慧

在探讨数字化转型对制造业和服务业融合的影响时，理解其不仅是技术过程的改变，而是涵盖了多元化商业智慧的模式转型至关重要。当我们将视角从纯粹的技术升级转向全面的模式创新时，数字化制造业生产性服务业的真正潜力才得以显现。

这种转型涉及多个关键参与者：平台、服务商、企业、消费者。它们在数字化生态系统中相互作用，共同推进过程。在这一生态中，平台不仅仅是技术提供者，更是价值共创的促进者。服务商通过提供适应各类企业需求的定制化解决方案，降低企业面对的技术门槛和成本。同时，企业能够以更加客户导向的方式运营，使得其投入和产出过程更加服务化。

"中国式数字化制造业生产性服务业"模式的核心在于构建以最终用户为中心的价值共创生态系统。在这个系统中，平台（P）和服务商（S）共同协作，为企业（B）提供个性化的数字化工具或解决方案。这种协作不仅仅是技术层面的结合，更是对商业模式的创新，促进制造企业和服务商之间更紧密的融合。此外，消费者或最终用户（C）的角色也至关重要，他们不仅是服务和产品的接受者，更是价值创造过程的积极参与者。

综上所述，数字化转型在制造业和服务业中的深度融合不单单是一个技术的升级过程，而是涉及平台、服务商、企业、消费者多方面协同作用的复杂变革。通过这种多元融合的商业智慧，不仅能够使企业更加客户导向，还能够创造一个更加高效、互动和协同的生态系统。

定制化和个性化服务

定制化和个性化服务在制造业中的应用正日益成为重要趋势，尽管二者在满足客户特定需求和偏好的目标上相似，但它们之间存在显著区别。定制化服务更多地强调客户的参与和选择，要求客户在产品或服务的创建过程中提供具体指导。例如，客户可以选择产品的特定功能或设计元素，制造商则根据这些规格和要求进行生产。这种服务在一定程度上基于标准化产品，但提供了更高水平的修改和调整能力。

与此相反，个性化服务通常是数据驱动的，基于客户的数据，如购买历史、行为偏好，来自动调整产品或服务的特性。这种服务在实现过程中体现出智能化和自动化的特点，依靠算法和人工智能技术来适配产品特性，无需客户直接参与。例如，宝马公司的个性化汽车服务允许客户在购车时选择各种定制选项，从而提供独一无二的汽车体验。

在中国式数字化制造业生产性服务业模式中，产业互联网平台聚合了各类服务商，提供符合企业需求的数字化方案。这些服务商深入企业内部，深入了解不同细分行业和融合模式，提供适应企业特征的个性化数字化转型工具。通过技术、推广、硬件、软件等服务商的协同，企业得以接入高效的全链路数字化解决方案。在这个过程中，服务商不仅需要深入理解企业需求，还需要转变商业模式，从以交易为中心转向以客户为导向，形成互补的数字化能力和合作伙伴关系，从而提供更加个性化的服务。

综上所述，定制化和个性化服务在制造业中各有其特点和应用领域。定制化服务注重客户直接参与和个性化生产，而个性化服务侧重于利用数据和算法进行智能化、自动化的调整。两者共同推动着制造业向更高水平的客户满意度和市场多样性发展。

数字平台和生态系统

为了促进不同企业之间的协作、共享资源和信息，同时创造更大的价值，建立数字平台至关重要。数字化不仅需要关注消费端（前端）和企业内部流程（后端），还要平衡内部运营（企业本身）与外部系统（供应链和产业链）。实现前端与后端、内部与外部的高效数字化融合，关键在于平台的参与。

在推动制造业与服务业深度融合的过程中，平台能够将消费互联网与产业互联网深度融合。消费互联网通过连接数亿消费者，利用平台的技术能力、数据积累、连接能力和聚合能力，深入挖掘消费者需求。此外，平台还连接了众多数字化服务提供商，这些服务商可以提供各种产业数字化转型服务，并与平台协同，为制造企业的数字化和服务化提供战略性资源和互补性技术。这样的合作有助于降低数字化转型的门槛和成本，推动商业模式创新，并增强企业在数字化方面的信心和能力。

国内企业如华为、海尔、阿里、腾讯等，都在尝试利用数字技术平台（例如鸿蒙系统、阿里云平台）来构建独特的数字生态系统。这种生态系统的构建依赖于物联网、大数据、区块链等数字技术和基础设施。它涉及建立虚拟化网络组织，制定数字平台运行规则，规范虚拟社区，以实现集体行动。同时，还包括设计新型的数字化契约，如智能合约，扩展传统契约治理手段，打破数据孤岛，实现数据的采集、加工、流通和交易，以及全生命周期的数据管理和数据价值链的闭环管理。在此基础上，打破组织边界壁垒，实现生态系统中各个数字生态位企业的协同配合，通过整个数字生态系统的自我创新和自发展，实现协同进化，提升整个系统的竞争力。

发展产业生态系统，包括供应商、分销商、客户和其他合作伙伴。在当前的制造业环境中，建立一个有效的产业生态系统是至关重要的。确立这一生态系统的核心目标和价值主张至关重要，无论是提高效率、促进产品或服务创新，还是增强客户体验。这一过程涉及识别并吸引包括供应商、分销商、客户以及其他潜在合作伙伴在内的关键参与者，并明确他们在生态系统中的角色和责任。此外，建立一个坚实的合作框架，包括合作原则、流程和标准，对于保证生态系统内部的和谐运作至关重要。

数字化平台的作用也不容忽视，它是支撑生态系统运作的关键。通过采用如云计算、物联网、大数据分析等先进技术，生态系统可以更加高效地运行。同时，鼓励创新和开放性也是生态系统成功的关键因素，它不仅包括对新技术的采用，还包括新业务模式的探索和新产品的开发。

对于生态系统的管理，有效的沟通与协调机制是保持流畅运作的基础。定期的会议和工作坊有助于促进各方的互动和协作。同时，生态系统所依赖的技术和数据基础设施需要得到妥善管理和维护，以确保系统的稳定和安全。此外，通过设定关键绩效指标（KPIs）和进行定期评估，可以有效监控生态系统的性能，并及时作出必要的调整和改进。风险管理和合规性也是不可忽视的重要方面，需要识别和管理潜在的风险，并确保所有活动都符合相关法律法规和行业标准。最后，持续的适应和改进是确保生态系统长期成功的关键，这包括根据市场和技术的变化不断调整生态系统的结构和运作方式，以及鼓励生态系统内部的学习和知识共享。

聚合集成解决方案提供

制造业在提供集成解决方案的过程中，不可或缺地依赖于数字化技术，以确保整个流程的高效、精准和协调一致。在咨询阶段，制造业通过大数据和分析工具深入进行市场洞察和客户需求分析，这为企业策略制定提供了坚实的数据支撑。同时，利用历史数据和趋势分析预测未来需求，为产品设计和生产计划提供指导。

进入设计阶段，制造业广泛运用计算机辅助设计和工程仿真软件等数字化工具，以提升设计的效率和准确性。数字化协作工具也在这一阶段发挥作用，确保团队成员间的有效沟通和协作，从而使设计过程流畅高效。

在制造阶段，物联网技术和自动化生产线的应用实现了智能制造，提高了生产效率和产品质量，同时减少了人为误差，确保生产过程的连续性和稳定性。产品安装阶段采用的数字化技术，如增强现实或虚拟现实，为安装人员提供交互式指导，提高了安装的效率和准确性。

运维阶段则见证了数字化技术的关键应用。通过物联网和数据分析技术，实现了设备的远程监控和预测性维护，从而降低了停机时间和维护成本。构建的数字化客户服务平台为客户提供快速响应和问题解决，进一步提升了客户满意度和服务品质。

在中国式数字化制造业生产性服务业模式中，平台和服务商共同推动了从产品研发到全营销的全流程数字化。这种模式的优势在于，它能够解决企业生产、经营等活动中的薄弱环节，提高运营效率。产业互联网平台的重点是将生产过程数字化，打造一个综合的信息物理空间（CPS），对生产过程进行动态监控、控制和优化。

在中国式数字化转型中，平台依托生态优势，聚合大量终端用户与消费者，汇聚各环节的服务商，推动企业全流程数字化。这使得中小微企业在平台上能够获得一站式、产业互联网和消费互联网全面融合的全链路数字化解决方案。在数字化成本方面，平台上的中小微企业聚合能够发挥规模优势，降低服务成本。

高端生产性服务业的发展对于制造业的生产效率提升至关重要。通过增强区域对研发型人才的集聚吸引力和核心竞争力，加速区域内高附加值生产要素的开发和积累，以及精准的"人才目录图谱"制定，可以显著推动高端生产性服务业发展规模的扩张。

西门子的工业自动化解决方案就是一个典型案例，它提供了包括设计、制造、安装、调试在内的一站式工业自动化解决方案，帮助企业提升生产效率。数字化技术在整个集成解决方案提供过程中发挥着核心作用，提高流程效率，提升产品和服务的整体质量，为客户提供优质体验。

绿色和可持续服务

在制造业的生产性服务业中，提倡"绿色和可持续服务"体现在多个方面。企业致力于优化能源使用和减少废气排放，采用高效能源管理系统和节能技术，同时改进生产工艺，采用清洁能源以减少温室气体和其他污染物的排放。此外，循环经济的理念也被广泛实践，企业通过废物回收和再利用策略将废物转化为资源，并在产品设计阶段考虑环保和可回收材料的使用，促进产品的循环利用。

在材料和工艺方面，企业越来越多地选择环境友好和可持续的材料，并采用低污染、低排放的制造工艺以减少对环境的负担。绿色供应链管理也是重要的一环，包括选择具有环保意识的供应商和优化物流运输方式以减少碳足迹。

在商业模式上，企业推行基于服务而非拥有的模式，如租赁或共享服务，减少资源过度消耗和浪费，同时提供长期的维护和升级服务，延长产品寿命。遵守环保标准和认证，如ISO14001，也是企业的一项重要实践，企业定期进行环境影响评估，持续改进环保表现，并对外公开环境责任报告。

综上所述，"绿色和可持续服务"在制造业的生产性服务业中不仅增强了企业的环境绩效，还提升了品牌形象，满足了日益增长的消费者和合作伙伴对可持续发展的需求，为企业带来长期的竞争优势。

在制造业中实现绿色和可持续服务方面，数字化创新扮演着关键角色。通过智能能源管理系统和精准资源利用策略，例如西门子通过物联网技术和大数据分析实现了能源消耗的优化管理，企业能够有效监控和管理能源消耗，从而提高能源效率并减少浪费。同时，利用自动化和智能化技术如通用电气所采用的机器人和人工智能，可以显著提升生产效率，减少能源消耗和废弃物产生。

数字化工具在支持循环经济方面也发挥着重要作用。通过追踪产品的全生命周期并优化产品的可回收性和可持续性，如苹果公司在产品设计阶段的环保考虑，企业能够更好地支持产品的循环利用。此外，数字化平台如耐克的可持续供应链管理，实现供应链的全面可视化和透明化，帮助企业选择符合绿色标准的合作伙伴，减少碳排放。

在环境影响评估方面，数据驱动的决策至关重要。IBM 的环境影响评估工具利用数据分析和人工智能技术帮助企业优化其业务活动对环境的影响，促进更环保的决策。同时，数字化沟通平台，如特斯拉利用其数字平台来教育和鼓励客户选择可持续的电动汽车，可以用来提高客户对绿色产品和实践的认知及参与。

数字化创新也推动了新环保技术的研发和新的业务模式。例如，飞利浦的"灯光即服务"模型，通过提供灯光租赁服务而非传统销售模式，延长了产品使用寿命，减少了资源浪费。这些综合性的策略和方法使得数字化创新在帮助制造业向更绿色、更可持续的方向发展中起着至关重要的作用。

制造业的绿色和可持续服务未来将越来越多地依赖于技术创新、循环经济理念、透明和可持续的供应链管理、服务化商业模式，以及消费者和市场的驱动。这些趋势不仅促进了环境保护，也为企业带来了新的发展机遇，未来发展趋势主要集中在以下七个方面。

第一，智能化和自动化的进一步发展。随着智能化和自动化的进一步发展，制造业正经历着一场深刻的变革。越来越多的企业正在转向建立智能工厂，这些工厂利用先进的自动化和智能化技术，显著提高生产效率和可持续性。这一趋势中，人工智能和机器学习技术的应用尤为关键。这些技术被用来优化生产流程、能源管理和维护策略，有效减少浪费并提高资源的利用率。通过这些创新的应用，智能工厂不仅能够提高生产力，还能够促进整个制造过程的环保和可持续性。

第二，循环经济和闭环制造。在制造业追求绿色和可持续发展的过程中，产品的全生命周期管理成为一个核心。这种管理方法强调从产品设计开始，贯穿整个生产过程，直至产品的废弃和回收，重点在于实现资源的有效循环利用。此外，为了进一步减少环境污染，制造业也在不断增加可回收和生物降解材料的使用。这些材料的应用不仅有助于降低产品在废弃时对环境的影响，还能够在产品的设计和生产阶段就开始考虑环保和可持续性。通过这种全面的方法，制造业正努力减轻其环境足迹，同时促进资源的可持续利用。

第三，绿色供应链和透明度。在制造业的可持续发展策略中，供应链管理扮演着至关重要的角色。为此，企业正加强对供应链环境影响的评估，确保其各环节符合可持续发展的标准。这包括选择那些遵循环保原则和实践的供应商，确保从原料获取到产品制造的每个步骤都尽可能减少对环境的负面影响。同时，提高供应链透明度也成为一个重要的目标。通过使供应链的操作更加透明，企业不仅使消费者和股东能够更清楚地了解产品的来源和制造过程，还增强了企业的品牌信誉和消费者信任。这种透明性的提高有助于推动整个行业朝着更加负责任和可持续的方向发展。

第四，可持续服务模式。制造业正逐渐转向一种新的商业模式，即重视服务而非仅仅聚焦于产品。这种变革体现在推广基于服务的商业模式，例如产品即服务模式。这样的模式有助于减少资源的过度消耗和浪费，因为它鼓励使用而非拥有，从而延长产品的使用周期并减少废弃物。此外，制造业还在积极提供更多定制化和个性化的服务，以满足消费者对环保和可持续产品日益增长的需求。这种服务的提供不仅让消费者能够获得更符合个人需求和偏好的产品，也促进了资源的有效利用和环境保护。通过这些策略，制造业正努力在满足市场需求的同时，推动环保和可持续发展的理念。

第五，数字化转型。在制造业的绿色和可持续发展中，数据驱动的决策和物联网技术的应用正成为越来越重要的趋势。通过更广泛地应用数据分析和人工智能技术，企业能够更准确地指导环保和可持续的决策制定。这种方法使得企业可以基于实时数据和高级分析来优化生产流程、减少能源和资源的浪费，并提高整体效率。同时，物联网技术在监测和管理资源消耗以及评估环境影响方面的应用正在扩大。通过传感器和联网设备，企业能够实时监控生产设施的能源使用情况和环境影响，从而做出更加及时和有效的调整。这些技术的结合不仅帮助企业减少对环境的负担，还增强了企业在市场上的竞争力，同时推动了可持续发展的实践。

第六，环保标准和认证。在制造业领域，企业越来越注重遵守国际环保标准并获取绿色认证，以此来强化其对可持续发展的承诺。严格遵循如ISO 14001等国际环保标准，已成为企业展示其环保责任的重要方式。这些标准不仅提供了环境管理方面的指导原则，还帮助企业在全球范围内维持一致的环保实践。同时，积极获取环保和可持续发展相关的认证正成为企业提升品牌形象和市场竞争力的关键策略。这些认证不仅证明了企业在环保方面的努力，还向市场和消费者传达了企业的环保理念和实践，有助于树立企业的绿色形象，并在日益增长的环保意识的消费市场中赢得优势。通过这些举措，企业能够在推动可持续发展的同时，增强其在全球市场中的竞争地位。

第七，消费者和市场驱动。随着全球范围内消费者环保意识的不断提升，对绿色和可持续产品的需求正呈现出显著的增长趋势。消费者越来越关注产品的环境影响和可持续性，这种变化正在推动市场需求朝着更加环保的方向发展。与此同时，市场趋势和政府政策也在进一步推动企业转型。政府通过制定和实施各种环保法规和政策，鼓励或要求企业采取更加绿色和可持续的生产和运营方式。这些政策导向，结合消费者对环保产品的日益增长的需求，共同促使企业不仅出于遵规需要，而且为了满足市场需求，朝着更加绿色和可持续的方向发展。这种由消费者意识和市场政策双重驱动的趋势，标志着绿色和可持续发展正成为制造业未来发展的重要方向。

3. 新质业态发展策略一：
以融合发展破解数字化的挑战

加速构建数据生态，促进制造业与服务业的数字化融合发展

在数字经济时代的大背景下，数据已经成为数字化与服务化的核心要素，对推动服务业与制造业的融合发展起着至关重要的作用。企业需要将内部和外部数据充分整合，实现全流程的数据化，这对于优化资产、跟踪价值链、交换数字产品特性和验证出处至关重要。构建一个健全的"数据生态"是实现这一目标的关键，涵盖了数据本身及其处理和利用所需的各种技术、工具、平台，以及相关的政策、规范和组织结构。

在数据生态系统中，企业、政府、科研机构和个人等各类参与者通过数据的交换和共享共同实现价值创造。这一生态的核心在于其多样性、技术支持、参与者互动、创新促进和健康发展的政策保障。不同行业如制造业、金融业、医疗等都在通过数据分析优化运营、提升服务质量、改善治疗效果，体现了数据生态的关键作用。

然而，构建良好的数据生态面临多方面的挑战。首先是"数据孤岛"的现象，数据在企业内部、企业之间、企业与政府之间缺乏关联

性和互通性。其次，数据确权与交易存在障碍，尤其是消费者隐私保护的问题。再次，电商平台的数据要素资源垄断现象，如何克服数据市场的"霸权"，实现数据要素的有效归集和保护，也需要重视。

为了加速构建数据生态，促进融合发展，政策层面需要建立适应数字化与服务化发展的数据权利、数据交易、数据共享的政策法规，构建良好的数据治理环境。建议在国家层面建立工业大数据中心，打通数据来源，统一规范数据格式与接口，集中收集数据，形成可用的数据集和资源目录，供各方共享使用。同时，企业也需要自上而下采取有效的贯通措施，解决数据孤岛问题，加强数据的集成和贯通。

总之，在数字经济时代，数据要素是推动社会经济活动的根本，加速构建数据生态，充分挖掘数据要素的价值，对于促进服务型制造与数字化转型的融合发展至关重要。通过解决数据治理的难题，建立健全的数据生态，可以为制造业企业提供更优的决策支持，提高市场定位、产品开发和运营管理的准确性，从而带来经济效益的显著提升。

紧抓数字经济的发展机遇，发展生产性服务贸易

随着数字经济的蓬勃发展，生产性服务贸易正迎来独特的成长机遇。数字化转型在这一领域的发展中发挥着关键作用，其中云计算、大数据和人工智能等先进技术的应用能够彻底改造传统服务流程，显著提升服务的效率和质量。通过建立线上服务交易平台，服务贸易的市场范围得以大幅扩展，为企业提供更多的国际市场接触机会。同

时，利用跨境电子商务渠道，可以有效促进服务产品的国际销售和分销。

在数据驱动的经济时代中，加强数据安全和隐私保护是建立国际客户信任的基石。同时，建立国际合作关系，积极参与全球价值链是拓展服务贸易全球网络的重要手段。此外，政策支持和构建适应数字时代的监管框架对于生产性服务贸易的健康发展也至关重要。

为了推动服务贸易的创新和升级，对新技术和新服务模式的研发投入必不可少。加强对数字技术和国际贸易领域人才的培养，提升从业人员的专业技能和国际视野，对于生产性服务贸易的发展同样重要。因此，利用云计算、大数据、人工智能等技术，推动生产性服务业的数字化、智能化、信息化转型至关重要。鼓励新兴服务业的发展，促进服务贸易的技术创新、模式创新和业态创新。同时，鼓励生产性服务业企业参与全球竞争，开展国际服务贸易。鼓励实力雄厚的服务业企业实施逆向外包战略，积聚全球先进生产要素，弥补高级生产性服务业的人才短缺。

紧紧抓住数字时代"新基建"的机遇，占据数字经济和数字贸易的制高点，为生产性服务业攀升至全球价值链高端创造有利条件。通过这些多方面的努力，可以充分利用数字经济的机遇，促进生产性服务贸易的增长，并提升其在国际市场中的竞争力。

服务业升级：加速数字化基础设施建设的战略

加快推进服务数字化基础设施建设是实现服务业数字化改造的基础和关键。所谓服务"新基建"，指的是能体现出服务业数字化特征的新一代数字基础设施，它不仅包括物联网、云计算平台、大数据平台、5G网络、人工智能等硬件设施，还包括网络平台、操作系统、数据库、运行环境、安全环境等软件设施。这些基础设施的建设和完善，是推动服务业数字化改造的物质基础和技术支撑。

加强生活服务类网络平台的建设是推进服务"新基建"的重要内容。充分发挥网络平台在服务业数字化改造中的带动作用，加强对消费端互联网平台的建设，引导生活类服务平台提供普惠、便捷、合理、专业的基础设施和服务，给予政策支持和引导。这样的平台能够有效整合各类资源，提升服务效率，满足消费者多元化的需求。通过政府购买、政企合作等模式，推动普适性、公共性服务业数字化基础设施的建设。例如，积极推动外卖行业的智能取餐柜、快递行业的智能快递柜、社区服务业的智能家政和智慧物业以及智能自助服务系统等建设。将服务数字化基础设施与社区生活服务、社会公共服务、公共安全治理相结合，布局智能终端服务，从而满足居民线上线下及融合需求。

推动重点行业和领域的数字化基础设施建设也是加快推进服务数字化基础设施建设的重要方面。如建设智慧景区、无人车、服务机器人、智慧餐饮等，这些重点行业和领域的数字化基础设施建设，能够促进技术创新和应用，推动服务业的高质量发展。

针对新兴服务模式所需的数字化基础设施提前进行布局，如推动元宇宙所需的基础设施建设，这不仅能够把握未来服务业的发展趋势，还能为新兴服务模式的实现提供坚实的基础。加快推进服务数字化基础设施建设，通过加强网络平台建设、推动普适性基础设施建设、推动重点行业和领域基础设施建设以及提前布局新兴服务模式所需基础设施等措施，可以有效促进服务业的数字化转型，为服务业的高质量发展提供有力支撑。

促进制造业高效发展：
全面推进数据流通和共享

全面推进制造业数据流通和共享是提高制造业数字化改造效率、促进数字化改造进程的关键。由于制造业各行业之间存在较大的差异，导致不同行业、不同企业乃至同一企业的不同部门之间彼此独立、相互封闭，形成了数据孤岛。这不仅降低了制造业数字化改造的效率，还阻碍了数字化改造的深入发展。因此，破除这些障碍，实现数据的自由流通至关重要。

首先，适时适当地开放国家层面的生产端数据是推动数据流通和共享的重要一步。这种开放应当综合考虑机密、安全和战略等因素，确保数据开放的同时保护国家和企业的利益。其次，鼓励企业之间进行数据交流和共享，建立数据交流交汇机制，推动企业数据互联、共享和交换，这对于打破数据孤岛、提升制造业整体效率具有重要意义。同时，在国家层面加快大数据平台和中心的建设，以及鼓励企业建设自身的数据中心和数据库，都是实现数据流通和共享的重要措施。此外，加强和完善工业数据方面的法律法规同样重要。这包括统筹工业数据的开发和利用，保护涉及国家保密、个人隐私、商业机密和公共数据的安全，推进数据安全和个人信息保护领域的基础性立法，推进数据分级分类，加强数据安全评估。这些法律法规将为数据流通和共享提供有力的法律保障，确保数据在安全和合规的环境下流通。在此基础上，政府应针对性地扶持制造业数字化改造重点项目和产业，特别是工业互联网平台、数字化改造效果显著的重点工厂和车间、中小微企业的"上云用云"项目以及产业生态数字化改造项目。

这些项目和产业的扶持不仅可以加速制造业的数字化改造，还可以提供有效的示范作用，促进整个行业的数字化升级。扶持方式可以多样化，包括直接补贴、税收减免和信贷优惠等。

总之，全面推进制造业数据流通和共享对于提高制造业数字化改造的效率、促进数字化改造进程具有重大意义。通过开放数据、鼓励数据共享、加快建设数据平台、完善法律法规以及针对性扶持重点项目和产业，可以有效破除数据孤岛，提升制造业的整体效率和竞争力，进一步推动经济高质量发展。

强化核心城市辐射和协调能力，促进生产性服务业向区域扩展与融合

为了实现生产性服务业的区域经济联动发展，关键在于提升核心城市的辐射能力和协调性。这包括增强科技创新、要素集聚以及区域融通连接能力。通过推动生产性服务企业向周边甚至更广区域扩展，可以有效促进区域供应链体系的整合和运营，提升科技流、资金流、商流、物流、信息流的管理效率。

生产性服务业在区域内的融合和扩张，有助于加强城市在区域发展中的核心引领作用。这不仅涉及科技创新和资源集聚能力的增强，还包括组织运筹和策略规划能力的提升。为此，需要重点培育具有发展潜力的先进生产性服务业，提升服务品质，强化品牌建设和核心优势，从而实现服务产品的高端化和专业化。

此外，与发达国家在新兴知识密集型服务业领域的交流与合作，将为本国服务业的发展提供宝贵经验和先进技术。同时，政府应大力支持重点行业的发展，促进国内先进服务业的成长，提升国际服务贸

易竞争力。

最后,为了实现区域经济联动和制造业服务业的共同发展,各地区应发挥各自的工业基础和资源优势,加强合作与资源共享。通过共享技术、人才和信息资源,实现东部地区的研发资源与中西部地区的生产能力的有机结合,提升整体产业链的效率和竞争力。政府的政策引导和投资环境的优化,将为服务业提供更好的发展条件,助力区域经济的联动发展和整体提升。

工业互联网与两产业深度耦合的动力路径

工业互联网作为数字化时代的重要基础设施,正引领制造业与生产性服务业朝着更高水平的耦合发展。其核心在于通过高效连接和整合两产业的关键要素,促进技术创新,并实现价值链的深度分解与整合,从而驱动两产业共同前进。

工业互联网提升了两产业要素资源的优化配置能力。作为连接人与人的新一轮全球性商业浪潮,工业互联网实现了人、机、物的全面互联。将制造业和生产性服务业的生产要素转化为可支配资源,工业互联网通过大数据和云计算建立起公共云平台,实现两产业设备、生产线、工厂、产品和消费者等要素的紧密融合和有效共享,进而拉长原有产业链和价值链,形成跨地区、跨企业、跨系统的共享网络。

在现代化产业发展中,技术创新是推动高质量发展的内核。工业互联网整合了跨地区、跨企业的创新资源,重塑工业制造和服务体系。它在连接制造业和生产性服务业的诸多要素资源后,在统一共享的数据平台进行运营优化、资源协同和模式创新,为两产业提供了技术创新的新途径,降低了生产和研发成本,更准确地把握消费者需求。工业互联网在促进两产业价值链分解与整合方面发挥着重要作用。随着技术进步和社会分工的不断深化，制造业和生产性服务业的价值链日渐专业化和具体化。工业互联网使得这两大产业的价值链更加精准地分离和整合，通过构建价值链工业模型，将制造业和生产性服务业的要素进行高效整合，实现两产业的深度融合。

工业互联网通过发挥产业集聚优势促进两产业的耦合发展。通过数据汇聚、建模计算与工业经验知识结合，工业互联网优化资源配置效率，推动标准化生产向规模个性化生产过渡。它促进了企业的数字化转型升级，提升了产业集群的内生动力，降低了企业间的交易和生产成本，实现了高效的资源整合。同时，产业集群有助于形成新兴业态，推动制造业和生产性服务业的耦合发展，实现高效协同。

综上所述，工业互联网是推动制造业和生产性服务业耦合发展的强大动力。它通过提高要素资源配置效率、促进技术创新、实现价值链的深度分解与整合以及发挥产业集聚优势，为两产业的深度融合提供了坚实的技术支撑和广阔的发展空间。随着工业互联网技术的不断发展和深化应用，两产业的耦合将更加紧密，共同推动经济社会的高质量发展。为了有效利用工业互联网推动制造业和生产性服务业的高端耦合与发展，以下建议应当被认真考虑和实施。

首先，应加速构建工业互联网平台应用体系。国家和企业需要共同努力，建立并优化一个资源共享、要素高效配置的工业互联网平台体系。通过快速培育并推广一批企业级、跨部门、跨系统的工业互联网平台，可以形成示范效应，激发区域内其他企业的数字化转型，从而构建健康的行业生态系统。如海尔的COSMO Plat平台，便是以用户需求为核心，实现了"产销合一"，提高了制造业的生产效率，同时也为两产业的有效融合提供了信息化支持。

其次，打造工业互联网产业集群也至关重要。应鼓励和支持区域内的产业链和价值链进行协同效应优化，快速形成工业互联网产业集群。通过促进地方政府和企业建设使用工业互联网平台，并采取各种激励措施提高企业的参与度，能够在更大程度上发挥产业集聚的优势。

再次，建设工业互联网示范基地，如广东省工业互联网产业示范基地等，通过先行先试的方式，发挥示范企业的引领作用，促进工业互联网更深入地服务于制造业和生产性服务业，从而突破地理位置的限制，实现产业的高效整合和协同发展。

通过这些措施，不仅能够解决制造业和生产性服务业之间的耦合程度不足问题，还能促进国家产业结构的优化升级，推动经济由高速增长向高质量发展转变。

4. 新质业态发展策略二：以政策导航营造支持环境

统一行业认识和加强立法保护与监管

为确保制造业生产性服务业的繁荣和进步，社会各界需共同努力，树立对该领域的正确和统一认识。目前，将服务业视为非生产性部门或虚拟产业的观念亟待纠正。法律制度的强化将是维护市场秩序、加强知识产权保护，并引导企业依法合规运营的关键。

首先，明确界定制造业生产性服务业的范畴至关重要，这不仅有助于行业自身的明确定位，也便于政府监管和政策指导。其次，提升社会对该领域的认知和重视将吸引更多的资源和人才投入，推动行业的创新和发展。立法保护对于制造业生产性服务业的健康成长至关重要。通过制定相关法律法规，可以确保行业有一个稳定的政策环境，从而促进其健康和可持续的发展。适当的立法不仅能规范市场行为、保护企业和消费者权益，还能促进公平竞争，并激励企业进行技术革新和服务创新。

面对推动行业统一认识和立法保护的过程，我们也必须警惕其中的挑战。法律法规应与行业的快速发展同步，避免成为新技术和新商业模式发展的障碍。同时，立法过程中应兼顾各方利益，确保法规的公平性和有效性。通过统一行业认识和提供坚实的立法保护，我们不仅能够促进制造业生产性服务业的健康发展，还能为企业创造一个稳定且公平的市场环境，进而激发创新活力和提升行业竞争力。在此过程中，保持法规的灵活适应性和平衡各方利益将是我们不断前行的关键。

另外，在数字化时代，消费互联网平台已成为广大中小微服务企业实现数字化转型的关键依托，然而这些平台也极易形成垄断，影响市场的公平竞争。为确保中小微服务企业能顺利进行数字化改造，强化消费互联网平台的包容审慎的反垄断监管成为一项重要建议。这种监管旨在平衡发展与规范，以达到促进创新与防止市场垄断的双重目标。

首先，法律框架的构建至关重要。以《反垄断法》为核心的法律体系是监管的基础，不仅为反垄断监管提供法律依据，也保障监管的有效性和公正性。在这基础上，监管思路应从一般性的包容审慎监管转变为更加积极的态度。这要求监管者不仅支持平台经济的创新和公平竞争，同时确保所有经济活动都在法律框架内进行，维护市场秩序和消费者权益。

其次，监管方法的创新也非常关键。重视平台自我规制和内外部监督机制的建立，既强化平台企业的主体责任，又合理分配平台和平台内经营者的法律责任。促使数字平台建立有效的自我约束和合规制度，引导平台履行社会责任，激发内部驱动力，建立自律规范和行为约束机制，并鼓励平台内经营者和消费者对平台进行主动监督，形成多元监管格局。

再次，监管技术的现代化也至关重要。反垄断监管要在技术上精准掌握平台经济的变革性、动态性和创新性特征。这涉及加强对执法人员的教育培训，确保其具备必要的专业素养。同时，加强数字化反垄断技术机构的建设，探索大数据分析、机器学习和智能算法在平台经济反垄断中的有效应用，以提高监管的精准性和效率。

综上所述，强化消费互联网平台的包容审慎的反垄断监管，不仅是对现有市场秩序的保护，更是对未来创新发展的投资。通过法律框架的建立、监管方法的创新和监管技术的现代化，可以确保中小微服务企业在公平竞争的环境中实现数字化转型，进而推动整个经济向高质量发展转型。

加大对中小微企业的融资支持和税收支持

加强对中小微企业的财政和税收支持是促进制造业发展的重要措施。为解决现代服务业中的税收增长问题，政府应着重处理增值税留抵退税返还等问题，同时为科技型中小微企业提供更多的税费优惠政策，例如研发费用扣除等。通过这些措施，可以有效降低企业的财税负担，激发其发展活力。

在金融领域，继续推进多层次资本市场的健康发展至关重要，特别是加强金融能力建设，以更好地服务于小微企业。金融机构应推出更多适合小微企业的贷款产品，这些产品应具有较低的利率和更灵活的还款条件。政府和专业担保机构可以提供信用担保，以降低金融机构的风险并鼓励它们向小微企业提供贷款。

此外，风险投资和天使投资对于具有较大发展潜力的小微制造企业来说，也是重要的资金渠道。政府可以通过政策性银行提供专门的贷款和信贷额度，专门用于支持小微企业的发展。同时，提供金融知识和财务规划方面的培训，提高企业主的金融管理能力。

简化贷款流程和手续是降低小微企业获得金融服务难度的必要措施。通过这些综合性的金融支持措施，可以帮助小微企业克服资金短缺的难题，促进其稳定和持续发展。

就资本要素而言，国内资本投资在一定程度上限制了生产性服务业的参与范围，但对其在全球价值链嵌入位置的影响不显著。随着对外开放的扩大，外商直接投资和对外直接投资对提高生产性服务业在全球价值链中的参与度有显著促进作用。因此，在财政和税收政策的制定中应考虑到这些因素，以实现更有效的资源配置和产业升级。

进一步扩大生产性服务业开放，打造一流的国际营商环境

提升国际营商环境，促进生产性服务业发展的关键在于营造一个有利的商业环境。这涉及多个方面，包括优化政策和法律环境、改善经济条件、简化市场准入和贸易条件、加强基础设施和技术、改进金融环境、合理配置劳动力市场、提高行政效率、考虑社会文化因素以及支持创新和技术发展。在这些方面的改善有助于降低企业的运营成本和风险，提高其盈利能力和市场竞争力。

在生产性服务业的发展中，放松对服务业的管制、破除垄断是至关重要的。实施准入前国民待遇加负面清单管理制度，扩大高附加值和高技术含量服务业的投资和市场准入是必要的措施。特别是鼓励外资投向技术知识密集型的生产性服务业，可以促进新兴服务贸易的发展。

要构建一流的国际营商环境，提升中国生产性服务业在全球价值链中的参与度。这不仅能稳固现有的产业链条，还能增强其实力。通

过数字化改革，提高政务服务效率、税收征管效率，提供高水平的公共服务，并加快服务业的制度型对外开放，可持续地优化营商环境。

优化的营商环境有助于吸引国际直接投资，增加就业机会，同时促进经济增长。为了提高国家或地区的商业吸引力和企业竞争力，必须注重投资便利度、市场潜力、基础设施建设和公共服务水平。行政效率的提升通过降低交易成本和提高制度保障供给，有助于生产性服务业在全球价值链中的地位提升。此外，信息基础设施的全球水准对于高价值服务业尤为重要。

总的来说，通过以上综合性措施的实施，可以显著提升中国生产性服务业在全球价值链中的参与度和位置，为国家经济的长期稳健发展提供强有力的支持。

激活服务业数字化改造：市场引导与企业主体作用的发挥

发挥市场的引导作用和企业的主体作用是服务业数字化改造的关键。在中国，服务业正处于一个高速增长期，市场需求巨大，服务业的增长速度稳定，占GDP的比重持续增加，为数字化改造提供了良好的基础。此外，由于服务业的整体信息化水平较高且架构相对简单，实施数字化改造相较于制造业来说更加容易。在这样的背景下，政府在做好顶层设计的同时，应将服务业数字化改造的具体路径交给市场和企业来决定。

首先，企业作为服务业数字化改造的主体，应发挥其在技术创新中的关键作用。企业需要根据市场需求发展和竞争形势的变化，自主选择创新方法、模式和项目，并自主承担相应风险。同时，企业也应成为数字化改造投资的主体，自主投入人力、技术、资金和资源，拓展资金来源，增加研发投入，增强研发能力。此外，企业还应成为服务业数字化改造创新成果的应用主体，确保创新成果能迅速在市场上得到变现，企业通过创新从中获益。

其次，市场在服务业数字化改造中的资源配置和定价功能应得到充分发挥。以市场为导向，实现资源的有效配置，利用价格机制实现供求平衡。特别是要重视风险资本与数字化创新的互动作用，发挥风险资本的支持和促进作用。风险资本主要投资于新兴的信息、数字产业，通过独特的风险试错机制和风险分散机制将资本和技术创新联系起来，为技术型初创公司提供资金支持和创新环境。

综上所述，要实现服务业的高效数字化改造，必须充分发挥市场的引导作用和企业的主体作用。这不仅需要政府在制定政策时考虑市场需求和企业实际，还需要激发企业的创新活力，优化市场环境，加强风险投资支持，共同推动服务业数字化改造走向深入。

打造生产性服务业著名品牌，提升国际竞争力

为提升中国生产性服务业的国际竞争力，关键在于打造具有国际影响力的知名品牌。当前，生产性服务业的传统供应模式、较低的附加值和服务质量在一定程度上限制了我国先进制造业的发展。重点培育具有发展潜力的先进生产性服务业，提高服务质量，注重品牌建设，将有助于提升服务的高端化和专业化，打造出具有显著影响力的知名品牌。

同时，加强与发达国家在新兴知识密集型服务业领域的交流和合作，借鉴发展经验，支持重点行业的发展，从而提升中国服务贸易的

竞争优势。国际上已有多个知名的生产性服务品牌，如IBM、埃森哲、德勤等，在各自专业领域内具有显著的市场影响力和行业领导地位。这些品牌在信息技术服务、咨询、审计等领域提供多样化的服务，是值得学习的榜样。

中国企业也在生产性服务业领域取得了重要成就，如华为、阿里巴巴、腾讯和百度等，在云计算、大数据、人工智能等领域展现了自身的实力。这些企业不仅在国内市场取得成功，也在国际市场上展示了自身的潜力。

为了进一步提升生产性服务业的国际竞争力，政府应加速推进相关法律法规的实施，并简化投资程序，提升对外商直接投资企业的服务水平，从而吸引更多高质量的外商直接投资。通过这些措施，可以有效地推动中国生产性服务业的高质量发展，打造出具有国际影响力的品牌，提升其在全球价值链中的地位。

5. 新质业态发展策略三：
以人才战略构建未来的核心竞争力

随着全球经济的发展和科技的进步，数字化技术正成为推动制造业转型升级的关键力量。波士顿咨询公司（BCG）发布的《数字经济下就业与人才研究报告》预测，到2035年中国的整体数字经济规模将接近16万亿美元，总就业容量将达到4.15亿。这种增长背后，对数字化人才和技能的需求也将出现巨大的缺口。然而，目前中国在数字化技术人才的积累上存在不足，这种缺口已经显现并且在逐渐扩大。

中国国家统计局的数据显示，虽然信息传输、软件和信息技术服务业就业人数众多，但拥有中高级专业技能的数字化人才却并不多，尤其是在人工智能、虚拟现实、智能制造等前沿技术领域。与国际上的数字人才储备相比，中国还有很大差距。例如，在人工智能领域，美国、印度、英国的从业者数量远超中国。这种人才短缺归结于几个方面：总体储备量少，供给需求结构失衡；区域结构失衡，大多数人才集中在一线城市，而二三线城市的人才较少；缺乏具备前沿数字技术与相关制造业经验的跨界融合人才；数字化人才梯队建设不足，特别是初级技能的人才培养跟不上市场需求增长。

对制造企业而言，数字化人才储备是数字化转型的关键。然而，许多企业在推进数字化新业务时，出现了业务与组织适应能力的不匹配现象，主要是因为企业战略重点放在数字化新业务上，而忽视了组织文化建设和数字化人才培养。对制造业企业而言，数字化转型的挑战不仅在于硬件如资本和技术，更在于软件如组织文化和人才。如果组织文化陈旧，员工不愿试错或冒险，则会大大阻碍数字化新业务的推进与拓展。同时，数字化新业务的成功也离不开人才的保障与执行，数字化人才是组织适应能力和企业数字化转型的关键决定因素。

因此，为了更好地推进制造业的数字化转型，需对数字化技术人才的积累给予更多关注和投入。这包括提升数字化人才的整体储备量、平衡人才的区域结构、培养更多跨界融合人才、加强人才梯队建设，以及优化组织文化和人才培养策略。通过这些措施，可以有效提升企业的组织适应能力和数字化转型能力，从而推动企业乃至整个制造业的高质量发展。

加快生产性服务业人力资源建设，推动融合发展

生产性服务业的发展和竞争力强化离不开全面加强的人力资源建设。这涉及吸引和选拔合适人才的基本步骤，确保他们具备必要的专业技能和行业知识。员工加入后，持续的培训和职业发展机会是至关重要的，这既提升员工技能，也帮助他们适应岗位需求的变化。实施有效的绩效管理系统能确保员工的工作目标与组织的整体目标一致，从而提升工作效率和质量。

设计具有竞争力的薪酬和福利计划是吸引和留住人才的关键，同时为员工提供清晰的职业发展路径和晋升机会也至关重要。优秀的员

工关系管理，包括促进工作场所的沟通和团队合作，及时解决劳动纠纷，是不可忽视的一环。此外，培育积极的企业文化和价值观有助于确保员工的行为和态度与企业的文化和战略目标相一致。

遵守劳动法规和标准对保护员工的合法权益至关重要。这些人力资源管理措施能帮助企业构建起强大、高效且适应性强的团队，为长期发展和市场竞争力提供坚实的人力支持。

创新人才培养模式，加快核心关键技术的攻关也是至关重要的。支持制造业企业外包服务业务，壮大市场化和社会化的产业基础。鼓励本地化采购中间投入服务，加强工业与服务业间的互动。高校和科研机构应与企业共同培养产学研融合型人才。推广校企合作的人才培养机制，支持"订单式"培训，探索"产教融合、校企合作、工学结合"的培养方式。针对科技服务、现代金融、创意设计等重点产业的需求，进一步完善生产性服务业的发展模式。

人力资本是提升生产性服务业国际竞争力的关键要素，对提高其在全球价值链的参与度和嵌入位置起着显著的正向作用。因此，聚焦人才战略，为生产性服务业引进紧缺优秀人才，为人才发展提供广阔的舞台，对于推动行业的融合发展至关重要。

推进跨学科融合与实证研究，强化理论创新与实践共同进步

为促进制造业生产性服务业的理论研究，首先应强调跨学科的融合研究，结合经济学、管理学与信息技术等领域的知识，全面分析服务业的特性和运作规律。紧跟市场需求和技术趋势，探讨服务创新如何满足这些需求，尤其是如何利用数字化和智能化技术推动服务业的

创新和升级。

实证分析和案例研究也至关重要，深入分析成功和失败的案例，提炼经验教训，为理论提供实际基础。此外，进行国际比较研究，学习和借鉴国际先进经验，了解不同国家生产性服务业的发展模式，以拓展理论视野。

同时，探讨有利于生产性服务业发展的政策环境和制度框架，改进人才培养和教育体系，强化可持续发展和社会责任的研究。此外，对数字化转型过程中的新模式进行深入研究，整合科研院所、大学和政府部门的力量，进行实际调研，为理论提供更深刻的见解。

通过这些综合性的研究方法和方向，我们可以有效推动制造业生产性服务业的理论进步，为行业的发展提供坚实的理论支撑和具体指导，使之更加符合当前的发展需求和面对的挑战。

提升人力资本质量和优化产业结构，有效利用外商直接投资

要素质量的升级是推动生产性服务业在全球价值链中攀升至关键位置的重要因素。特别是在高附加值的服务行业，熟练劳动力的作用尤为重要。在全球价值链背景下，劳动力的必备技能需要根据全球不断变化的需求来调整和升级。人力资本对于吸引外商直接投资（FDI）具有显著影响，它是生产性服务业高质量发展的关键保障。人力资本的稀缺性会制约生产性服务业对制造业高质量发展的支撑能力。此外，产业间人力资本的结构性错配可能会导致无法有效支持产业结构的优化。

FDI是另一个影响生产性服务业在全球价值链中位置的重要因

素。FDI通过技术溢出和扩散效应，可以提高接受国的技术水平，进而影响其在全球价值链中的分工位置。从更广阔的视角来看，整体的要素禀赋结构升级也对全球价值链中的分工位置产生重要影响。要素结构的升级可以通过改变贸易结构、贸易方式和贸易流向，从而产生贸易规模效应和增长效应，最终影响生产性服务业在全球价值链中的定位和作用。

因此，为了提升生产性服务业在全球价值链中的竞争力，关键在于提高劳动力的技能水平，优化人力资本的结构，并有效利用外商直接投资作为提升技术水平和创新能力的重要渠道。同时，通过整体要素质量的提升，可以更好地适应全球市场的需求，推动生产性服务业向价值链的高端攀升。

6. 新质业态发展策略的关键要素：可持续发展与社会责任

强化统计工作以促进制造业服务业高效发展

为促进制造业生产性服务业的持续繁荣和发展，至关重要的是加强和优化服务业统计工作。这不仅是把握市场动态、指导决策的关键，也是衡量服务业直接经济贡献、理解成本结构的基础。要实现这一目标，首先应建立一个全面而高效的数据收集与管理系统，确保数据的准确性、全面性以及时效性。同时，加强数据分析能力，培养专业的数据分析团队，并应用先进的数据分析工具，以洞察行业趋势和市场需求。

加强跨部门协作以保证统计工作的一致性和协调性也不容忽视。这包括建立有效的沟通机制和协作平台，确保统计活动能全面反映制造业服务业的真实状况。同时，利用大数据、云计算和人工智能等数字技术提升数据处理和分析效率，这将为企业提供关于市场份额、竞争状况、客户满意度及创新活动的深入分析。

此外，认识到市场趋势和客户需求的变化对统计工作的重要性，应持续对市场进行深入研究，以确保统计工作紧跟市场步伐。同时，严格遵循国家相关政策和法规，特别是在数据安全和隐私保护方面，确保统计工作的合法性和可靠性。并且，应持续评估和更新统计方法和工具，适应市场和技术的变化，确保统计工作的长期有效性。

通过上述措施，我们不仅能有效提升制造业服务业统计工作的质量和成效，而且能为政策制定、企业决策和市场策略提供强有力的支持，进一步推动制造业生产性服务业向高质量、高效率方向发展。

创新驱动生产性服务业向价值链高端攀升

技术创新是推动制造业数字化改造的核心力量。历史上，技术创新往往起源于制造业，并逐渐向服务业扩散。在当前的发展阶段，加强工业数字技术创新对于制造业的数字化转型以及服务业的数字化进程至关重要。为了补齐制造业数字技术创新的短板，我们必须采取一系列具体且有效的措施。

国家层面需加强对数字核心技术的攻关，以数字技术创新为导向，建立国家级的数字技术实验室，强化对基础研究的支持。这不仅能够推动技术创新，还能提升制造业的数字化水平。其次，建立数字技术的重大科技创新平台，完善企业数字技术创新体系，这将有助于形成更加系统和集成的技术创新网络，从而促进制造业的整体数字化进程。完善对数字人才的激励制度至关重要。通过激发数字人才的创新活力，优化数字人才的创新生态，可以为数字化改造提供更加坚实的人才支撑。同时，实施更大力度的数字技术创新补贴，提供更多的资金和政策支持，将进一步激发企业的创新动力。

然而，需要注意的是，由于工业数字技术创新起步较晚，目前尚未形成良性生态，政府在提供资金支持时可能会引发企业的"过度依赖"和"策略性"创新问题。为避免这些问题，政府在补贴工业数字技术创新企业时应注意资金配置问题，采取设立基金、税收减免和贷款贴息等多元化方式支持技术领先企业和中小微企业。通过国家层面的技术攻关、建立创新平台、优化人才激励制度以及采取多元化的财政支持措施，我们可以有效地补齐制造业数字技术创新的短板，推动制造业乃至整个经济的高质量发展。

自主创新在驱动生产性服务业攀升至全球价值链高端中扮演着关键角色。根据"微笑曲线"理论，产业的附加值和国际竞争力提升并不仅仅依赖于制造加工环节，而是需向研发和营销环节延伸，加强创新能力。这种转变促使生产性服务业的全球价值链嵌入位置得以提升。在数字经济的背景下，数字技术的应用正在缩小全球劳动力成本差异，创造区域价值链。平台驱动成为全球价值链治理的新动力，传统的"微笑曲线"逐渐转变为"浅笑曲线"，进一步加速了生产性服务业在全球价值链中的位置提升。

自主创新在生产性服务业中的应用对于提高制造业的价值链至关重要。生产性服务业通过提供技术研发和创新支持，帮助制造企业引入先进技术和工艺，从而提升产品质量和生产效率。创新的物流和供应链管理服务优化了制造业供应链，降低成本的同时提高响应速度和灵活性。市场研究和策略规划服务使制造企业能更准确地把握市场需求，制定有效市场战略。

品质控制和标准化服务提高了制造产品的标准和品质，增强市场竞争力。专业的客户服务和售后支持增强了品牌忠诚度，提升用户体验。环境管理和可持续发展咨询服务推动制造业向更环保、可持续的生产方式转型。支持制造业在数字化和智能化方面的转型，如智能制造、云计算和大数据分析，为制造业发展注入新活力。

综上，自主创新的生产性服务业通过综合性服务和支持，不仅增强了制造业的核心竞争力，也推动了制造业价值链的整体升级和优化，为其持续发展和市场竞争力提升提供了强有力支撑。同时，国际投资的扩大在一定程度上促进了生产性服务业对全球价值链参与度的提升，尽管对全球价值链嵌入位置的直接影响尚不明显。

市场导向与消费者中心：服务业数字化改造的创新路径

服务业数字化改造的主要路径在于持续加强以市场为导向的改造，并积极推动以消费者为中心的服务模式和业态创新。随着消费方式和观念的转变，消费者需求正从传统的价格、实用性转向追求差异化、个性化和高质量体验。这种转变，在数字时代的推动下，更趋向于社交、服务、分享、沟通、参与和虚拟体验等方面。这一趋势要求生产者从主动提供转变为积极响应，即具备核心的服务能力，适应并引领这种需求变化。

服务业模式和业态的创新成为服务业数字化改造的核心。把握服务业模式和业态创新的大方向，意味着把握了服务业发展的未来。在数字化的大背景下，数字技术将现实世界和虚拟世界紧密联系起来，不仅极大拓展了服务业的发展空间，也为服务业模式和业态创新提供了多维渠道。这些创新层出不穷，为服务业带来了前所未有的发展机遇。

服务业模式和业态创新的关键在于增加消费者权益和提升消费者体验。为此，必须充分利用新一代数字技术，深度挖掘和对接消费者个性化和隐性需求。通过提升消费者需求的供应效率，增强消费者在各个系统节点的体验，可以有效提升服务质量和效率，增强服务业的竞争力。

综上所述，服务业数字化改造的核心在于以市场为导向，以消费者为中心，不断创新服务模式和业态。通过积极利用数字技术，响应消费者需求的变化，不断提升服务质量和效率，可以有效推动服务业的数字化改造，实现服务业的高质量发展。

更好地发挥平台合作与政策支持的战略作用

为了有效发挥平台在制造业数字化进程中的作用，集中精力在几个关键领域是至关重要的。首先，大型制造企业应积极探索与互联网平台企业的合作机会。利用平台在计算能力、数字技术及用户聚合等方面的优势，制造企业可以提高自身的数字化水平，通过数字化转型提升效率、降低成本，并探索新的商业模式。

互联网平台的作用远不止于技术支持，它们还能提供市场接入、数据分析和客户洞察等服务。这些平台帮助制造企业更深入地理解市场需求，优化产品和服务，提高对市场变化的响应速度。为了实现资源共享和协同效应，平台企业还应鼓励更广泛的行业合作，尤其是与中小微企业的合作。同时，平台企业需要重视其模型的易用性、成本效益平衡等方面的改进，确保其服务能够适应不同规模企业的需求。这意味着平台应提供灵活、可定制的解决方案，以满足各类企业的特定需求。

对于大型制造企业而言，与平台企业合作意味着能够更有效地聚合行业资源，优化生产和运营流程，提升产品和服务质量。此外，合作还有助于企业更好地利用数据，驱动创新和业务增长。最后，为加速制造业的数字化转型，政府部门应鼓励和支持这种跨界合作，通过制定有利政策和提供必要的支持，促进制造业与平台企业之间的合作。通过上述措施，平台企业可以更有效地在制造业数字化过程中发挥关键作用，帮助制造业提升竞争力，实现可持续发展。

7. 质量融合：加速构建先进的生产性服务业标准化体系

在当今经济体系中，生产性服务业的标准化体系建设发挥着至关重要的作用。尽管我国在这方面取得了一定的进步，但仍面临标准覆盖范围、有效供给和国际化等多方面挑战。现阶段，亟须根据社会需求，构建一个科学规范、技术先进、具有前瞻性和引领性的生产性服务业标准化体系，以促进高质量和融合发展。

标准化体系的重要性不言而喻，它不仅支持生产性服务业的高质量发展，而且对于行业的融合具有重要意义。2015年，《国家标准化体系建设发展规划（2016—2020年）》的发布标志着对此领域的重视。该规划明确提出加快各领域，特别是农业、工业和生产性服务业的标准化体系建设，从而推动各行业在更高层面的有机融合。

例如，在交通运输行业中，铁路、公路、水运、民航和邮政领域各自建立了行业标准体系，规范了各个方面的操作，特别是在邮政领域，标准化助力实施了"两进一出"工程。金融行业也不例外，重点领域如银行、证券、保险等纷纷推进标准体系建设，服务实体经济，防范金融风险。在科技服务行业，标准体系的逐步建立，有助于推动行业规范化、有序化发展。

然而，我国生产性服务业的标准化体系尚处于完善阶段。面对服务现代农业、先进制造和产业融合等新要求，急需完善标准体系。这不仅包括提升标准覆盖面和有效供给，还涉及推动标准国际化。为此，我们需要针对生产性服务业的新发展特征和趋势，制定有效策略，以促进标准化体系的构建。

生产性服务业与农业、制造业的高度融合，展现了"标准化+"的叠加效应，这对于健全产业链、提升价值链、补齐供应链等方面发挥着有效的支撑作用。因此，加速构建适应新发展要求的标准化体系，对于实现2035年现代化经济体系建设具有重要意义。这将支持产业创新发展，推动生产性服务业走向更高质量、更有效的融合发展之路。

数字智慧下的加速融合

在当前的经济发展过程中，生产性服务业的标准化趋势正日益成为行业关注的焦点。随着大数据、云计算、人工智能等新兴技术在生产性服务业的广泛应用，这些技术正在带来标准化工作的重大变革，为标准化体系的建设提出了新的要求和任务。

生产性服务业与现代农业、先进制造业的融合趋势愈发明显，这种融合要求产业间的协同发展和跨界整合。为适应这种发展态势，生产性服务业的标准体系需要超越原有局限，全面分析与其他行业的交叉、融合关系，形成以服务为主导的综合标准体系。与此同时，新兴技术和管理模式正在生产性服务业中逐渐发挥作用。例如，工业互联网、智能视频监控系统等技术，以及全生命周期管理、供应链管理等新兴组织管理机制，都在不断应用于生产性服务业。这些实践和政策对于生产性服务业的标准化提出了新的思路和挑战，需要我们在新时期充分考虑生产性服务业标准的技术元素，满足新兴技术和管理模式的标准需求。

在数字化和智能化方面，服务业的发展正在引领标准的变革。例如，西方发达国家的数字化和智能化规划，如德国的《德国数字化战略2025》和欧盟的《塑造欧洲的数字未来》，都在积极推动与服务业的结合，并谋划相关标准的制定。在我国，推动互联网、大数据、人工智能与实体经济的深度融合，加速制造业、农业和服务业的数字化、网络化、智能化发展也成为新的趋势。服务业的数字化和智能化特征正在成为标准化工作的关键。数据作为重要的生产要素，在服务业中扮演着日益重要的角色，尤其是在消费增加、创造就业、普惠金融等方面。智能化应用场景的不断增加，如无人机、无人车在快递行业的应用，智能交通系统的发展，都在推动生产性服务业标准体系的全面和智能化发展。

同时，服务业标准的国际化步伐也在加快。随着我国服务贸易规模的不断扩大，服务业标准在推动服务贸易发展中的重要作用愈发显著。面对全球化和区域性贸易的同步增长，我国需要加快生产性服务业标准的国际化进程，以更好地适应国际市场和贸易需求。

在数字化时代，消费端的数据已成为服务业数字化改造的核心要素，中国在这方面拥有天然的优势。巨大的人口基数、智能手机的广泛普及和网络通信用户的高活跃率为中国提供了庞大的数据仓库。此外，服务业的多样性和与之相关的新兴产业、新模式、新业态的快速发展，如网络直播、短视频等，也为中国带来了丰富多元的数据种类。这些数据的丰富性在为服务业数字化改造提供了良好基础的同时，也带来了数据管理和利用的挑战。

然而，随着消费端数据的快速增长，出现了一系列数据使用的无序乱象，如数据垄断、大数据杀熟、消费者信息泄漏等，这些问题严重侵犯了消费者权益，也阻碍了服务业的健康发展。因此，建立健全的数据要素市场规则，规范数据使用的秩序和标准，成为当务之急。

为有效规范服务业的数据使用秩序和标准，首先需要加快建立数据资源产权、交易流通和安全保护等基础制度和标准规范。这包括明确数据所有权、使用权和收益权等产权制度，确保数据产权明晰、交易规范、使用合法。其次，建立健全数据产权交易机制，规范数据交易平台和主体，发展健康有序的数据市场运营体系，以激发数据资源的潜在价值，促进服务业的创新和发展。同时，加快推进数据安全立法，加强数据保护工作，完善适用于大数据环境下的数据分类分级保护制度，确保消费者的隐私和个人信息安全，建立消费者信任，推动服务业的可持续发展。

此外，还需尽早界定数据在平台经济反垄断中的地位和作用，明确数据作为必要因素时的界限和条件，防止数据垄断行为，维护公平竞争的市场环境。通过这些综合措施，可以有效规范服务业的数据使用秩序和标准，为服务业乃至整个经济的高质量发展提供有力支撑。

生产性服务业标准化的发展趋势要求我们不断适应新兴技术的应用，深化产业间的融合，强化数字化和智能化特征，同时加快服务业标准的国际化进程。这些方面的发展不仅将推动生产性服务业的高质量发展，也将为整个经济体系的创新和进步提供强有力的支持。

全球视野下的生产性服务业标准化体系发展

生产性服务业标准化体系建设在全球范围内逐步成为关注的焦

点。分析表明，国际标准化组织（ISO）至2017年已成立334个技术委员会，但涉及服务标准的委员会成立较晚。例如，在2000年以前，ISO仅成立了金融服务标准化技术委员会，而在随后的十年间，成立了5个服务领域的标准化技术委员会。自2010年起，随着服务经济和服务贸易比重的提升，ISO逐渐意识到服务标准的重要性，并密集成立了涵盖人力资源、商务管理等多个服务领域的技术委员会。

在中国，服务业已成为国民经济发展的助推器。截至目前，服务业国家标准数量不断增加，约占国家标准总数的15%，其中生产性服务业国家标准数量超过2 000项，占服务业国家标准总数的一半以上。在生产性服务业国家标准中，信息技术、知识产权、电子商务等标准占比超过85%，而物流、融资租赁等其他相关标准的数量不足15%。生产性服务业的标准体系逐步完善，尤其在信息技术、知识产权、电子商务等领域取得了显著成效，为行业发展提供了强有力的支撑。

国际上，发达国家在服务标准化领域占据了主导地位。例如，英国、德国、美国和法国在ISO的26个服务领域标准技术委员会中担任秘书国的数量达到24个，占比高达73%。而其他发达国家和部分发展中国家也在各自的领域中承担技术委员会或项目委员会的责任。在国际生产性服务业标准体系中，这些国家在金融服务、项目管理、人力资源管理等领域占据优势地位。

我国生产性服务业标准化体系的发展现状显示，该领域的国家标准数量已占有一定比例，且各具体领域根据自身特征推进标准化体系的建设。这包括在交通运输、金融和高新技术领域发布的相关政策文件，推动这些行业的健康有序发展。同时，国外发达国家的经验表明，我国需要在服务标准的国际化进程中加快步伐，以在未来的国际服务贸易中占据主导地位。

总之，生产性服务业标准化体系的建设是推动该领域高质量发展的关键。无论是国内还是国际层面，标准化工作都在不断深化和扩展。为了在未来的全球服务贸易竞争中占据有利位置，加强服务业标准的国际化至关重要。

强化生产性服务业标准化体系：挑战与发展路径

生产性服务业标准化体系建设正日益受到国内外广泛关注。国家统计局发布的《生产性服务业统计分类（2019）》明确界定了此领域的范围，涵盖研发设计、技术服务、货物运输等多个行业。目前，标准制定主要由政府主导，但市场自主制定的标准在技术指标、管理规范等方面相对欠缺，标准供给形式单一，难以满足多元化需求。随着新技术、新业态的发展，生产性服务业呈现多元、智能、环保、安全便捷的趋势。然而，经过集中复审的国家标准及新制定的标准在技术指标和应用场景方面存在不足，特别是在科技成果转化为标准的数量和技术含量上有待提高。这在一定程度上影响了生产性服务业标准的先进性和科学性，不利于其实施和贯彻。

生产性服务业标准实施力度亦需加强。与农业、制造业的产品技术标准不同，生产性服务业标准包括技术、服务和管理等多种类型，如交通运输业标准覆盖了管理、技术、产品等多个环节。然而，实施过程中存在难以追踪和评价的问题，尚未形成有效的标准实施监测与评价体系。此外，我国生产性服务业标准化体系在国际化方面尚需加强。国际化进程的欠缺不利于实现国内国际协同发展。虽然我国在物流、金融、交通运输等领域制定了一系列国家标准，但在国际标准化组织中的参与程度不高。

为了应对这些挑战，必须采取多种措施强化生产性服务业标准化体系建设。首先，应加强顶层设计，通过国家标准化管理部门和服务业相关行业管理部门的联合，制定标准化行动计划和政策文件，调动社会团体和企业的积极性。其次，需要加强重点领域标准的布局，特别是在数字化和智能化需求上，关注传统服务业标准化基础上的新时代需求。同时，应推动服务业标准的试点推广和实施监督，发挥引领作用，促进相关标准在组织中的应用，并加强管理和服务标准的评价监督。

加快推动制造业供给端标准化是实现制造业数字化改造的关键一步。在当前的制造业发展中，设备、网络、软件、仪器、数据等构成了数字化改造的基础。然而，由于不同行业之间存在显著差异，这些基础设施在供给端易形成物理隔阂，阻碍了制造业数字化改造的普及和效率提升。为此，实现供给端的标准化变得尤为重要。

积极构建工业设备接口、控制仪器、互联网、操作系统、工业软件和数据信息等供给端的标准化和协议化是推动制造业供给端标准化的基础工作。通过实现不同层次系统如硬件、网络、操作系统、数据库系统、应用软件、数据格式、数据语义等的互操作性，可以加快数据在各个系统中的流通。这不仅能促进制造业内部的顺畅运作，也为制造业与其他行业的融合提供了可能。积极对接世界标准，吸收和借鉴国际上的优势标准和协议至关重要。这不仅能提升中国制造业的国际竞争力，还能促进制造业的全球一体化发展。通过密切关注美国、欧盟、英国、日本、韩国等国家或组织的主要标准潮流，中国制造业能更好地融入世界经济，提升全球市场的响应速度和服务质量。

积极参与国际标准的制定，深化数字技术和装备的国际领域合作，是提升中国制造业国际话语权的关键。依托国际组织，积极参加标准化制定会议，提出中国的标准方案，不仅可以推动中国制造业的国际化进程，还可以促进全球制造业的协调发展和技术创新。推动制造业供给端的标准化是实现制造业数字化改造的关键步骤。通过建立统一的标准体系，加快数据的流通和应用，积极对接和参与国际标准制定，不仅能提升中国制造业的内部效率和外部竞争力，还能为全球制造业的共同发展做出贡献。

国际化方面，应坚持"引进来"和"走出去"相结合，研究国内生产性服务业的现状和国际标准化潜力，提出战略任务和举措，通过成立国际化基地，调动企业参与积极性，确定健康、物流、金融等服务业重点领域的发展方向和关键内容。这些措施将有助于加强生产性服务业标准化体系的构建，支撑现代服务业的快速健康发展，推动生产性服务业价值链向高端延伸。

加强生产性服务业标准化体系：国内外协同与国际化战略

在新时代背景下，对生产性服务业标准化体系的健全成为一个关键议题。目前，我国的生产性服务业标准化体系正在不断完善，但在适应高质量发展、先进有效、市场实践的需求上，仍有进一步完善的空间。建议标准化管理部门加强与相关业务主管部门的协作，制定全面的战略规划和国际化行动实施方案，包括分阶段任务、国内外标准制定、国际标准跟踪和技术委员会的筹备等。

同时，促进政府主导的标准与市场自主标准的协同发展至关重要。应鼓励相关利益方积极参与，结合专业知识、市场需求和利益相关者的权益，尤其是对于大数据、云计算、物联网、人工智能等新兴技术和服务业态，应快速发展并创新相关标准，以满足国内外发展需求。

推进生产性服务业与其他产业标准化体系的系统衔接也是关键。生产性服务业标准应基于市场需求和产业发展，制定符合不同行业、领域、对象的标准。建议在服务业标准战略规划中，采用全服务生命周期模型，将生产性服务业标准化体系与现代农业、先进制造业及内部服务业标准化体系有效衔接。

另外，夯实标准化人才基础对于生产性服务业标准体系的发展至关重要。人才是驱动任何事业发展的关键，尤其是国际标准化人才在服务领域的极度短缺成为一个重要瓶颈。因此，高等教育体系要开发新的标准化课程，并推动"产学研"相结合的模式，融合高等院校的专业技术和企业市场经验，形成科研、管理、市场相融合的发展模式。

最后，加快推进标准国际化至关重要。建议加强对参与区域性标准化组织的重视，如太平洋地区标准化会议、东盟标准与质量咨询委员会等，推动中国标准成为国际区域标准。重点围绕服务贸易的重要领域，采取优势领域"走出去"、弱势领域"引进来"结合的方式，加强标准互认。建立标准国际化研究基地，调动企业参与的积极性，促进企业参与国际标准化工作，贡献中国智慧、提供中国方案。

收官篇
新增长极的思考与展望

制造业和服务业的融合不仅是经济发展的趋势，也是社会进步的方向。它们共同促进了技术的创新、人才的培养和文化的交流，为人类社会带来了更多的繁荣和谐。在这个未来中，每一个个体都能够找到属于自己的位置和价值，每一个企业都能够实现自己的梦想和愿景，每一个社会都能够创造出更多的幸福和美好。这是一个充满希望和可能性的未来，它等待着我们共同去探索和实现。

1. 全球影响：创新颠覆科技浪潮下的全球制造服务业

制造企业服务化：数字化转型的角色与影响

在数字经济的时代背景下，数字化转型对制造企业服务化的影响显得尤为关键。随着全球化的推进和竞争的加剧，制造企业正面临着从传统的生产型向服务型的战略转变。这种转型不仅包括将服务作为产品的一个附加组成部分，而且涉及将服务作为一种独立的价值提供者。在这个过程中，数字化转型成为推动服务化发展的重要驱动力。

首先，数字化转型为制造企业提供嵌入式服务创造了新机遇。嵌入式服务，包括润滑型服务（如产品培训咨询、售后服务、产品维修等）、适应型服务（能够与产品互补、拓展产品功能的服务），以及替代型服务（用户购买系统服务而非单一产品），都得益于数字技术的发展。例如，通过远程运维、在线培训等数字化手段，制造企业能够打破时间和空间的限制，降低服务成本，实现服务的可贸易性。此外，数字化转型通过增强企业对市场需求的洞察能力，连接用户与服务创新过程，使得适应型服务成为可能。而对于替代型服务，数字化转型通过构建以消费者为中心的个性化、模块化的生产模式，使产品生产与服务融为一体，不可分割。

然而，数字化转型对混入式服务的影响并不明确。混入式服务指的是与核心产品不直接相关的服务业务，如金融、房地产开发等。虽然这些服务可能为企业带来直接的经济效益，但它们可能导致资源分散，从而削弱企业在其核心领域的竞争力。数字化转型在混入式服务上的作用依赖于企业如何利用数字技术与其核心产品和服务相结合，以及如何平衡其资源和战略重心。

此外，数字化转型对制造企业服务化的间接影响也不容忽视。一方面，数字化转型可以通过促进组织变革推动服务化。例如，数字技术的应用可以提升信息传递的效率，降低管理层的决策成本，使企业决策权力下放，从而催生去中心化的网络组织。这种组织变革有助于提升员工的工作积极性、增强外部客户对服务组织的感知及其与服务组织的联系强度，进而提升客户满意度和忠诚度。

数字化转型对制造企业服务化的影响是多维度的。它不仅直接推动嵌入式服务的发展，打破服务的时空限制，还间接通过促进组织变革，提升服务质量和效率。然而，混入式服务的影响则更为复杂，需要企业在资源配置、战略规划等方面进行更细致的考量。在数字经济时代，制造企业必须把握数字化转型的机遇，有效利用数字技术推动服务化发展，以提升其在全球价值链中的地位和竞争力。作为当今时代的主旋律，对全球的制造业和服务业产生了深远的影响，推动了两者的融合发展。这种融合不仅改变了传统的业务模式，还在塑造着全球经济的新格局。接下来，我们将深入分析这一趋势，并预测未来十年制造业及其生产性服务业的发展对全球经济的潜在影响。在数字化的推动下，制造业与服务业之间的界限变得模糊。制造业借助于先进的信息技术，实现了生产流程的自动化、智能化，而服务业则通过数字化手段，提供更加个性化、高效的服务。这种融合使得产品和服务可以更加紧密地结合，形成了一个全新的产业生态。

制造业的深度融合

随着全球经济的发展和技术的不断进步，我们正站在一个制造业变革的新起点上。未来的全球制造业将是一个高度数字化、服务化、智能化和可持续的产业生态。这一变革的蓝图不仅描绘了技术的进步，还预示着生产方式和商业模式的根本转变。

在这个未来的蓝图中，数字化技术是核心动力。通过集成先进的信息技术，制造业将实现从设计、生产到供应链管理的全流程数字化。例如，通过物联网技术，工厂内的机器和设备能够实时收集和交换数据，这些数据不仅可以用于监控生产过程，确保质量和效率，还可以通过大数据分析预测维护需求，减少意外停机时间。此外，借助云计算和人工智能，企业能够实现更加灵活的生产布局，快速调整生产线以适应市场变化。

服务化也是未来制造业变革的关键方向。在这一趋势下，制造业不再仅仅是生产产品，更是提供综合解决方案。这意味着制造企业将提供从设计、制造到运维的全周期服务。通过这种方式，企业能够更深入地了解和满足客户需求，建立起更紧密的客户关系，从而在激烈的市场竞争中占据优势。同时，服务化也促进了制造业向更高附加值的领域发展，提升了整体的经济效益。

智能化是未来制造业变革的另一个重要特征。随着人工智能、机器学习和机器人技术的发展，制造业的自动化水平将达到新的高度。智能机器人不仅能够执行重复性高的任务，还能够进行复杂的决策和优化，提高生产的灵活性和效率。同时，智能化也将促进个性化生产的发展，满足消费者对个性化产品的需求。

可持续发展将是未来制造业变革的重要原则。面对环境挑战和资源限制，制造业必须采用更加绿色和高效的生产方式。这包括采用环保材料，优化能源使用，减少废物和排放，以及循环利用资源。通过这种方式，制造业不仅能够减少对环境的影响，还能提高资源利用率，降低成本。未来的全球制造业将是一个高度融合的产业生态。在这个生态中，数字化、服务化、智能化和可持续发展相互促进，共同塑造着制造业的未来。这一变革不仅将带来技术和效率的飞跃，还将为企业和社会创造更大的价值。对于全球制造业而言，这既是一个挑战，也是一个充满机遇的新时代。

服务业的深度融合

在数字智能时代，服务业的发展与制造业的融合预示着一场深刻的产业革命。这种融合不仅改变了服务业和制造业的界限，也创造了新的业务模式和发展机遇。在这个过程中，几个关键的突破点值得深入分析。

数字化技术的融入使得服务业能够更加深入地渗透到制造业的各个环节。随着大数据、云计算、物联网和人工智能等技术的发展，服务业能够提供更加智能化、定制化的解决方案。例如，数据分析服务可以帮助制造企业在生产过程中实现精准预测和优化，而云服务则能让企业轻松管理庞大的数据并提高运算能力。这些技术的应用不仅提高了制造业的效率和质量，也为服务业开辟了新的业务领域。制造业与服务业的融合发展催生了新型的商业模式。在传统模式中，制造业通常专注于产品的生产，而服务业则关注于产品的销售和维护。然而，在数字智能时代，两者的界限变得越来越模糊。例如，制造业可以通过提供远程监控、预测维护等服务来持续从其产品中获得收入，而服务业则可以通过参与产品的设计和改进过程来增加其附加值。这种商业模式的转变不仅为企业带来了新的收入来源，也增强了企业对市场变化的适应能力。

再者，客户体验的重塑是服务业与制造业融合发展的另一大突破。在数字智能时代，消费者越来越重视个性化和高质量的消费体验。通过集成服务业的元素，制造业能够提供更加全面的客户服务，从而提升客户满意度和忠诚度。例如，通过使用虚拟现实和增强现实技术，企业可以提供更加生动和互动的产品展示，同时也能够提供更加高效和个性化的售后服务。可持续发展的理念也在制造业与服务业的融合中发挥着重要作用。随着全球对环境保护和可持续发展的关注日益增加，制造业和服务业都在寻求更加环保和高效的运作方式。例如，通过数字化管理，企业能够更有效地利用资源，减少废物产生。同时，服务业也可以通过提供环保咨询、能效管理等服务来帮助制造业企业实现绿色转型。

总之，在数字智能时代，服务业与制造业的融合不仅是技术层面的融合，更是业务模式、市场策略和客户体验等多方面的综合创新。这种融合为两大产业的发展开辟了新的道路，同时也为全球经济的持续增长提供了强大的动力。随着技术的不断进步和市场的日益变化，这种融合的深度和广度还将继续扩展，为未来的产业发展带来更多可能性。

融合发展下的发展影响与趋势

在当今快速演变的全球经济环境中，制造业和服务业的融合发展已成为推动经济增长和产业革新的关键力量。这种融合不仅仅是产业边界的模糊，更是技术、知识和创新模式的深度整合，它正在对全球制造业和经济产生深远的影响。

产业结构的优化升级。制造业和服务业的融合推动产业向更高附加值的方向发展，这一趋势正促进经济结构的优化和升级。在过去，制造业通常被视为低附加值、劳动密集型的行业，而服务业则是高附加值、知识密集型的领域。然而，在数字化和全球化的推动下，这两个行业的界限越来越模糊，它们开始相互渗透和融合。制造业企业不再仅仅专注于物理产品的生产，而是开始提供综合的解决方案，包括设计、维护、咨询等服务，这大大提升了其产品和服务的附加值。同时，服务业也在不断地吸收制造业的技术和方法，以提高其服务的质量和效率。这种跨界融合促进了产业向更高效、智能、个性化的方向发展，推动了产业结构的优化升级。

全球供应链的重塑。数字化技术的发展使得供应链管理变得更加高效和灵活。在融合发展的背景下，制造业和服务业的界限变得越来越模糊，供应链也不再是简单的线性模型，而是演变成了一个复杂的网络结构。在这个网络中，信息流、物流和资金流实时交织在一起，企业可以实时监控供应链的每一个环节，快速响应市场变化。此外，数字化还使得企业能够在全球范围内寻找最优资源和合作伙伴，这不仅降低了成本，也提高了企业的竞争力。然而，全球供应链的高度依赖和互联也带来了风险，如政治、经济和自然灾害等。因此，企业需要不断提高供应链的抗风险能力，确保其稳定和可持续。

创新驱动的经济增长。技术和服务的融合催生了新的商业模式和产业形态，这些创新成为推动经济增长的新动力。在数字智能时代，创新不再局限于产品或技术本身，更体现在商业模式、管理方式和市场策略等方面。制造业企业通过融入服务元素，不仅能够提供更加多样化和高质量的产品，还能够提供全方位的解决方案和体验，满足消费者的个性化需求。这种以客户为中心的创新模式不仅增强了企业的市场竞争力，也推动了整个产业的升级和转型。同时，服务业的创新也在不断地推动制造业的变革。例如，金融、教育、健康等服务行业的数字化转型，不仅提高了服务的效率和质量，也为制造业提供了新的技术和市场机会。

制造业和服务业的融合发展是一场深刻的产业变革。它不仅改变了产业的运作模式和竞争格局，也为全球经济的增长注入了新的动力。在这个过程中，企业需要不断适应市场和技术的变化，政府和社会也需要提供相应的支持和环境，以确保这一变革的顺利进行和健康发展。未来，随着技术的不断进步和市场的日益开放，制造业和服务业的融合将更加深入，它的影响也将更加广泛和深远。

未来十年制造业与服务业融合的长远展望

在未来十年的发展蓝图中，制造业和生产性服务业的进一步融合预计将极大地重塑全球经济的面貌。这一融合不仅仅是技术层面的整合，更是一场全方位的产业革新，涉及经营理念、市场策略、生产模式等多个层面。

智能化与定制化的深入发展。随着人工智能、大数据、物联网等技术的成熟，制造业正经历着从自动化向智能化的转变。这一转变不仅仅意味着生产效率的提升，更重要的是它能够提供更加个性化、灵活的产品和服务，满足消费者的多样化需求。在这一背景下，制造企业不再是简单的物理产品生产者，而是变成了综合解决方案的提供者。它们能够通过收集和分析大量数据，洞察市场趋势和消费者需求，从而设计和生产出更加符合市场需求的产品。同时，智能化技术也使得生产过程更加灵活，企业能够快速调整生产线，以适应市场变化。这种智能化与定制化的深入发展，不仅提升了制造业的核心竞争力，也为消费者带来了更丰富、更高质量的产品和服务。

绿色可持续的生产模式。 数字化转型不仅改变了制造业的生产方式，也推动了其向更绿色、更可持续的方向发展。在全球面临环境污染、资源短缺等挑战的背景下，绿色可持续的生产模式已经成为企业竞争的新标准。通过数字化管理，企业能够更有效地利用资源，减少能源消耗和废物产生。例如，通过精确的数据分析，企业能够优化生产过程，减少原料浪费；通过智能能源管理系统，企业能够降低能源消耗，减少排放。此外，数字化技术还促进了循环经济的发展，企业不仅关注产品的生产和销售，也开始关注产品的回收和再利用。这种绿色可持续的生产模式不仅有助于保护环境，提高资源利用率，也为企业带来了长远的经济效益。

全球协作的加强。 在全球化的背景下，跨国界的协作已经成为企业生存和发展的必要条件。随着数字技术的发展，这种协作变得更加容易和高效。企业可以通过互联网、云平台等工具，与全球的合作伙伴实时沟通和协作，共享资源和信息，共同应对市场和环境挑战。这种全球协作的加强不仅提升了企业的国际竞争力，也促进了知识、技术和文化的全球交流和融合。在未来十年，随着数字技术的不断进步和全球经济一体化的深入发展，我们将看到更加紧密、更加高效的全球协作网络。这种网络将连接世界各地的企业、研究机构、政府和社会组织，共同推动全球经济的增长和发展。

总之，未来十年，制造业和生产性服务业的进一步融合将为全球经济带来深远的影响。智能化与定制化的深入发展将提升制造业的核心竞争力，满足消费者的多样化需求；绿色可持续的生产模式将成为企业竞争的新标准，有助于保护环境和提高资源利用率；全球协作的加强将促进知识、技术和文化的全球交流和融合，推动全球经济的共同增长。在这一过程中，企业、政府和社会需要共同努力，不断适应变化，把握机遇，共同创造一个更加智能、绿色、协作的未来。数字化转型下的制造业和服务业融合是一场深刻的革命。它不仅改变了产业的运作方式，也正在重塑全球经济的未来。在这一过程中，虽然面临着技术、管理以及政策等方面的挑战，但它也孕育了无限的可能性和机遇。未来十年，这种融合发展将继续深化，其影响之广泛和深远，值得我们每一个人关注和思考。

2. 为未来而行：展望与号召

创新和技术的未来方向

制造业与服务业的融合创新正处于一个前所未有的转型时期，这一进程不仅仅是技术的简单叠加，而是深层次的结构重组和价值重塑。随着数字化、智能化技术的飞速发展，未来的方向将呈现几个鲜明的特征。

首先，智能化将成为推动制造业和服务业融合的核心力量。随着人工智能、机器学习、物联网和大数据技术的成熟，制造业的生产过程将变得更加智能和自动化，而服务业则能够提供更加精准和个性化的服务。例如，通过智能化技术，制造企业能够实时监控和调整生产线，以最高效率生产出高质量的产品；服务企业则可以通过分析大量的数据，洞察消费者需求，提供定制化的服务。这种智能化的融合将极大地提升企业的竞争力，创造出新的市场机会。

其次，可持续发展将成为融合创新的重要原则。面对全球气候变化、资源短缺和环境污染等挑战，制造业和服务业都在寻求更加绿色和可持续的发展路径。在这一背景下，绿色技术和循环经济模式将成为未来的发展方向。例如，制造企业将采用更加节能高效的生产技术，减少能源消耗和废物排放；服务企业则会提供环保咨询、能效管理等服务，帮助企业和社会实现绿色转型。这种以可持续发展为导向的融合创新，不仅能够帮助企业和社会应对环境挑战，也将成为新的经济增长点。

第三，定制化和服务化将成为制造业的新趋势。随着消费者需求的多样化和个性化，单一的、标准化的产品已经无法满足市场需求。在这一背景下，制造业将向服务化方向转型。这意味着制造企业不再仅仅是产品的生产者，而是综合解决方案的提供者。他们不仅会生产物理产品，还会提供与之相关的设计、维护、咨询等服务。这种服务化的趋势，不仅能够为消费者提供更加丰富和高质量的产品和服务，也能够为企业创造更多的增值机会。

全球协作与开放创新将成为未来发展的关键。在全球化经济的背景下，没有任何一个企业或国家能够独立完成创新和发展。未来，制造业和服务业的融合创新将需要更加开放和协作的态度。企业之间、国家之间需要共享资源、技术和知识，共同应对复杂的市场和技术挑战。通过全球协作和开放创新，我们可以更加有效地利用全球的智慧和资源，共同推动产业的进步和社会的发展。

总之，制造业与服务业的融合创新正引领着全球产业的未来发展。在这一进程中，智能化、可持续发展、定制化服务化以及全球协作与开放创新将成为主要的发展方向。这些方向不仅是技术发展的趋势，更是产业转型和经济增长的动力。面对这些新的机遇和挑战，企业和社会需要不断适应和创新，共同创造一个更加智能、绿色、开放的未来。

对中国和全球经济的影响

制造业的生产性服务业是推动现代经济增长的重要力量，尤其是对于中国这样的制造业大国，其影响尤为显著，涉及GDP比重、经济结构、人口就业、职业教育、科技发展以及国家竞争力等多个方面。制造业数字化改造在推动中国经济高质量发展中发挥着至关重要的作用。随着新技术革命的快速进展，制造业已成为中国产业数字化改造的核心领域，对经济的长期发展起着引领和促进的作用。这一改造的影响是多方面的，它不仅推动了制造业技术的进步和全要素生产率的提升，进而推动整个经济的技术进步和全要素生产率增长，而且还推动了制造业的转型升级，加速了产业融合发展。

全球经济持续下行对我国经济增长带来了不确定性和不稳定性，这预示着进一步扩大内需和深化供给侧结构性改革，以实现国民经济更高水平的良性循环，成为促进我国经济快速且高质量发展的重要策略。在这样的大背景下，深入探索生产性服务业与制造业之间的多维联系空间和互动关系，对于提升制造业的生产率，进而助力国内经济循环具有重要的意义。

数字化改造通过引入数字技术，如物联网、云计算、大数据等，使制造业和服务业之间的技术和供需关联更加紧密。这种高度的渗透性和融合性，不仅推动了制造业服务化，还为产业融合发展提供了桥梁，促进了数字产业对其他产业的渗透效应，推动了制造业服务化和两类产业的融合发展。此外，数字化改造还推动了制造业的绿色发展，通过技术进步提升资源利用效率，减少环境污染，为经济的绿色发展贡献力量。

在服务业方面，虽然数字化改造对拉动经济较快增长的作用较大，但相较于制造业数字化改造的复杂性和系统性，服务业数字化改造更为直接和快速。服务业数字化改造可以扩大消费，创造新的消费场景、新消费模式和新服务种类，满足消费者的新需求，提升消费者意愿。同时，服务业数字化改造还激发出潜在的消费需求，通过降低服务成本等手段扩大新产品、新服务的市场，提升消费概率。此外，服务业数字化改造还拉动投资增长，促进贸易扩大，成为中国经济增长的一个新引擎。

制造业的生产性服务业对GDP的贡献不断增加。随着经济的发展和产业的升级，服务业特别是生产性服务业在GDP中的比重逐渐上升。在中国，随着制造业的转型和升级，越来越多的服务元素融入制造过程中，如设计、研发、物流、销售和售后服务等，这些服务活动极大地提高了产品的附加值和市场竞争力，从而推动了经济总量的增长。而生产性服务业对经济结构的影响也相当显著。随着服务业特别是生产性服务业的快速发展，经济结构正在从以传统制造业为主向服务导向型转变。这种转变不仅促进了产业之间的优化组合，提高了整体经济的效率和质量，也为经济持续健康发展提供了动力。在全球范围内，那些能够有效结合制造业和服务业的国家往往具有更强的经济竞争力和更稳定的增长潜力。

以长江经济带108个城市2007至2020年的面板数据为样本，研究显示，长江经济带内生产性服务业与制造业之间存在空间不匹配的现象，且这种不匹配程度正在逐渐加剧。在产业维度的联系空间内，这种两业间的空间不匹配实际上制约了两业之间的有效互动。然而，当产业维度联系空间拓展为复杂网络联系空间时，两业互动表现出显著的正向溢出效应，且这种外溢效应明显大于本地效应。此外，这种互动的溢出效应在不同行业中表现出明显的异质性，尤其是高端生产性服务业集聚发挥了显著的溢出效应。更为关键的是，复杂网络联系空间还能通过减弱两业空间不匹配对两业互动的负向影响，间接促进两业之间的有效互动。

在人口和就业方面，生产性服务业的发展也起到了重要作用。随着经济的发展和产业结构的升级，劳动力市场需求也在发生变化。生产性服务业通常需要较高的技能和知识水平，这促使劳动力市场向更加技能化和专业化方向发展，为人们提供了更多高质量的就业机会。同时，这也对职业教育提出了新的要求。为了适应经济和产业的变化，职业教育需要不断更新课程内容和教学方法，培养更多符合市场需求的高技能人才。

科技发展是制造业和生产性服务业发展的重要推动力。在数字化和智能化的今天，科技创新已成为提升产业竞争力的关键。通过引入新技术，如人工智能、大数据、云计算等，生产性服务业可以提供更加高效、精准的服务，帮助制造业降低成本、提高效率、创新产品和模式，从而推动整个经济的科技进步和产业升级。

对于中国这样的制造业大国而言，制造业和生产性服务业的融合发展是实现从制造大国向制造强国转变的关键。通过提高制造业的服务化水平和服务业的制造化能力，中国不仅可以提升自身产品和服务的附加值，还可以提高在全球产业链中的地位，推动经济向更高质量、更有效率、更可持续的方向发展。

制造业的生产性服务业对中国乃至全球经济的影响深远而广泛，不仅推动了经济结构的优化升级，也为人口就业、职业教育、科技进步和国家竞争力的提升提供了强大动力。未来，随着技术的不断进步和市场的日益开放，制造业和生产性服务业的融合发展将持续深化，其在全球经济中的作用和影响也将进一步增强。制造业数字化改造对推动中国经济高质量发展的作用更大。它不仅促进了制造业的技术进步和全要素生产率的提升，推动了经济的转型升级和绿色发展，还加速了产业融合发展，重塑了产业发展模式。未来，随着数字化技术的不断发展和深入应用，制造业数字化改造将继续发挥重要作用，为中国经济的高质量发展注入新的活力和动力。通过数字化赋能深化生产性服务业与制造业的融合发展、招才引智以推动高端生产性服务业集聚规模的扩张以及优化两业的空间布局以推进生产要素跨部门的有序流动，都是助力提升制造业生产率的有效政策工具。这些策略不仅能够促进两业之间的有效互动，还能加快制造业的数字化改造进程，推动我国经济向更高质量的发展方向迈进。

展望未来：中国制造业与服务业的下一步

在中国这片古老而又充满活力的土地上，制造业与服务业的融合正如晨曦中的江水，汇聚成推动经济发展的浩荡巨流。这场融合不仅是一次产业的革新，更是一次文化和理念的深刻变革。它承载着中国经济的过去，塑造着未来的轮廓，昭示着一个崭新的世界经济格局中的中国角色。

中国的制造业曾经是世界工厂的代名词，它以惊人的速度和规模支撑起中国经济的飞速增长。然而，随着全球经济环境的变化和国内发展的需要，单纯依靠规模和成本优势的时代已经过去。中国制造业正站在一个新的起点上，它需要更多的技术创新，更高的附加值，更好的服务融合，来适应更加复杂和竞争激烈的市场环境。

而服务业，这个历史上常被视为辅助性的行业，在数字化和全球化的今天，却成了推动经济发展的新引擎。它不再局限于传统的服务领域，而是越来越多地融入制造过程中，提供设计、研发、物流、市场营销、客户服务等高附加值的服务，极大地提升了产品和企业的竞争力。

两业互动，即生产性服务业与制造业之间的相互作用，依托于它们共同塑造的宏观互动体系。这个体系由基础、场所与环境三个基本要素构成，这些要素是决定两业互动关系表现的关键因素，直接影响着两业关系的深度挖掘和效率提升。

首先，互动基础是两业互动的理论基石。它基于产业的前后向关联机制，探讨两业间应然的因果关系。具体来说，制造业的需求引致生产性服务业的发展，而生产性服务业的供给又推动制造业的升级，这种持续的投入产出催动下形成的相互影响路径构建了两业之间循环累积的因果链。这不仅优化了两业的专业化分工和市场交易行为，还引导了产业的空间集聚与生产效率的提升。

其次，空间场所是两业互动的联系平台。这种联系空间可以是经济空间、地理空间、产业空间，或由这些不同维度叠加而成的复杂网络空间。不同维度的联系空间通过各自独特的关联方式建立两业之间的互动渠道，从而推动差异化的互动关系产生。这些空间的结构和属性决定了两业互动的路径和效率，是深化两业互动关系的重要因素。

内生环境是由两业关联本身，如区位关联、发展关联等内生关联综合而成的系统环境。这个环境随着两业内生关联的变化进行动态调节，通过影响资源流动的基础环境反馈于两业互动过程。内生环境的良好调节能够促进两业互动的有序进行，提高互动效率。深入分析你会看到，两业互动的具体关系，不仅要基于两业互动的理论基础，还需要综合考虑其空间场所与内生环境。这样的全方位考量是理解和优化两业互动关系、促进生产效率提升的关键。通过加强这些要素的建设和优化，可以有效提升两业互动的效率和成效，从而助力经济的整体发展和提质增效。

在这一融合发展的浪潮中，中国的制造业和服务业正经历着深刻的变革。制造业正逐步向高端、智能、绿色转型,而服务业则正变得更加专业化、高质量、国际化。两者之间的界限越来越模糊,合作和融合成为新常态。这不仅提升了中国经济的整体质量和效率,也为中国企业走向世界提供了更多的可能。

展望未来,这场制造业和服务业的融合发展,无疑将继续引领中国经济的转型升级。随着技术的不断进步,如人工智能、大数据、物联网等的广泛应用,制造业将变得更加智能化和自动化,而服务业将能够提供更加精准和个性化的服务。两者的深度融合,将使中国经济的增长更加稳健和可持续,提高中国在全球经济中的地位和影响力。

然而,这一融合发展之路也不会一帆风顺。它需要不断的技术创新,需要培养更多的高技能人才,需要更加开放和合作的市场环境,需要更加完善的法律和政策支持。这是一场涉及经济、技术、教育、法律等多个领域的系统工程,它需要政府、企业、学术界和社会各界的共同努力。

但我们有理由相信,在不断的探索和努力中,中国的制造业和服务业融合发展将开创出一个更加美好的未来。在这个未来中,中国不仅仅是世界的工厂,更是创新的源泉,是高质量发展的典范,是全球经济合作和发展的重要参与者。这个未来虽然充满挑战,但也充满希望和机遇。让我们共同期待,并为之努力。

后　记

当我们翻开本书的最后一页，仿佛站在一个时代的交汇点，眺望着制造业和服务业在数字化的潮流中缔结的精彩融合。这不仅是一场关于必然和路径的探索，更是对未来经济浪潮的深情预言。

在全球供应链重塑的大幕下，中国制造业正演绎着一场根本性的角色转变。我们不再只是"世界工厂"，而是变身为全球供应链创新和高质量发展的领航者。数字化的浪潮，像一位神奇的魔术师，不仅重塑了传统制造业的生产面貌，也在服务业的世界中播撒创新的种子。

目睹着中国制造业通过生产性服务业的融合，如何在价值链中攀升，我们感叹于数字化技术的魔力。云计算、大数据、物联网、人工智能，这些技术的星辰在推动着这场变革，不仅优化了制造流程，还点亮了消费者体验的每一颗星星。

这融合的舞台远不止于提升企业的个体竞争力，它在更广袤的天际中推动了经济的高质量发展。生产性服务业在这一壮丽画卷中扮演了关键的角色，像一位勤勉的画师，不仅支持着制造业的多彩需求，也绘制了就业和产业发展的新篇章。这一切，为城市赋予了新的生命力，推动了整个经济体的蓬勃生长。

在全球经济的变幻舞台上，中国制造业与服务业的融合，特别是在数字化的指引下,将继续扮演着重塑全球供应链的关键角色。这不仅是中国经济新篇章的必然选择,也是推动全球经济向高质量发展航道航行的强大引擎。

本书的创作之旅,如同穿梭在知识的海洋,带来了无尽的发现和深刻的洞见。未来之路虽然充满挑战,但也洋溢着无限的机遇。让我们一起携手,期待着中国制造业和服务业在数字化的华丽舞台上绽放更加璀璨的光芒。

作者简介

张礼立，美国归侨，服务信息社会近三十年，专注产业数字化、数字经济生态规划与建设。现任全球城市数字经济发展研究院院长、新疆商贸物流集团首席科学家、上海市海外经济技术促进会会长、侨界数字经济产业科创联盟理事长。出版《IT服务管理新论：中国式智慧和西方文化融合的研究》《新基建：数字经济产业风口》等专著近二十余种，是"国际数字之都""中国产经故事""丝路电商职业教育系列丛书"主编。上海市第十二届侨联委员，2020年上海市归侨侨眷先进个人、2023年全国归侨侨眷先进个人。